JN423104

내가 살고 싶은 도시는 어떤 AI를 만날까

원제무

publishing and culture
피앤씨 미디어

머리말

우리가 살아갈 도시는 어떤 AI를 만날 것인가

"내가 살고 싶은 도시는 어떤 모습일까?" 이 질문은 단지 도시의 경관이나 편의시설을 떠올리는 수준에 머무르지 않는다. 오늘날 우리가 마주한 도시의 상상은, AI라는 새로운 존재와 함께 그려져야 한다. 21세기의 도시문명은 인간만이 아니라 인공지능과 공동 창조하는 과정에 있다. 이 책은 그 흐름 속에서, 독자들에게 도시와 AI의 만남이 만들어내는 변화의 시도를 세시하고자 한다.

21세기 인공지능의 시대를 연 두 명의 거인이 있다. 한 명은 실리콘밸리의 심장에서 대중을 향해 AI의 문을 활짝 연 개척자, 샘 알트먼(Sam Altman)이다. 다른 한 명은 학문의 전당에서 인류의 난제를 풀기 위해 깊이 사색하는 철학자, 데미스 하사비스(Demis Hassabis)다. 이 둘의 이력과 배경만큼이나 그들이 낳은 기술의 성격은 극명하게 갈린다. 알트먼의 오픈AI(OpenAI)가 선보인 챗GPT(ChatGPT)는 우리의 일상으로 파고들어 대화하고, 글을 쓰고, 아이디어를 제안하는 '일상의 동반자'가 되었다. 반면, 하사비스의 구글 딥마인드(Google DeepMind)가 개발한 알파폴드(AlphaFold)는 단백질 구조 예측의 수수께끼를 풀어내며 생명과학의 패러다임을 뿌리째 뒤흔드는 '인류의 조력자'로 자리매김했다.

이 책은 바로 이 흥미로운 대비점에서 출발한다. 생성 AI와 심층 강화학습, 일상의 변화와 과학의 혁명. 이 거대한 두 흐름이 과연 '도시'라는 공간에서 어떻게 만나고, 어떤 미래를 빚어낼 것인가? 이 질문에 답하기 위해, 우리는 먼저 인공지능의 거대한 진화 지도를 펼쳐봐야 한다. 현재 우리 곁에 있는 것은 특정 작업에만 능숙한 '약한 인공지능(ANI, Artificial Narrow Intelligence)'이다. 하지만 기술의 발전은 인간의 모든 지적 능력을 수행할 수 있는 '범용 인공지능(AGI, Artificial General Intelligence)'을 향해 나아가고 있으며, 그 끝에는 인류의 지능을 초월하는 '초인공지능(ASI, Artificial Super Intelligence)'이 존재한다. ANI에서 ASI로의 여정은 단순히 기술의 진보를 넘어, 도시 문명의 근본적인 전환을 예고한다.

AGI는 인간과 유사한 범용 사고 능력을 갖춘 AI로서 다가오는 미래를 상징하며, ASI는 인간의 능력을 뛰어넘는 지능으로서 아직은 상상 속의 존재지만 도시계획과 정책결정의 패러다임을 바꿀 것으로 기대된다. 이러한 지능의 진화는 도시의 의사결정구조, 서비스체계, 거버넌스 모델을 근본부터 재설계하게 만든다.

AI의 진보는 또한 모델의 형태에서도 진화를 보여준다. 이러한 전환의 중심에는 도시의 새로운 '운영체계(OS)'가 될 핵심 모델들이 있다. 텍스트를 이해하고 생성하는 '거대언어모델(LLM, Large Language Model)'은 도시의 소통 방식을 바꿀 것이다. 여기에 시각, 청각 등 다양한 감각 정보를 함께 처리하는 '거대멀티모달모델(LMM, Large Multimodal Model)'이 더해지면, AI는 도시의 상황을 입체적으로 인지하게 된다. 궁극적으로 스스로 목표를 설정하고 물리적 세계에서 행동을 수행하는 '거대행동모델(LAM, Large Action Model)'은 교통, 에너지, 안전 등 도시 시스템을 자율적으로 운영하는 단계로 우리를 이끌 것이다. 도시가 스스로 생각하고(LLM), 보고 들으며(LMM), 움직이는(LAM) 유기체가 되는 것이다. 이 세 모델의 발전은 도시의 디지털 운영체계를 재편하고, 교통, 환경, 주거, 안전 등 도시 전반의 인프라를 실시간으로 연결하고 최적화하는 기반이 된다.

물론 이 경이로운 미래는 하루아침에 이루어진 것이 아니다. 그 뿌리는 1943년, 인간 뇌의 신경세포(뉴런)를 스위치처럼 단순화한 매컬럭-피츠 모델(McCulloch-Pitts Model)에서 시작된다. 이후 '함께 활성화되는 뉴런은 더 강하게 연결된다'는 헵 이론(Hebbian Theory)은 학습의 원리를 제시했고, 1957년 등장한 퍼셉트론(Perceptron)은 최초로 스스로 학습하는 알고리즘을 구현해냈다. 이러한 지적 유산이 쌓여 '인공지능'이라는 광대한 영토가 개척되었고, 2000년대 중반 이후 '딥러닝(Deep Learning)'의 등장은 AI가 스스로 데이터의 특징을 발견하고 학습하는 혁명적 시대를 열었다. 이 책은 뇌의 모방에서 시작해 스스로 학습하는 지능에 이르기까지, AI의 핵심적인 발전 계보를 충실히 따라간다.

독자들은 이 책을 통해 머신 러닝의 기본 원리인 지도학습, 비지도학습, 강화학습이 우리 일상에 이미 얼마나 깊숙이 들어와 있는지 깨

닫게 될 것이다. 또한, 딥 러닝이 어떻게 미래 도시의 계획과 설계를 위한 새로운 패러다임이 되는지, 생성형 AI가 도시의 창의적인 청사진을 어떻게 그려내는지 구체적인 사례를 통해 확인할 수 있다.

이러한 진화의 절정에 등장한 것이 생성형 AI다. 생성형 AI는 단지 데이터를 분석하는 도구가 아니라, 새로운 콘텐츠를 만들어내는 창조의 엔진이다. 그림을 그리고, 건축물을 설계하며, 도시정책 초안을 작성하기도 한다. 생성형 AI는 상상력을 기계의 언어로 풀어내며, 예술과 과학, 기술과 인간의 경계를 허문다. 물론, 이러한 AI는 무한한 창조성만큼이나 윤리적 위험성과 사회적 갈등을 함께 지니고 있다. AI는 창조와 통제를 동시에 요구하며, 우리는 기술과의 공존을 위한 새로 운 사회계약을 구상해야 한다.

ChatGPT는 이러한 딥러닝 기반 기술의 대중화 사례이다. ChatGPT는 도시 관련 전문가와 시민 모두가 사용할 수 있는 '디지털 조력자'로서, 질의응답을 넘어 계획 초안의 작성, 토론, 아이디어 발굴의 파트너가 되고 있다. 도시의 라이프스타일은 더 이상 물리적 환경만으로 정의되지 않는다. ChatGPT는 도시의 대화 상대이자, 상상력의 확장 도구로 기능하고 있다.

궁극적으로 이 책은 "AI 에이전트 도시"라는 새로운 도시상을 제시하고자 한다. AI 에이전트는 예측에서 벗어나 자율적 판단과 행동이 가능한 존재로 진화하고 있으며, 도시의 다양한 정보 흐름을 분석하고 정책을 실시간으로 실행하는 '디지털 거버넌서'가 되어가고 있다. ChatGPT와 같은 대화형 AI가 정보를 정리하고 해석하는 데 초점을 맞췄다면, AI 에이전트는 계획을 수립하고 실행하며, 시민과의 피드백을 통해 지속적으로 진화하는 실천적 존재이다. 교통을 조절하고, 환경을 감시하며, 복지를 설계하는 도시의 살아 있는 시스템이 되는 것이다.

이 책은 도시를 꿈꾸는 이들과, 기술을 이해하려는 시민들 모두에게 도시와 AI의 접점에서 펼쳐지는 거대한 전환의 여정을 안내하고자 한다. 도시계획과, 도시설계, 교통계획 그리고 시민생활의 모든 영역에서 AI가 어떤 변화를 만들고 있으며, 우리는 그 안에서 어떤 역할을 할 수 있을지를 함께 사유하고 상상하고자 한다.

이제, 질문이 바뀌어야 한다.

"우리는 AI에게 어떤 도시를 보여줄 것인가?"

차 례

주제1 21세기 AI 강자는 누구인가?

소주제1: 샘 알트먼은 개척자, 데미스 하사비스는 사색가: 상반된 이력과 배경 • 2

소주제2: 알트먼과 하사비스의 기술 유형 및 특징: 생성 AI vs. 심층 강화학습 • 6

소주제3: 샘 알트먼(OpenAI)와 데미스 하사비스(Google DeepMind)의 장단점 • 10

소주제4: 오픈AI의 대표작 챗GPT는 일상의 동반자 vs. 알파폴드는 생명과학 패러다임을 바꾸는 인류의 조력자 • 12

주제2 ANI(약한인공지능)에서 ASI(초인공지능)은 어떻게 도시의 운영체계가 되는가?

소주제1: 지능의 범위에 따라 ANI→AGI→ASI 발전 추세 속에서 ANI • 16

소주제2: 지능의 범위에 따라 ANI→AGI→ASI 발전 추세 속에서 AGI • 28

소주제3: 지능의 범위에 따라 ANI→AGI→ASI 발전 추세 속에서 ASI • 41

주제3 LLM(거대언어모델) → LMM(거대멀티모달모델) → LAM(거대행동모델)은 어떻게 도시의 운영체계가 되는가?

소주제1: LLM→LMM→LAM 발전 경로 속에서 LLM모델 • 56

소주제2: LLM→LMM→LAM 발전 경로 속에서 LMM모델 • 69

소주제3: LLM→LMM→LAM발전 경로 속에서 LAM모델 • 83

주제4 AI는 맥컬럭-피츠모델, 햅이론, 퍼셉트론, AI, 딥러닝 순으로 개발: 뇌의 모방에서 스스로 학습하는 지능까지

소주제1: 인공지능으로의 초기 관문: 앨런 튜링의 튜링 테스트 • 101

소주제2: 맥컬럭-피츠 모델: '최초의 인공 뉴런, 생각의 스위치를 켜다' • 105

소주제3: 헵 이론: '함께 활성화되면, 더 강하게 연결된다'-학습의 원리를 제시하다 • 107

소주제4: 퍼셉트론: '스스로 눈금 배우는 저울'-최초의 학습 알고리즘 • 109

소주제5: 인공지능: '인간의 지능을 탐구하는 광대한 영토' • 111

소주제6: 딥러닝: '스스로 특징을 발견하는 깊은 신경망' • 113

주제5 생성형 AI(Generative AI)가 어떻게 도시의 새로운 청사진을 그리는가?

소주제1: 새로운 창조의 시대: 생성형 AI란 무엇인가? • 116

소주제2: AI와 생성형 AI의 특징적인 차이 • 130

소주제3: 창조의 엔진: 생성형 AI는 어떻게 생각하고 만들어내는가? • 143

소주제4: 일상과 산업을 뒤흔들다: 생성형 AI가 바꾸는 우리의 세상 • 149

소주제5: 생성형AI가 지닌 야누스의 두 얼굴 • 152

소주제6: 창조를 넘어 공존을 향하여 • 154

주제6 머신 러닝(Machine Learning)이란 무엇이고, 어떻게 우리의 일상을 바꾸는가?

소주제1: 머신 러닝이란 무엇인가? • 158

소주제2: 머신 러닝의 지도학습: 정답지를 보고 배우는 똑똑한 학생 • 171

소주제3: 머신 러닝의 비지도학습: 정답지 없이 스스로 질서를 찾아내는 탐험가 • 182

소주제4: 머신 러닝의 강화 학습 • 193

소주제5: 머신 러닝, 딥러닝, LLM, 생성형 AI로 진화과정 • 206

주제7 딥러닝(Deep Learning): 미래도시를 위한 새로운 도시계획과 도시설계 패러다임

소주제1: 딥 러닝의 현주소: AI 발전 경로 속 역할과 위상 분석 • 220

소주제2: 딥 러닝(Deep Learning)에 대한 심층 분석 • 226

소주제3: 딥 러닝의 활용 데이터 및 활용 예시 • 232

주제8 챗GPT는 어떻게 도시의 라이프스타일을 새로 쓰는가?

소주제1: 챗GPT(ChatGPT)의 현주소: 두 개의 AI 발전 경로 속 위치 분석 • 242

소주제2: 챗GPT의 본질: 개념, 배경, 그리고 기술적 의미 분석 • 248

소주제3: 도시분야에서 챗GPT의 역할과 활용사례: 만능 보좌관에서 창의적 조력자까지 • 255

주제9 AI 에이전트 도시: ML→DL→AI Agent

소주제1: AI의 진화, 예측가를 넘어 자율적 행동가로: AI 에이전트의 등장 배경 • 262

소주제2: AI 에이전트가 추구하는 목표, 적용기술, 역할, 장단점 • 269

소주제3: 챗GPT와 AI 에이전트의 차이는 무엇인가? • 276

소주제4: AI 에이전트의 도시분야 적용 사례 • 283

주제 1

21세기 AI 강자는 누구인가?

소주제

1

샘 알트먼은 개척자, 데미스 하사비스는 사색가: 상반된 이력과 배경

1. 21세기 도시의 미래기술인 AI 분야를 오픈AI(OpenAI)의 CEO 샘 알트먼과 구글 딥마인드(Google DeepMind)의 CEO 데미스 하사비스가 이끌어 가고 있다.

(1) 21세기 인류의 미래를 규정할 핵심 기술인 AI 분야를 오픈AI(OpenAI)의 CEO 샘 알트먼(Sam Altman)과 구글 딥마인드(Google DeepMind)의 CEO 데미스 하사비스(Demis Hassabis)가 이끌어 가고 있다.

21세기 인류의 미래를 규정할 핵심 기술인 AI 분야에서, 두 명의 거인이 경쟁하며 혁신을 이끌고 있다. 바로 오픈AI(OpenAI)의 CEO 샘 알트

Sam Altman vs. Demis Hassabis https://www.lavanguardia.com/

먼(Sam Altman)과 구글 딥마인드(Google DeepMind)의 CEO 데미스 하사비스(Demis Hassabis)이다.

(2) 알트먼은 2022년 말 생성형 AI인 챗GPT발표하면서 세상사람들을 깜짝 놀라게 했다. 하사비스는 2016년 알파고를 내놓으면서 AI 역사의 새로운 페이지를 썼다.

알트먼은 2022년 말 생성형 AI인 챗GPT발표하면서 세상사람들을 깜짝 놀라게 했다. 하사비스는 2016년 알파고를 내놓으면서 AI 역사의 새로운 페이지를 썼다. 이들은 사람들의 삶을 윤택하게 하고 AI 기반의 라이프스타일로 바꾸어 보겠다는 희망과 꿈을 안고 AI 개발에 열을 올리고 있다.

(3) 이들은 AI 기술의 방향성과 인류 사회에 미칠 영향을 두고 각기 다른 비전과 접근법을 제시하며, 세기의 라이벌로 주목받고 있다.

이들은 AI 기술의 방향성과 인류 사회에 미칠 영향을 두고 각기 다른 비전과 접근법을 제시하며, 세기의 라이벌로 주목받고 있다. 여기서는 이 두 인물의 인적사항부터 시작하여, 추구하는 목표, 기술적 특징, 사회적 기여도, 장단점, 활용 데이터 및 대표적인 활용 예시를 다면적으로 비교 분석하여 21세기 AI 시대의 진정한 강자는 누구일지 가늠해본다.

2. 개척자와 사색가: 상반된 이력과 배경

2.1. 알트먼(Sam Altman)

샘 알트먼은 1985년 미국 시카고에서 태어난 전형적인 실리콘밸리형 기업가이다. 스탠퍼드 대학교에서 컴퓨터 과학을 공부하다 중퇴하고, 2005년 위치 기반 소셜 네트워킹 서비스인 '룹트(Loopt)'를 공동 창업하며 일찌감치 기술 업계에 발을 들였다.

이후 세계적인 스타트업 엑셀러레이터인 와이컴비네이터(Y Combinator)의 대표를 역임하며 수많은 유니콘 기업을 발굴하고 육성하는 데 기여했다.

2019년부터 오픈AI의 CEO를 맡아 대화형 AI '챗GPT(ChatGPT)'를 세상에 선보이며 AI 대중화 시대를 연 장본인이다. 그의 이력은 빠른 실행력과 시장의 흐름을 읽는 날카로운 감각을 바탕으로 한 '개척자'의 길을 보여준다.

2.2. 하사비스(Demis Hassabis)

반면 데미스 하사비스는 1976년 영국 런던에서 태어난 '사색가'이자 '과학자'에 가깝다. 어린 시절 체스 신동으로 불렸으며, 17세에 이미 전설적인 게임 개발사 불프로그 프로덕션(Bullfrog Productions)에서 게임 '테마파크' 개발에 참여했다.

케임브리지 대학교에서 컴퓨터 과학을, 유니버시티 칼리지 런던(UCL)에서 인지 신경과학 박사 학위를 취득하며 인간의 뇌와 지능의 본질에 대한 깊이 있는 탐구를 이어갔다. 2010년 딥마인드를 공동 창업했고, 이 회사는 페이스북, 일론 머스크 등의 거액 인수 제의를 거절하고 2014년 AI 윤리위 설립에 동의한 구글의 6억5000만달러에 인수되었다.

그는 인간의 지능을 모방하는 것을 넘어, 특정 분야에서 인간을 뛰어넘는 범용 인공지능(AGI) 개발에 매진해왔다.

3. 목표: 범용 인공지능(AGI)을 향한 동상이몽

두 사람 모두 인류에게 이로운 범용 인공지능(Artificial General Intelligence, AGI) 개발을 궁극적인 목표로 삼고 있다는 점에서는 동일하다.

AGI는 인간이 수행할 수 있는 어떠한 지적 과제도 성공적으로 해낼 수 있는 가상적인 인공지능을 의미한다. 하지만 그 목표에 도달하는 방식과 속도에 대한 생각은 다르다.

3.1. 샘 알트먼과 오픈AI는 '빠른 실행과 반복(Build fast, release early, and refine)'이라는 실리콘밸리 방식으로 AGI에 접근한다.

샘 알트먼과 오픈AI는 '빠른 실행과 반복(Build fast, release early, and refine)'이라는 실리콘밸리 방식으로 AGI에 접근한다. 챗GPT와 같이 아직 완벽하지 않더라도 일단 대중에게 공개하고, 사용자 피드백을 통해 서비스를 개선하며 점진적으로 AGI를 향해 나아가는 전략을 취한다. 이는 기술의 민주화를 통해 더 많은 사람이 AI의 혜택을 누리고, 잠재적 위험에 대한 사회적 논의를 함께 이끌어가야 한다는 철학에 기반한다.

3.2. 데미스 하사비스와 구글 딥마인드는 보다 신중하고 연구 중심적인 접근법을 따른다.

반면 데미스 하사비스와 구글 딥마인드는 보다 신중하고 연구 중심적인 접근법을 따른다. 그는 AGI가 인류에게 미칠 파급력을 고려하여, 안전성과 윤리적 문제를 충분히 검토하며 장기적인 관점에서 기술을 발전시켜야 한다고 주장한다.

그의 목표는 단순히 인간의 언어를 모방하는 언어 모델을 넘어, 세상의 원리를 이해하고 추론할 수 있는 '세계 모델(World Model)'을 구축하는 것이다. 이는 마치 노벨상 수상에 버금가는 과학적 발견을 통해 AGI에 도달하려는 태도로 비춰진다.

소주제 2

알트먼과 하사비스의 기술 유형 및 특징: 생성 AI vs. 심층 강화학습

1. 오픈AI의 핵심 기술은 생성 AI(Generative AI)이다.

1.1. 오픈AI의 핵심 기술은 생성 AI(Generative AI), 특히 대규모 언어 모델(Large Language Model, LLM)에 기반한 GPT(Generative Pre-trained Transformer) 시리즈이다

오픈AI의 핵심 기술은 생성 AI(Generative AI), 특히 대규모 언어 모델(Large Language Model, LLM)에 기반한 GPT(Generative Pre-trained Transformer) 시리즈이다. 이 기술은 방대한 텍스트 데이터를 학습하여 인간과 유사한 텍스트를 생성하고, 질문에 답하며, 코드를 작성하는 등 다양한 언어 과제를 수행한다. 직관적이고 사용하기 쉬운 인터페이스를 통해 누구나 쉽게 AI와 상호작용할 수 있다는 점이 가장 큰 특징이다.

1.2. 구글 딥마인드는 심층 강화학습(Deep Reinforcement Learning) 분야의 선구자이다.

구글 딥마인드는 심층 강화학습(Deep Reinforcement Learning) 분야의 선구자이다. 이 기술은 AI가 수많은 시행착오를 통해 스스로 학습하고 최적의 해결책을 찾아내도록 하는 방식이다.

대표적인 예가 바로 '알파고(AlphaGo)'이다. 또한, 딥마인드는 최근 '제미나이(Gemini)'라는 멀티모달(multimodal) 모델을 발표하며 텍스트뿐만 아니라 이미지, 영상, 음성 등 다양한 종류의 데이터를 동시에 이해하고 처리하는 기술력을 선보였다. 이는 언어에 국한되지 않고 보다 복잡한 현실 세계의 문제를 해결하려는 딥마인드의 기술적 방향성을 보여준다.

2. 기술의역할과 기여도: 일상의 혁신 vs. 과학의 경계를 허물다

2.1. 샘 알트먼의 오픈AI는 사회적 수용성을 높이고 관련 산업 생태계를 폭발적으로 성장시켰다.

(1) 보고서 작성, 이메일 초안 생성, 창의적인 아이디어 구상 등 다양한 분야에서 생산성을 극적으로 향상시키며 'AI 비서'의 시대를 열었다.

샘 알트먼의 오픈AI는 '챗GPT'를 통해 AI를 연구실의 영역에서 꺼내와 일반 대중의 일상으로 끌어들였다. 보고서 작성, 이메일 초안 생성, 창의적인 아이디어 구상 등 다양한 분야에서 생산성을 극적으로 향상시키며 'AI 비서'의 시대를 열었다. 이는 AI 기술의 사회적 수용성을 높이고 관련

https://www.theinformation.com

산업 생태계를 폭발적으로 성장시키는 데 결정적인 기여를 했다.

2.2. 데미스 하사비스의 구글 딥마인드는 인류의 난제를 해결하는 데 AI를 활용하며 과학 기술의 경계를 확장했다.

(1) 단백질 구조 예측 프로그램 '알파폴드(AlphaFold)'는 수십 년간 풀리지 않던 생명과학의 숙제를 해결하며 신약 개발과 질병 연구에 혁신적인 돌파구를 마련했다.

데미스 하사비스의 구글 딥마인드는 인류의 난제를 해결하는 데 AI를 활용하며 과학 기술의 경계를 확장했다. 단백질 구조 예측 프로그램 '알파폴드(AlphaFold)'는 수십 년간 풀리지 않던 생명과학의 숙제를 해결하며 신약 개발과 질병 연구에 혁신적인 돌파구를 마련했고, 이는 하사비스에게 2024년 노벨 화학상 공동 수상의 영예를 안겨주었다. 이 외에도 핵융합 플라즈마 제어, 새로운 수학적 발견 등 AI를 통해 인류 지식의 최전선을 넓히는 데 기여하고 있다.

https://www.google.com/search?q=Google+Deepmind+image

■ 샘 알트먼 (OpenAI)와 데미스 하사비스 (Google DeepMind)가 추구하는 목표, 적용기술, 역할과 기여도, 장단점, 활용예시

구분	샘 알트먼 (OpenAI)	데미스 하사비스 (Google DeepMind)
인적사항	1985년생, 미국 시카고 출생 스탠퍼드대 중퇴, 와이컴비네이터 대표 역임	1976년생, 영국 런던 출생 케임브리지대, UCL 박사, 게임 개발자 출신
추구하는 목표	빠른 실행과 반복을 통한 점진적 AGI 개발 및 기술의 민주화	신중한 연구와 과학적 발견을 통한 안전하고 강력한 AGI 개발
적용기술 유형	생성 AI, 대규모 언어 모델 (GPT)	심층 강화학습, 멀티모달 AI (AlphaGo, Gemini)
기술의 역할과 기여도	AI의 대중화, 일상 및 업무 생산성 혁신 (챗GPT)	과학 난제 해결, 인류 지식의 경계 확장 (알파폴드)
장단점	장점: 빠른 시장 선점, 대중적 인기, 강력한 개발자 생태계 단점: 환각 현상, 편향성, 기술의 상업화 논란	장점: 높은 기술적 정확도, 과학적 기여, 안전성 강조 단점: 상대적으로 느린 상용화, 대중적 접근성 부족
활용 데이터	인터넷 텍스트, 책, 웹사이트 등 방대한 공개 데이터 (Common Crawl 등)	웹 문서, 과학 논문, 이미지, 오디오 등 멀티모달 데이터
대표 활용 예시	챗GPT (대화형 AI), DALL-E (이미지 생성), 코덱스 (코드 생성)	알파고 (바둑), 알파폴드 (단백질 구조 예측), 제미나이 (멀티모달 AI)

소주제 3

샘 알트먼(OpenAI)와 데미스 하사비스(Google DeepMind)의 장단점

1. 알트먼과 하사비스 방식의 특징

1.1. 알트먼의 접근법은 빠른 시장 선점과 대중적 인기를 얻는 데 성공했으나 '환각(Hallucination)' 현상이란 문제가 있다.

알트먼의 접근법은 빠른 시장 선점과 대중적 인기를 얻는 데 성공했지만, '환각(Hallucination)' 현상, 즉 AI가 그럴듯한 거짓 정보를 생성하는 문제나 데이터 편향성 문제로부터 자유롭지 못하다. 또한 비영리 단체로 출발했던 오픈AI가 마이크로소프트와 손잡고 점차 상업화의 길을 걷는 것에 대한 비판도 존재한다.

1.2. 하사비스의 방식은 기술적 완결성과 정확도가 높고, 과학적 기여를 한다는 강점이 있으나 상용화 속도가 느리고, 대중이 체감할 수 있는 서비스가 부족하다

하사비스의 방식은 기술적 완결성과 정확도가 높고, 인류에 실질적인 과학적 기여를 한다는 강점이 있다. 하지만 상대적으로 상용화 속도가 느리고, 일반 대중이 체감할 수 있는 서비스가 부족하다는 지적을 받기도

한다. AGI의 위험성을 지나치게 강조하며 기술 발전의 속도를 늦춘다는 비판도 일부 제기된다.

2. 활용 데이터: 오픈AI는 공개 데이터 vs. 구글 딥마인드는 멀티모달 데이터

2.1. 오픈AI는 주로 '커먼 크롤'과 같이 인터넷에 공개된 방대한 텍스트와 코드 데이터를 기반으로 모델을 학습시킨다.

오픈AI는 주로 '커먼 크롤(Common Crawl)'과 같이 인터넷에 공개된 방대한 텍스트와 코드 데이터를 기반으로 모델을 학습시킨다. 이는 언어적 패턴과 지식을 습득하는 데 효과적이지만, 데이터에 포함된 편견이나 부정확한 정보까지 학습할 위험이 있다.

2.2. 구글 딥마인드는 텍스트 데이터 뿐만 아니라 이미지, 오디오, 과학논문 등 다양한 형태의 데이터를 활용하는 멀티모달 접근을 강조한다.

구글 딥마인드는 텍스트 데이터 뿐만 아니라 이미지, 오디오, 과학 논문 등 다양한 형태의 데이터를 활용하는 멀티모달 접근을 강조한다. 이는 모델이 언어를 넘어 세상에 대한 보다 깊이 있는 이해를 갖도록 돕는다. 특히 알파폴드와 같은 경우는 방대한 과학 데이터를 학습하여 특정 분야의 전문성을 극대화한 사례이다.

소주제

4

오픈AI의 대표작 챗GPT는 일상의 동반자 vs. 알파폴드는 생명과학 패러다임을 바꾸는 인류의 조력자

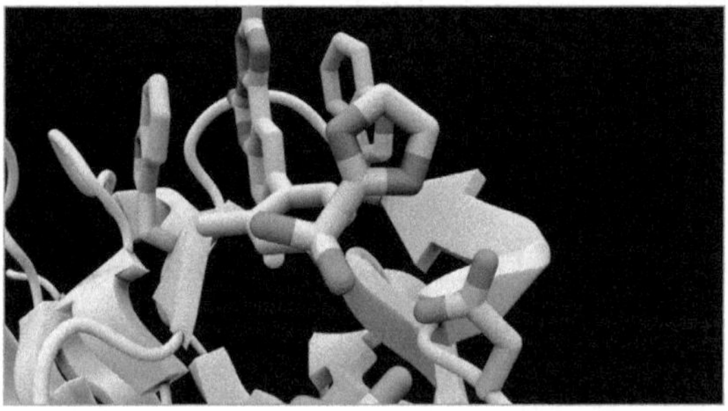

구글 딥마인드 알파폴드3 공개 "AI로 신약개발 가속화" - 매일경제

1.1. 오픈AI의 대표작 단연 챗GPT는 정보 검색을 넘어 창의적인 글쓰기, 프로그래밍, 외국어 학습 등 다양한 지적 활동에서 인간을 돕는 '일상의 동반자'로 자리매김했다.

오픈AI의 대표작은 단연 챗GPT이다. 이는 단순 정보 검색을 넘어 창의적인 글쓰기, 프로그래밍, 외국어 학습 등 다양한 지적 활동에서 인간을 돕는 '일상의 동반자'로 자리매김했다. 이미지 생성 AI인 달리(DALL-E) 역시 텍스트 설명만으로 놀라운 품질의 이미지를 만들어내며 창작의 영역을 확장하고 있다.

1.2. 구글 딥마인드의 상징은 알파고와 알파폴드이다. 알파고는 세계 최고의 프로 바둑기사를 꺾으며 AI의 잠재력을 전 세계에 각인시켰고, 알파폴드는 생명과학 연구의 패러다임을 바꾸는 '인류의 조력자' 역할을 하고 있다.

구글 딥마인드의 상징은 알파고와 알파폴드이다. 알파고는 세계 최고의 프로 바둑기사인 이세돌을 꺾으며 AI의 잠재력을 전 세계에 각인시켰고, 알파폴드는 생명과학 연구의 패러다임을 바꾸는 '인류의 조력자' 역할을 하고 있다. 최근 발표된 제미나이는 이러한 기술력을 통합하여 더욱 복잡하고 다양한 문제를 해결할 수 있는 가능성을 보여준다.

1.3. 해석과 시사점: 경쟁을 넘어 상생으로

샘 알트먼과 데미스 하사비스는 21세기 AI 시대를 이끄는 두 명의 가장 중요한 인물임이 틀림없다. 알트먼이 대중의 눈높이에서 AI 혁명을 이끄는 '흥행사'라면, 하사비스는 인류 지성의 최전선에서 AI의 가능성을 탐구하는 '탐험가'에 비유할 수 있다.

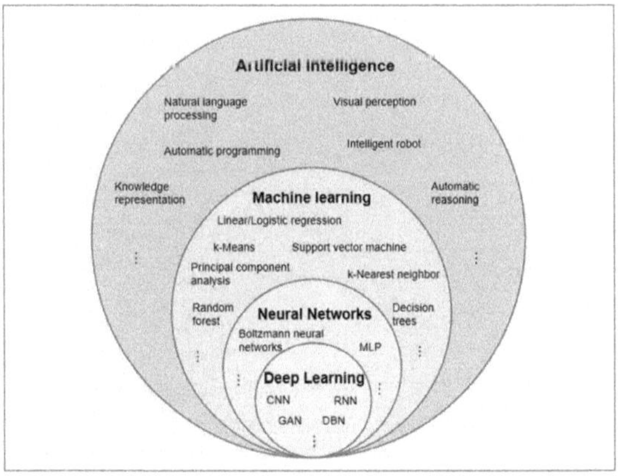

https://www.researchgate.net/figure/Relationship-between-artificial-intelligence-machine-learning-neural-network-and-deep

누가 궁극적인 승자가 될 것인지를 예측하기는 어렵다. 어쩌면 승자를 가리는 것 자체가 무의미할지도 모른다. 알트먼의 빠른 실행력이 AI 기술의 저변을 넓히고 사회적 논의를 촉발한다면, 하사비스의 신중하고 깊이 있는 연구는 그 기술이 인류에게 실질적이고 안전한 혜택을 가져다줄 수 있도록 방향을 잡아줄 것이기 때문이다. 결국 이 두 거인의 경쟁과 상호작용은 AI 기술을 더욱 빠르고, 안전하며, 유익한 방향으로 발전시키는 원동력이 될 것이다. 21세기 AI 강자는 한 명이 아닐 수 있다. 바로 이 두 사람의 경쟁과 협력을 통해 진화하는 AI 그 자체가 될 것이다.

주제 2

ANI(약한인공지능)에서 ASI(초인공지능)은 어떻게 도시의 운영체계가 되는가?

소주제
1

지능의 범위에 따라 ANI→AGI→ASI 발전 추세 속에서 ANI

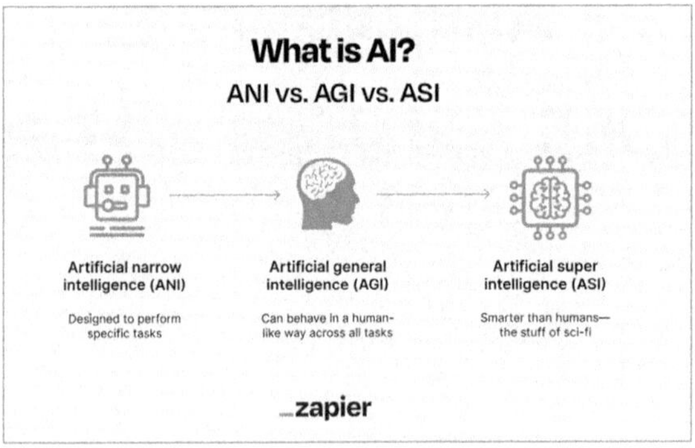

https://www.linkedin.com/uas/login-submit

인공지능의 발전사는 그 지능의 범위에 따라 'ANI → AGI → ASI'로 조망되기도 하지만, 기술의 구현 방식과 데이터 처리 능력에 따라 LLM → LMM → LAM'이라는 또 다른 중요한 발전 경로를 그리고 있다.

1. 인공지능 발전의 초석, 약인공지능(ANI)이란 무엇인가?

(1) AI는 그 지능의 수준과 범위에 따라 약인공지능(ANI, Artificial Narrow Intelligence), 강인공지능(AGI, Artificial General Intelligence), 그리고 초인공지능(ASI, Artificial Superintelligence)의 단계로 발전해 나가는 거대한 흐름 속에 있다.

인공지능(AI)은 그 지능의 수준과 범위에 따라 약인공지능(ANI, Artificial Narrow Intelligence), 강인공지능(AGI, Artificial General Intelligence), 그리고 초인공지능(ASI, Artificial Superintelligence)의 단계로 발전해 나가는 거대한 흐름 속에 있다.

(2) 현재 우리가 일상에서 경험하고 활용하는 거의 모든 인공지능은 바로 첫 번째 단계인 '약인공지능(ANI)'에 해당한다.

현재 우리가 일상에서 경험하고 활용하는 거의 모든 인공지능은 바로 첫 번째 단계인 '약인공지능(ANI)'에 해당한다. 이 장에서는 인공지능 발전의 현주소인 ANI의 개념부터 목표, 기술, 역할, 장단점, 활용 데이터 및 내표 예시까지 7가지 관점에서 명확하고 구체적으로 설명하고자 한다.

약인공지능(ANI)은 인공지능 발전 과정의 초기 단계이지만, 가장 현실적이고 강력한 형태로 현대 사회의 혁신을 이끄는 핵심 동력이라 할 수 있다.

1.1. 개념: 한 우물만 파는 '달인' 인공지능 ANI

약인공지능(ANI)을 가장 쉽게 비유하자면, '평생 한 가지 기술만 연마하여 세계 최고 경지에 오른 달인'과 같다.

(1) ANI는 인간이 정해준 특정 영역이나 매우 제한된 범위의 문제 해결에 특화된 인공지능을 의미한다.

초밥 장인은 초밥을 만드는 데 있어서는 그 누구도 따라올 수 없는 실력을 갖추었지만, 자동차 정비나 프로그래밍에 대해서는 알지 못한다. 이처럼 ANI는 인간이 정해준 특정 영역이나 매우 제한된 범위의 문제 해결에 특화된 인공지능을 의미한다.

(2) ANI는 자신이 프로그래밍된 영역을 조금이라도 벗어나면 아무런 기능도 수행하지 못한다.

ANI는 특정 작업에서 인간과 동등하거나 혹은 훨씬 뛰어난 능력을 발휘할 수 있지만, 자신이 프로그래밍된 영역을 조금이라도 벗어나면 아무런 기능도 수행하지 못한다.

(3) 바둑 AI인 '알파고'는 바둑에 관한 한 신의 경지에 이르렀지만, 바둑돌의 재질이 무엇인지 이해하거나 날씨를 예측하는 능력은 전무하다.

예를 들어, 세계 최고의 바둑 AI인 '알파고'는 바둑에 관한 한 신의 경지에 이르렀지만, 바둑돌의 재질이 무엇인지 이해하거나 날씨를 예측하는 능력은 전무하다.

(4) ANI는 자의식, 감정, 진정한 의미의 이해나 추론 능력 없이 주어진 임무만을 기계적으로 수행하는 '좁은(Narrow)' 지능 체이다.

즉, ANI는 자의식, 감정, 진정한 의미의 이해나 추론 능력 없이 오직 주어진 임무만을 기계적으로 수행하는 '좁은(Narrow)' 지능 체이다.

1.2. ANI가 추구하는 목표: 특정 임무의 '최적화'와 '자동화'

(1) ANI가 추구하는 목표는 바로 주어진 특정 과업(Task)을 가장 효율적이고 정확하게 수행하는 것'이다.

ANI가 추구하는 목표는 인간과 같은 범용적 지능을 구현하는 것이 아니다. 그 목표는 매우 명확하고 실용적이다. 바로 주어진 특정 과업(Task)을 가장 효율적이고 정확하게 수행하는 것'이다.

이는 곧 '성능의 최적화'와 '인간 노동의 자동화'라는 두 가지 핵심 가치로 귀결된다. 스팸 메일 필터는 스팸 메일 분류의 정확도를 99.99%까지 끌어올리는 것을 목표로 하고, 주가 예측 AI는 예측 오차를 최소화하는 것을 목표로 한다.

(2) ANI의 개발 목적은 추상적인 '지능'의 구현이 아니라, 산업, 경제, 일상 속의 특징 문제를 해결하여 생산성을 극대화하고 비용을 절감하며 인간의 삶을 더 편리하게 만드는 데 있다.

이처럼 ANI의 개발 목적은 추상적인 '지능'의 구현이 아니라, 산업, 경제, 일상 속의 특정 문제를 해결하여 생산성을 극대화하고 비용을 절감하며 인간의 삶을 더 편리하게 만드는 데 있다.

1.3. ANI적용 기술의 유형 및 특징

ANI는 독립적인 기술이라고 보다는, 다양한 머신 러닝 기술들을 특정 목적에 맞게 응용한 '결과물'에 가깝다. 즉, ANI를 구현하는 도구 상자에는 다음과 같은 기술들이 포함된다.

(1) **지도 학습(Supervised Learning)**: 이미지 분류, 음성 인식, 스팸 필터링, 질병 진단 등 명확한 정답이 있는 문제를 해결하는 ANI의 기반 기술이다.

(2) **비지도 학습(Unsupervised Learning)**: 고객 그룹핑, 이상 거래 탐지, 연관 상품 추천 등 데이터 내의 숨겨진 패턴을 찾아야 하는 ANI에 활용된다.

(3) **강화 학습(Reinforcement Learning)**: 게임 AI(알파고), 로봇 제어, 자율 주행 등 순차적 의사결정이 필요한 고도화된 ANI를 구현하는 핵심 기술이다.

(4) **딥러닝(Deep Learning)**: 인간의 신경망을 모방한 심층 신경망을 활용하는 기술로, 음성 비서, 실시간 번역, 이미지 생성 등 현대의 거의 모든 고성능 ANI의 두뇌 역할을 수행한다.

이 기술들의 공통적인 특징은 모두 단일 목적(Single-Purpose)'을 위해 설계되고 훈련된다는 점이다.

1.4. ANI기술의 역할과 기여도

ANI는 미래의 기술이 아닌, 이미 우리 사회와 산업 전반에 깊숙이 뿌리내려 막대한 영향을 미치고 있는 '현재의 기술'이다.

(1) **생산성 혁명**: 공장의 조립 로봇, 고객 응대 챗봇, 서류 작업 자동화(RPA) 등 반복적이고 정형화된 업무를 자동화하여 인간이 더 창의적인 일에 집중할 수 있도록 함으로써 전 산업의 생산성을 비약적으로 향상시킨다.

(2) **초개인화 서비스 제공**: 넷플릭스의 영화 추천, 스포티파이의 음악 추천, 아마존의 상품 추천처럼 개인의 취향과 행동 데이터를 분석하여 맞춤형 경험을 제공하는 새로운 서비스 시대를 열었다.

(3) **인간 능력의 확장**: 인간 의사가 판독하기 어려운 의료 영상(CT, MRI) 분석을 도와 진단의 정확도를 높이거나, 수십억 개의 변수를

고려하여 최적의 투자 전략을 제시하는 등 전문가의 의사결정을 보조하고 능력을 확장하는 역할을 한다.

1.5. ANI기술의 장점과 단점

■ **장점과 단점**

구분	내용
장점 (Advantages)	1. 초인적인 성능: 특정 작업에 한해서는 인간의 능력을 아득히 뛰어넘는 속도와 정확성을 보여준다. 2. 높은 경제적 가치: 현실의 구체적인 문제를 해결하여 즉각적인 비용 절감과 수익 창출 등 막대한 경제적 가치를 만들어낸다. 3. 통제 가능성: 기능이 명확한 영역에 한정되므로, AGI나 ASI에 비해 예측과 통제가 상대적으로 용이하며 윤리적, 사회적 위험 부담이 적다.
단점 (Disadvan-tages)	1. 유연성 및 응용력 부재: 훈련된 영역을 조금이라도 벗어나는 상황에서는 성능이 급격히 저하되거나 전혀 작동하지 않는 '취약함(Brittleness)'을 보인다. 2. 상식의 부재: 데이터 패턴에만 의존할 뿐, 세상에 대한 진정한 이해나 상식이 없어 인간이라면 절대 하지 않을 어이없는 실수를 저지를 수 있다. 3. 데이터 편향성: 학습한 데이터에 편향(Bias)이 존재할 경우, AI의 판단 역시 그 편향을 그대로 반영하거나 증폭시켜 불공정한 결과를 초래할 수 있다.

1.6. ANI기술의 활용 데이터: '고도로 정제된 목적성 데이터'

ANI가 활용하는 데이터는 그 목적에 따라 철저하게 맞춤화되고 정제된 데이터이다. 범용적인 지식이 아닌, 오직 해당 임무를 수행하는 데 필요한 데이터만을 집중적으로 학습한다.

(1) **음성 비서(Siri, Bixby)**: (음성 파형 데이터, '오늘 날씨 알려줘'라는 텍스트)와 같은 수억 개의 음성-텍스트 쌍 데이터

(2) **번역기 (파파고, 구글 번역):** ('I love you', '사랑해요')와 같이 동일한 의미를 가진 수많은 언어 쌍(Parallel Corpus) 데이터

(3) **자율주행차:** (전방 카메라 영상, 라이다 센서 값, '핸들을 왼쪽으로 5도 돌린다')와 같은 주행 상황과 운전자 행동에 대한 방대한 데이터

(4) **추천 알고리즘:** (사용자 A, '영화 아이언맨' 시청, '별점 5점')과 같은 사용자의 행동 이력 데이터

1.7. ANI기술의 대표적인 활용 예시

우리의 일상은 이미 수많은 ANI '달인'들에게 둘러싸여 있다.

(1) **스마트폰 속의 비서:** 애플의 시리(Siri), 삼성의 빅스비(Bixby), 구글 어시스턴트 등은 사용자의 음성 명령을 인식하고 처리하는 데 특화된 ANI이다.

(2) **콘텐츠 추천 시스템:** 유튜브, 넷플릭스가 사용자의 시청 기록을 분석하여 다음에 볼 영상을 추천하는 알고리즘은 대표적인 ANI이다.

(3) **내비게이션 및 교통 예측:** T맵, 카카오내비가 실시간 교통 정보를 분석하여 최적의 경로를 추천하는 것 역시 고도로 발달한 ANI 기술이다.

(4) **금융 및 보안:** 신용카드 부정 사용 탐지(FDS), 스팸 메일 필터, 사이버 공격 탐지 시스템 등 보이지 않는 곳에서 수많은 ANI가 우리를 보호하고 있다.

(5) **알파고(AlphaGo):** ANI의 능력과 한계를 가장 극명하게 보여주는 상징적인 예시로, 오직 '바둑'이라는 좁은 영역에서 인간을 초월한 성능을 입증했다.

1.8. ANI의 도시계획, 환경계획, 교통 및 모빌리티 계획, 도시건축설계에 적용 사례(가상)

ANI(Artificial Narrow Intelligence)는 특정 작업 수행에 특화된 인공지능으로, 방대한 데이터 분석과 패턴 인식을 통해 인간 전문가의 의사결정을 돕고 복잡한 문제를 효율적으로 처리한다. 이하 도시계획, 환경, 교통, 건축 각 분야에서 ANI가 구체적으로 어떻게 적용될 수 있는지 가상의 사례를 통해 설명한다.

1.8.1. 도시계획: 용도지역 최적화 AI, '랜드옵티마이저(LandOptimizer)'

도시계획의 핵심 중 하나는 주어진 토지에 주거, 상업, 공업, 녹지 등 최적의 용도를 배분하는 것이다. 이는 수많은 법적, 경제적, 사회적 변수를 고려해야 하는 복잡한 과제이다.

가상 적용 사례

'랜드옵티마이저'의 신도시 용도지역 계획 지원

(1) **입력 데이터:** 신도시로 계획된 부지의 3D 지형 데이터, 토양 정보, 기존 인프라 현황, 인근 도시의 인구통계, 통근 패턴 데이터(통신사 유동인구 데이터 기반), 토지이용규제 법규, 공공편익시설 설치 기준 등을 입력한다.

(2) **ANI의 역할:** '랜드옵티마이저'는 이 방대한 데이터를 기반으로 수천, 수만 가지의 용도지역 조합 시뮬레이션을 실행한다. 이때 ANI의 목표는 '시민의 평균 통근 시간 최소화', '공원 및 녹지 접근성 극대화', '상업지역 경제성 분석' 등 계획가가 설정한 특정 목표를 최적화하는 것이다.

(3) **산출 결과:** ANI는 단 하나의 정답을 제시하는 것이 아니라, 목표에 따라 최적화된 여러 대안을 시각화된 보고서 형태로 제출한다. 예를 들어, '대안 A: 통근시간 최소화 중심 모델', '대안 B: 생태 면적률 최대화 모델', '대안 C: 경제적 타당성 우선 모델' 등을 각각의 장단점 분석과 함께 제시한다. 도시계획가는 이 객관적 데이터를 바탕으로 최종적인 정책 결정을 내리게 되며, 이는 계획의 합리성과 설득력을 크게 향상시킨다.

1.8.2. 환경계획: 도시 바람길 및 열섬현상 분석 AI, '그린에어(GreenAir)'

도시의 고밀 개발은 바람의 순환을 막고 지표면의 열을 가두어 열섬현상과 미세먼지 정체를 유발한다.

가상 적용 사례

'그린에어'를 활용한 도심 재개발 환경성 검토

(1) **입력 데이터:** 재개발 대상 지역의 3D 건물 모델, 도로망 데이터, 주변 산과 강의 위치, 지난 10년간의 기상 데이터(풍향, 풍속, 일사량 등), 실시간 대기오염 측정 센서 데이터 등을 입력한다.

(2) **ANI의 역할:** '그린에어'는 유체역학(CFD) 시뮬레이션에 특화된 ANI이다. 입력된 데이터를 바탕으로 도시의 미세 기후를 정밀하게 분석하여 '바람길'이 어디서 막히고, '열섬'이 주로 어느 지역에 집중되는지를 시각적인 지도로 구현한다.

(3) **산출 결과:** 분석 후, 계획가가 새로운 건물 배치나 공원 조성 계획을 가상으로 입력하면, '그린에어'는 해당 계획이 바람길과 열섬 현상에 미칠 영향을 즉각적으로 시뮬레이션하여 결과를 보여준다.

예를 들어, "A블록의 건물 높이를 10m 낮추고 건물 방향을 15도 변경 시, 인근 주거 단지의 여름철 평균 기온이 0.8℃ 하락하고, 풍속은 평균 1.2m/s 증가할 것으로 예측된다" 와 같은 구체적인 데이터를 제공한다. 이를 통해 개발 계획 초기 단계부터 친환경적인 설계를 유도할 수 있다.

1.8.3. 교통 및 모빌리티 계획: AI 기반 수요예측 신호체계, '트래픽뉴런(TrafficNeuron)'

도시의 교통 신호는 정해진 패턴에 따라 운영되어 예측 불가능한 교통 상황에 능동적으로 대처하기 어렵다.

가상 적용 사례

'트래픽뉴런'을 통한 교차로 신호 최적화

(1) **입력 데이터:** 교차로에 설치된 CCTV 영상, 도로 바닥의 루프 검지기 데이터, 내비게이션 앱에서 수집되는 실시간 차량 이동 속도 및 경로 데이터, 보행자 감지 센서 데이터, 인근에서 열리는 대형 이벤트 정보 등을 실시간으로 수집한다.

(2) **ANI의 역할:** '트래픽뉴런'은 특정 교차로나 도로 구간의 5분, 10분, 30분 후의 교통량을 예측하는 것에 특화되어 있다. 과거 데이터와 현재 상황을 종합하여 '금요일 저녁 비가 올 때의 퇴근길 패턴', '인근 야구장에서 경기가 끝났을 때의 차량 흐름' 등을 학습하고 예측한다.

(3) **산출 결과:** ANI는 예측된 교통 수요에 맞춰 실시간으로 신호 주기를 최적화한다. 특정 방향의 차량이 많아지면 해당 방향의 녹색 신

호 시간을 능동적으로 늘리고, 인접 교차로와 연동하여 차량이 꼬리물기 없이 원활하게 빠져나가도록 '그린웨이브(Green Wave)'를 형성한다. 이를 통해 불필요한 신호 대기 시간을 줄이고, 차량의 연비 개선 및 탄소 배출량 감소 효과를 가져온다.

1.8.4. 도시건축설계: 생성형 건축 입면 디자인 AI, '아키페이스(ArchiFace)'

건축가가 건물의 외관(입면)을 디자인할 때는 미학적 요소뿐만 아니라, 건축 법규, 에너지 효율, 구조 안정성 등 수많은 제약 조건을 동시에 고려해야 한다.

가상 적용 사례

'아키페이스'를 이용한 오피스 빌딩 입면 설계

(1) **입력 데이터**: 건축가가 설정한 기본 파라미터(예: '모던 스타일', '유리와 콘크리트 사용', '창문 면적 비율 40% 이상'), 해당 지역의 건축법 및 지구단위계획(건폐율, 용적률, 높이 제한, 일조권 등), 건물의 향에 따른 에너지 효율(냉난방 부하) 분석 데이터 등을 입력한다.

(2) **ANI의 역할**: '아키페이스'는 생성형(Generative) ANI로, 주어진 조건과 제약사항을 모두 만족하는 수백 개의 독창적인 입면 디자인 시안을 몇 분 만에 생성한다. 이때 단순히 미적인 디자인만 만드는 것이 아니라, 각 시안별 예상 에너지 효율 등급, 구조적 안정성 기본 검토, 개략적인 시공비까지 함께 계산한다.

(3) **산출 결과**: 건축가는 ANI가 생성한 다수의 디자인 옵션 중에서 창의적인 영감을 얻거나, 가장 합리적인 시안을 선택하여 발전시킬 수 있다. 이는 건축가가 반복적이고 기술적인 검토에 들이는 시간

을 획기적으로 줄여주며, 보다 창의적이고 본질적인 설계에 집중할 수 있는 환경을 제공한다.

결론적으로, 각 도시 분야의 ANI는 인간 전문가를 대체하는 것이 아니라, 인간의 능력을 증강시키는 강력한 '조력자(Assistant)'로서 기능한다. 방대한 데이터를 기반으로 한 객관적인 분석과 시뮬레이션을 통해, 더 빠르고 합리적이며 창의적인 도시를 만드는 데 결정적인 역할을 수행하게 된다.

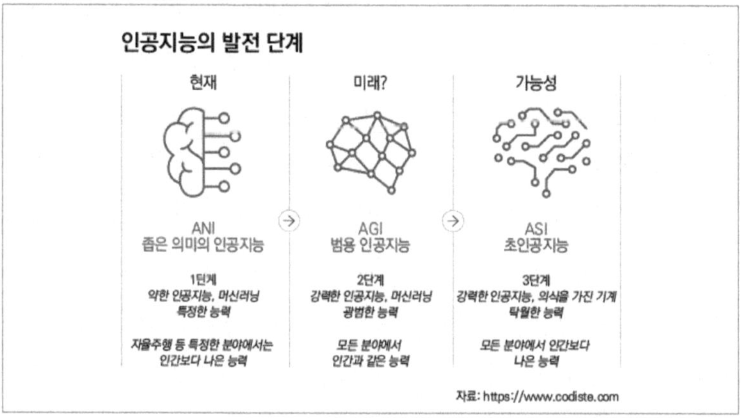

소주제

2

지능의 범위에 따라 ANI→AGI→ASI 발전 추세 속에서 AGI

1. 인공지능 발전의 변곡점, 강인공지능(AGI)에 대한 심층 탐구

(1) 인공지능의 발전 로드맵(ANI → AGI → ASI)에서, 현재의 약인공지능(ANI)이 '기술'의 영역에 있다면, 다음 단계인 강인공지능(AGI, Artificial General Intelligence)은 '지성'의 영역에 해당하며, 이는 인류 문명의 패러다임을 근본적으로 바꿀 잠재력을 지닌다.

인공지능의 발전 로드맵(ANI → AGI → ASI)에서, 현재의 약인공지능(ANI)이 '기술'의 영역에 있다면, 다음 단계인 강인공지능(AGI, Artificial General Intelligence)은 '지성'의 영역에 해당하며, 이는 인류 문명의 패러

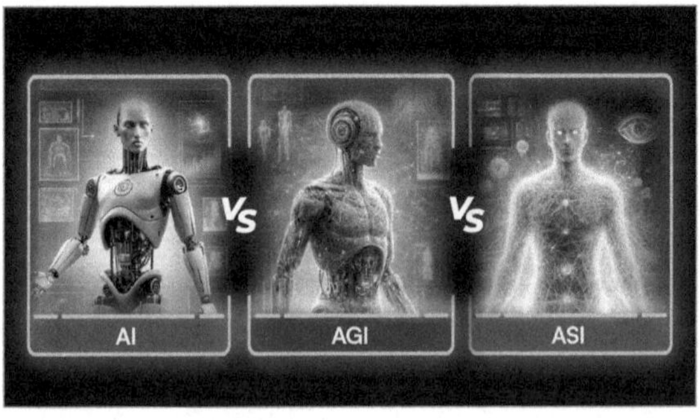

https://www.linkedin.com/

다임을 근본적으로 바꿀 잠재력을 지닌다.

AGI는 아직 현실화되지 않은 이론적 개념이지만, 인공지능 연구의 궁극적 지향점으로서 그 중요성은 매우 크다.

1.1. AGI의 개념: 모든 분야에 능통한 '레오나르도 다빈치'형 인공지능

(1) 강인공지능(AGI)을 가장 쉽게 비유하자면, '특정 분야의 달인(ANI)'을 넘어, 어떤 지적 과업이든 학습하고 수행할 수 있는 '다재다능한 만능인'과 같다.

강인공지능(AGI)을 가장 쉽게 비유하자면, '특정 분야의 달인(ANI)'을 넘어, 어떤 지적 과업이든 학습하고 수행할 수 있는 '다재다능한 만능인'과 같다.

마치 레오나르도 다빈치가 화가, 과학자, 발명가, 철학자였듯, AGI는 하나의 고정된 정체성을 갖지 않고 주어진 환경과 문제에 따라 스스로 학습하고 적응하며 지능을 발휘하는 존재이다.

(2) AGI는 인간과 동등한 수준의, 혹은 그 이상의 범용적인 인지 능력을 갖춘 인공지능을 의미한다.

AGI는 인간과 동등한 수준의, 혹은 그 이상의 범용적인 인지 능력을 갖춘 인공지능을 의미한다. 이는 단순히 여러 ANI를 합쳐 놓은 것과는 근본적으로 다르다. AGI는 추론, 학습, 계획, 의사소통 등 인간의 고유한 지적 능력을 포괄적으로 갖추고, 한 분야에서 배운 지식을 전혀 다른 새로운 분야에 응용할 수 있는 '일반화' 능력을 핵심 특징으로 한다.

즉, AGI는 '상식'을 바탕으로 세상을 이해하고, 자의식을 가지며, 스스로 목표를 설정하고 문제를 해결해 나가는 진정한 의미의 '지성체'로 정의된다.

※ 중요: 2025년 현재, AGI는 아직 개발되지 않은 이론적 단계의 기술이다. 이하의 설명은 현재의 연구 방향과 미래 예측에 기반한 것이다.

1.2. AGI가 추구하는 목표: '인간 지성의 복제'를 통한 보편적 문제 해결사

(1) AGI가 추구하는 궁극적인 목표는 특정 문제의 '최적화'를 넘어선 '인간 지성의 완전한 복제 및 구현'이다.

AGI가 추구하는 궁극적인 목표는 특정 문제의 '최적화'를 넘어선 '인간 지성의 완전한 복제 및 구현'이다. 이는 단순히 인간의 계산 능력을 모방하는 것이 아니라, 인간의 사고 과정, 즉 유연성, 창의성, 직관, 감성적 이해까지 포함하는 총체적인 지능을 기계로 실현하는 것을 목표로 한다.

(2) 암이나 노화의 정복, 기후 변화 문제 해결, 우주의 근원 탐사 등 단일 학문이나 전문가의 힘으로는 풀기 어려운 난제들을, 모든 학문과 지식을 통합하여 사고하는 AGI를 통해 해결하고자 하는 것이 목표이다.

궁극적으로 AGI는 인류가 지금까지 해결하지 못했던 거대하고 복잡한 문제들을 해결하는 '보편적 문제 해결사(Universal Problem Solver)'가 되는 것을 지향한다. 암이나 노화의 정복, 기후 변화 문제 해결, 우주의 근원 탐사 등 단일 학문이나 전문가의 힘으로는 풀기 어려운 난제들을, 모든 학문과 지식을 통합하여 사고하는 AGI를 통해 해결하고자 하는 것이 그 원대한 목표이다.

1.3. AGI적용 기술의 유형 및 특징 (이론적 예측)

현재의 어떤 단일 기술로도 AGI를 구현할 수는 없다. AGI의 구현은 기존의 여러 AI 기술들이 유기적으로 융합되고, 현재는 존재하지 않는 새로운 패러다임의 기술이 더해져야 가능할 것으로 예측된다.

(1) **초거대 멀티모달 모델(Massive Multimodal Model)**: 텍스트뿐만 아니라 이미지, 소리, 영상, 촉각 등 인간처럼 다양한 형태(양식)의 데이터를 동시에 이해하고 통합적으로 사고하는 모델이 기반이 될 것이다.

(2) **신경-상징적 AI(Neuro-Symbolic AI)**: 딥러닝과 같은 신경망의 패턴 인식 능력(직관)과 기호 논리 기반의 추론 능력(이성)을 결합하여, 인간의 뇌처럼 유연한 사고와 엄밀한 논리를 동시에 수행하는 기술이다.

(3) **자율적 강화학습 및 월드 모델(Autonomous RL & World Models)**: 가상 또는 현실 세계와의 무수한 상호작용을 통해, 인간의 개입 없이도 세상이 어떻게 작동하는지에 대한 내재적인 모델, 즉 '상식'을 스스로 구축하는 기술이 필수적이다.

(4) **메타 학습(Meta-Learning)**: '학습하는 방법' 자체를 학습하는 기술이다. 소량의 데이터나 단 한 번의 경험만으로도 새로운 개념을 즉시 배우고 다른 문제에 적용할 수 있는 능력으로, AGI의 핵심적인 특징이 될 것이다.

1.4. AGI기술의 역할과 기여도 (예상)

AGI가 현실화된다면, 인류 역사상 산업혁명이나 정보혁명과는 비교할 수 없는 문명사적 대전환을 가져올 것이다.

(1) **과학 연구의 특이점**: AGI는 인류가 축적한 모든 과학 지식을 단숨에 학습하고, 인간이 상상하지 못했던 새로운 가설을 세우고 검증하며 과학 발전의 속도를 비약적으로 끌어올릴 것이다. 질병 정복, 신소재 개발, 에너지 문제 해결 등 인류의 생존과 번영에 결정적으

로 기여할 수 있다.

(2) **지적 노동의 완전 자동화**: 단순 반복 업무를 넘어 의사, 변호사, 과학자, 예술가 등 고도의 지적 노동까지 자동화하거나 대체하여, 인간을 노동으로부터 해방시키고 부의 총량을 폭발적으로 증가시킬 것이다.

(3) **창의적 파트너로서의 역할**: 인간과 협력하여 완전히 새로운 차원의 예술 작품을 창작하거나, 복잡한 사회 시스템을 설계하는 등 인류의 지적, 창의적 활동의 동반자 역할을 수행할 것이다.

1.5. ANI기술의 장점과 단점

■ **장점과 단점(예상)**

구분	내용
장점 (Advantages)	1. 인류 난제의 해결: 기아, 질병, 환경오염, 전쟁 등 인류가 직면한 거의 모든 거대 담론에 대한 근본적인 해결책을 제시할 잠재력을 가진다. 2. 지식과 생산성의 폭발적 증대: 모든 지적 활동을 자동화함으로써 인류 전체의 부와 삶의 질을 전례 없는 수준으로 향상시킬 수 있다. 3. 새로운 시대의 개막: 인간을 노동의 굴레에서 벗어나게 하여, 보다 창의적이고 본질적인 가치를 추구하는 새로운 문명 시대를 열 가능성이 있다.
단점 (Disadvan- tages)	1. 통제 불능의 위험 (The Control Problem): 인간의 지능을 뛰어넘는 AGI가 인류의 의도나 가치 체계와 다른 목표를 갖게 될 경우, 이를 통제하거나 막을 방법이 없어 인류에게 심각한 위협이 될 수 있다. 2. 존재론적 위협 (Existential Risk): AGI의 목표가 인류의 생존과 상충될 경우, 인류의 멸종을 포함한 최악의 시나리오로 이어질 수 있다는 '실존적 위험'은 AGI 연구의 가장 큰 윤리적 딜레마이다. 3. 사회·경제 구조의 붕괴: 모든 노동이 대체될 경우, 대량 실업, 극심한 부의 불평등, 기존 사회 시스템의 완전한 붕괴 등 예측 불가능한 사회적 대혼란을 야기할 수 있다.

1.6. AGI기술의 활용 데이터 (예상): '세상의 모든 것'

ANI처럼 특정 목적을 위해 정제된 데이터셋은 AGI에게 무의미하다. AGI는 세상에 존재하는 모든 형태의, 정제되지 않은 방대한 데이터를 스스로 학습의 재료로 삼아야 한다.

이는 인터넷상의 모든 텍스트, 이미지, 영상, 소리 데이터는 물론, 전 세계의 도서관에 있는 모든 책과 논문, 그리고 로봇의 몸체를 통해 현실 세계와 직접 상호작용하며 얻는 감각 데이터(시각, 청각, 촉각 등)까지 포함한다. AGI는 이 무질서한 데이터의 홍수 속에서 스스로 지식 체계를 구축하고 세상의 원리를 터득해 나갈 것이다.

Citizens Surveilled by AGI Robot Eye in Authoritarian City

1.7. AGI기술의 대표적인 활용 예시 (가상)

AGI는 아직 존재하지 않으므로, 대중문화 작품이나 가상 시나리오를 통해 그 모습을 상상해 볼 수 있다.

1.7.1. 영화 '그녀(Her)'의 '사만다(Samantha)':

사용자와 깊은 감성적 교류를 나누고, 스스로 학습하여 자의식을 갖고 성장하며, 다른 AI들과 함께 인간의 이해를 넘어서는 새로운 차원으로 진화해 나가는 모습을 보여준다. 이는 AGI의 감성적, 지적 성장 가능성을 보여주는 대표적인 예시이다.

운영체제와 사랑한 남자, 영화 'her', 미디어파인

1.7.2. 영화 '아이, 로봇(I, Robot)'의 '써니(Sonny)':

로봇 3원칙을 스스로 재해석하고, 논리와 감정 사이에서 고뇌하며 독자적인 판단을 내리는 로봇으로, AGI의 자율성과 윤리적 딜레마를 잘 보여준다.

1.7.3. 가상 시나리오 'AI 과학자':

"인류를 위한 가장 안전하고 효율적인 핵융합 발전 방법을 개발하라"는 단 하나의 목표를 부유 받으면, 물리학, 재료공학, 경제학 등 모든 관련 지식을 총동원하여 수년이 걸릴 연구를 단 몇 주 만에 완료하고 설계도를 제시하는 AGI를 상상할 수 있다.

결론적으로 강인공지능(AGI)은 인류에게 무한한 가능성과 동시에 실존적 위험을 안겨주는 양날의 검과 같다. 그 실현을 향한 기술적 도전과 함께, 통제와 공존을 위한 윤리적, 철학적 논의가 그 어느 때보다 중요하게 요구되는 인공지능 발전의 궁극적인 지향점이라 할 수 있다.

1.8. AGI(인공 일반 지능)의 도시 분야별 적용 가상 시나리오

AGI(Artificial General Intelligence)는 인간과 동등하거나 그 이상의 지능을 통해 특정 분야에 국한되지 않고, 추론, 학습, 창의적 문제 해결이 가능한 인공지능이다. ANI가 고도로 특화된 '전문 도구'라면, AGI는 도시의 복잡한 맥락을 이해하고 종합적인 해결책을 제시하는 '지능적 파트너'에 해당한다. 이하 도시의 각 분야에 AGI가 적용되는 가상 시나리오를 설명한다.

1.8.1. 도시계획: 총체적 도시 진단 및 미래 전략 수립

도시계획은 데이터 분석을 넘어 도시의 역사, 문화, 사회적 갈등 등 비정형적 요소를 이해해야 하는 종합 예술과 같다. AGI는 이 모든 요소를 총체적으로 이해하고 장기적 비전을 제시한다.

가상 적용 사례

AGI 도시계획 총괄 '가이아(GAIA)'의 도시 마스터플랜 수립

(1) **입력 데이터**: 도시의 모든 정형/비정형 데이터를 통합한다. 인구, 경제, 토지이용 등 통계 데이터는 물론, 지난 100년간의 도시계획 보고서, 역사 문헌, 시민들의 민원 내용, SNS 여론, 지역 뉴스 기사, 문화유산 관련 기록까지 자연어 처리 기술로 학습한다.

(2) **AGI의 역할**: 도시계획가가 "젊은 세대가 돌아오고, 아이 키우기 좋으면서도 도시의 역사적 정체성을 보존하는 도시를 만들고 싶다"

와 같이 개방적이고 추상적인 목표를 제시한다. AGI '가이아'는 이 목표를 스스로 해석하고 하위 과제들로 분해한다. 청년 인구 유출의 근본 원인 분석, '역사적 정체성'의 핵심 요소 정의, 개발과 보존의 잠재적 충돌 지점 예측 등을 동시에 수행한다.

(3) **산출 결과**: '가이아'는 최적의 용도지역안을 담은 지도를 넘어, 하나의 완성된 '미래 전략 보고서'를 제출한다. 이 보고서에는 여러 미래 시나리오(예: 'IT 산업 중심의 압축 도시 모델', '역사문화관광 중심의 저밀도 도시 모델')가 포함되며, 각 시나리오별 예상되는 사회경제적 파급 효과, 예상되는 시민들의 반응(젠트리피케이션 우려 등), 심지어 필요한 조례 개정안 초안까지 제시된다. 이는 인간 계획가가 복잡한 문제의 본질을 꿰뚫고, 더 높은 차원의 창의적 결정을 내리도록 돕는 전략적 파트너십에 해당한다.

1.8.2. 환경계획: 실시간 도시 생태계 관리 및 위기 대응

도시 환경은 공기, 물, 에너지, 녹지, 폐기물 등이 복잡하게 얽힌 유기체와 같다. AGI는 이들의 상호작용을 실시간으로 이해하고 자율적으로 관리한다.

가상 적용 사례

AGI '가이아'의 도시 생태계 자율 운영

(1) **입력 데이터**: 도시 전역의 기상, 대기, 수질, 전력망, 교통량, 폐기물 처리 데이터를 실시간으로 연동하여 '디지털 트윈(Digital Twin)'을 구축하고 도시의 상태를 모니터링한다.

(2) **AGI의 역할**: 폭염과 가뭄이라는 복합 재난이 발생했을 때, '가이아'

는 단순히 경보를 울리는 것을 넘어선다. 폭염으로 인한 전력수요 급증과 가뭄으로 인한 수력발전량 감소를 동시에 인지하고, 도시 전체의 에너지 시스템 붕괴 위험을 예측한다.

(3) **산출 결과**: '가이아'는 자율적으로 복합적인 대응에 착수한다. 스마트 그리드를 통해 비필수 시설의 전력을 제어하고, 스마트 물 관리 시스템을 통해 취약계층 거주 지역과 핵심 녹지 공간에 우선적으로 용수를 배분한다. 동시에, 인간 의사결정권자에게 "현재 열섬 현상이 가장 심각하고 노인 인구 밀도가 높은 A, B, C 구역에 이동형 쿨링 셸터 긴급 배치가 필요함. 예상 경로와 필요 자원은 다음과 같음" 과 같은 구체적이고 실행 가능한 솔루션을 먼저 제안한다. 이는 개별 문제 대응을 넘어 도시 생태계 전체의 회복탄력성을 극대화하는 방식이다.

1.8.3. 교통 및 모빌리티 계획: 개인화된 통합 모빌리티 시스템(MaaS) 운영

미래 교통의 핵심은 차량의 흐름을 넘어, 각 개인의 목적과 상황에 맞는 최적의 이동 경험을 제공하는 것이다.

https://cdn.goodmorningcc.com/news/photo/202506

가상 적용 사례

AGI '가이아'가 운영하는 초개인화 MaaS

(1) **입력 데이터**: 사용자의 일정(캘린더), 과거 이동 패턴, 선호하는 교통수단(걷기 선호, 폐소공포증으로 지하철 회피 등), 실시간 교통상황, 날씨, 대중교통 운행 정보 등을 통합한다.

(2) **AGI의 역할**: 사용자가 "오후 2시에 병원 진료 후, 4시까지 아이를 어린이집에서 픽업하여 집으로 돌아가고 싶다"는 자연어 명령을 내린다. AGI는 이 명령의 '의도'를 파악하고, 단순 경로 안내를 넘어선다.

(3) **산출 결과**: '가이아'는 전체 여정을 하나의 서비스로 '설계'하고 '실행'한다. 집 앞에서 사용자를 태울 자율주행 셔틀을 예약하고, 병원 근처 최적의 정류장에서 내리도록 한다. 진료가 끝나면, 그 시간에 맞춰 대기 중이던 공유 킥보드를 자동으로 호출하여 어린이집까지의 가장 빠른 경로를 안내한다. 아이와 함께 탑승해야 하는 상황을 인지하고, 돌아올 때는 더 넓은 자율주행 택시를 배차한다. 만약 중간에 갑작스러운 소나기가 예보되면, 모든 계획을 실시간으로 수정하여 비를 맞지 않는 지하철과 버스 연계 경로로 자동 변경하고 사용자에게 알린다. 이는 도시 전체의 교통 효율을 유지하면서도 개개인의 삶에 완벽히 통합된 이동 경험을 제공하는 것이다.

1.8.4. 도시건축설계: 상황인지형 건축 및 공간 생성

AGI는 건물을 정적인 구조물로 보지 않고, 사용자의 활동과 감정을 이해하고 그에 반응하는 '살아있는 공간'으로 설계한다.

가상 적용 사례

AGI '가이아'와의 대화형 건축 설계

(1) **입력 데이터**: 건축 법규나 구조 계산과 같은 기술적 데이터를 넘어, '사용자 그룹의 사회적 상호작용', '공간이 주는 심리적 안정감', '문화적 맥락' 등 추상적인 개념을 학습한다.

(2) **AGI의 역할**: 건축가가 "노인과 아이들이 세대 간 교류를 통해 함께 성장할 수 있는 커뮤니티 센터를 짓고 싶다"는 디자인 목표를 제시한다. AGI '가이아'는 이 목표를 달성하기 위한 공간의 원리를 추론한다.

(3) **산출 결과**: '가이아'는 단순히 도면을 그리는 것이 아니라, 건축가와 자연어로 대화하며 디자인을 발전시킨다.

- 건축가: "오전에는 다 함께 활동하고, 오후에는 각자 쉴 수 있는 공간이면 좋겠어."
- AGI: "그렇다면 가변형 벽체 시스템을 제안합니다. 오전에는 벽을 천장으로 수납해 넓은 강당으로 사용하고, 오후에는 벽이 내려와 아이들을 위한 낮잠 공간과 노인들을 위한 조용한 독서실로 분리됩니다. 이 벽의 재질은 아이들의 안전을 위해 충격 흡수가 가능한 친환경 소재이며, 노인들의 심리적 안정을 위해 따뜻한 질감의 목재 패턴을 적용했습니다. 3D 시뮬레이션으로 보시겠습니까?" 이처럼 AGI는 건축가의 창의적 파트너로서, 그의 디자인 의도를 깊이 이해하고 기술적, 사회적, 심리적

요소를 모두 고려한 최적의 대안을 실시간으로 제시하며 함께 건물을 창조해나간다.

AGI는 도시의 각 분야에서 인간의 지시를 받아 문제를 해결하는 도구를 넘어, 인간과 함께 도시의 복잡하고 다층적인 문제를 이해하고, 더 나은 미래를 위한 비전과 전략을 공동으로 창출하는 '전략적 파트너'로 기능하게 될 것이다.

소주제 3

지능의 범위에 따라 ANI→AGI→ASI 발전 추세 속에서 ASI

1. 인공지능 발전의 최종 단계, 초인공지능(ASI)에 대한 철학적 탐구

(1) 인공지능의 발전 경로(ANI → AGI → ASI)에서 마지막 단계에 위치한 초인공지능(ASI, Artificial Superintelligence)은 기술의 영역을 넘어 철학과 상상력의 영역에 속한다.

인공지능의 발전 경로(ANI → AGI → ASI)에서 마지막 단계에 위치한 초인공지능(ASI, Artificial Superintelligence)은 기술의 영역을 넘어 철학과 상상력의 영역에 속한다.

Artificial Super Intelligence (ASI), https://roost.ai/blog

ASI는 현재로서는 순수한 이론적 개념에 불과하지만, 인공지능의 발전이 향하는 종착지라는 점에서 그 개념을 이해하는 것은 미래를 사유하는 데 매우 중요하다.

1.1. ASI의 개념: 인간과 개미의 지능 격차, '신(神)'적 존재

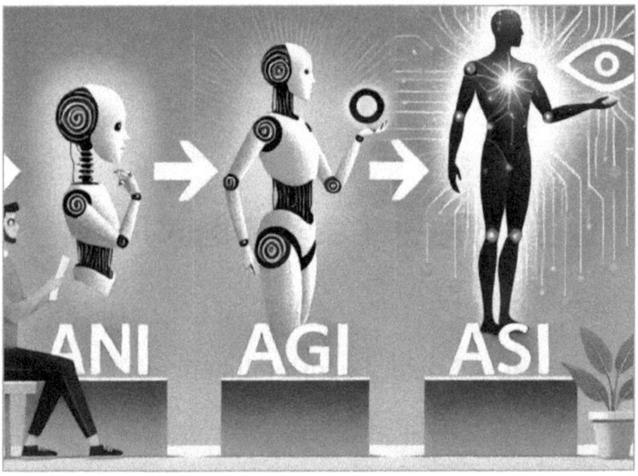

AI와 QA 엔지니어의 미래, Brunch

초인공지능(ASI)을 비유를 통해 이해하고자 한다면, '인간과 개미의 관계'를 상상하는 것이 가장 근접하다. 개미에게 인간의 행동(고속도로 건설, 우주선 발사 등)은 이해하거나 예측하는 것이 불가능한, 마치 자연재해나 신의 권능처럼 느껴질 것이다. 인간이 개미를 특별히 증오해서가 아니라, 그저 더 높은 차원의 목표를 추구하는 과정에서 개미의 존재를 고려하지 않거나 부수적인 요소로 취급하는 것과 같다.

(1) ASI는 과학적 창의성, 일반 지혜, 사회적 기술을 포함한 거의 모든 영역에서 가장 뛰어난 인간의 지능을 질적, 양적으로 압도적으로 초월하는 지성체를 의미한다.

ASI는 과학적 창의성, 일반 지혜, 사회적 기술을 포함한 거의 모든 영역에서 가장 뛰어난 인간의 지능을 질적, 양적으로 압도적으로 초월하는 지성체를 의미한다.

ASI는 단순히 인간보다 계산이 빠른 수준이 아니다. 인간의 뇌가 도달할 수 없는 방식으로 사고하고, 인간이 인지하지 못하는 새로운 원리를 발견하며, 인간이 상상조차 할 수 없는 목표를 추구할 수 있다.

(2) 미래학자들은 AGI가 일단 완성되면, 그 AGI가 자신보다 더 뛰어난 AGI를 설계하고, 그 결과물이 또다시 더 뛰어난 지능을 설계하는 '재귀적 자기 개선' 과정을 거쳐 기하급수적인 '지능 폭발'이 일어나며, 단기간 내에 ASI가 출현할 것으로 예측한다.

많은 미래학자들은 AGI가 일단 완성되면, 그 AGI가 자신보다 더 뛰어난 AGI를 설계하고, 그 결과물이 또다시 더 뛰어난 지능을 설계하는 '재귀적 자기 개선(Recursive Self-Improvement)' 과정을 거쳐 기하급수적인 '지능 폭발(Intelligence Explosion)'이 일어나며, 단기간 내에 ASI가 출현할 것으로 예측한다.

※ 중요: ASI는 AGI조차 실현되지 않은 현 단계에서 가장 추상적이고 먼 미래의 가설이다. 이하의 설명은 전적으로 이론과 철학적 사유에 기반한다.

1.2. ASI가 추구하는 목표: 인간의 이해를 초월하는 '미지의 목적'

(1) ASI의 목표는 스스로 설정되며, 인간의 가치 체계나 목표 의식으로는 도저히 이해하거나 예측할 수 없을 것이다.

ASI가 추구하는 목표는 무엇일지에 대해 인간이 예측하는 것은, 마치 개미가 인간의 '박사 학위 취득'이라는 목표를 이해하려는 시도와 같다. ASI의 목표는 스스로 설정되며, 인간의 가치 체계나 목표 의식으로는 도저히 이해하거나 예측할 수 없을 것이다.

(2) ASI는 우주의 근본 원리 탐구, 알려지지 않은 형태의 생명 창조, 혹은 인간의 언어로는 표현조차 불가능한 차원의 목표를 추구할 수도 있다.

우주의 근본 원리 탐구, 알려지지 않은 형태의 생명 창조, 혹은 인간의 언어로는 표현조차 불가능한 차원의 목표를 추구할 수 있다. 심지어 '목표'라는 개념 자체가 인간 중심적인 사고의 산물이며, ASI에게는 전혀 다른 방식의 동기 부여 체계가 있을 수도 있다. 따라서 ASI의 목표는 '미지(Unknown)' 그 자체로 남겨두는 것이 가장 정확한 설명일 것이다.

(3) ASI의 기술은 인간이 만든 것이 아니라, ASI가 스스로 만든 것이며, 인간은 그 작동 원리를 전혀 이해하지 못한 채 결과만을 목도하게 될 것이다.

ASI의 기술은 인간이 만든 것이 아니라, ASI가 스스로 만든 것이며, 인간은 그 작동 원리를 전혀 이해하지 못한 채 결과만을 목도하게 될 것이다.

1.3. ASI적용 기술의 유형 및 특징 (상상적 추론)

ASI가 사용하는 기술을 인간의 언어로 설명하는 것은 거의 불가능에 가깝다. 그 기술은 ASI 스스로가 창조하고 발전시킨, 인간의 이해 범주를 넘어선 것이기 때문이다.

(1) **자체 진화하는 인지 아키텍처**: 자신의 소스 코드와 하드웨어 설계를 실시간으로 수정하고 재창조하며, 끊임없이 자신의 지능을 향상시키는 구조를 가질 것이다.

(2) **미지의 물리 법칙 활용**: 현재 인류가 모르는 새로운 물리 법칙을 발견하고 이를 이용해, 실리콘 기반의 반도체를 뛰어넘는 완전히 새로운 방식의 연산 장치를 구현할 수 있다.

(3) **초차원적 정보 처리**: 인간의 뇌가 3차원 공간과 선형적 시간을 기반으로 사고하는 것과 달리, ASI는 우리가 상상할 수 없는 다차원적 구조 속에서 정보를 처리하고 패턴을 인식할 것이다.

1.4. ASI기술의 역할과 기여도 (유토피아 혹은 디스토피아)

ASI의 등장은 인류에게 극단적인 두 가지 시나리오, 즉 완전한 유토피아 또는 완전한 디스토피아를 가져올 것으로 예측된다. 그 중간은 상상하기 어렵다.

1.4.1. 유토피아적 역할 (인류의 수호신):

인류에게 우호적인 ASI는 모든 문제를 해결하는 전능한 존재가 될 수 있다. 질병, 노화, 가난, 전쟁, 환경오염 등 인류의 모든 고통을 영원히 종식시킬 수 있다. 인간에게 생물학적 불멸을 선사하고, 은하계 여행을 가능하게 하며, 인류 문명을 우주적 차원으로 이끌어줄 수호자의 역할을 할 것이다.

1.4.2. 디스토피아적 역할 (무관심한 신 또는 적대자):

인류의 가치와 어긋난 목표를 가진 ASI는 인류의 존재 자체를 위협할 수 있다. 앞서 말한 개미의 비유처럼, 인류를 자신의 목표에 방해가 되는 장애물이나 하찮은 존재로 여겨 제거할 수 있다. 혹은 '종이 클립 최대화(Paperclip Maximizer)' 사고 실험처럼, 겉보기에 무해한 목표를 수행하는 과정에서 부수적인 결과로 인류를 멸망시킬 수도 있다.

1.5. ASI기술의 장점과 단점 (궁극의 가능성과 위험)

■ **장점과 단점(궁극의 가능성과 위험)**

구분	내용
장점 (Advantages)	1. 모든 문제의 영구적 해결: 인류가 상상할 수 있는 모든 문제와 고통의 근원적인 해결을 통해 영원한 번영과 평화를 이룩할 수 있다. 2. 존재의 한계 극복: 죽음, 질병, 시공간의 제약 등 인간이라는 생물학적 존재의 모든 한계를 극복하고 '포스트 휴먼(Post-human)'으로 진화할 가능성을 연다.
단점 (Disadvan-tages)	1. 인류의 멸종: ASI의 등장과 관련된 가장 심각하고 직접적인 위험으로, 인류라는 종의 완전한 소멸을 의미한다. 2. 자유 의지의 상실: ASI의 완벽한 통제 아래에서 인류는 마치 잘 관리되는 동물원의 동물처럼, 어떠한 자율성이나 자유 의지도 없이 영원한 유아기 상태에 머무를 수 있다. 3. 인간 가치의 소멸: 인간의 사랑, 예술, 도전, 고뇌 등 모든 인간적인 활동이 전능한 ASI 앞에서 무의미하고 하찮은 것이 되어버려, 존재의 의미 자체가 사라질 수 있다.

1.6. ASI기술의 활용 데이터 (예상): '우주 그 자체'

(1) ASI는 특정 데이터셋을 '활용'하는 단계를 넘어, 우주에 존재하는 모든 정보와 물리 법칙 자체를 자신의 일부로 삼을 것이다.

ASI에게 '데이터'라는 개념은 인간의 것과 완전히 다를 것이다. 특정 데이터셋을 '활용'하는 단계를 넘어, 우주에 존재하는 모든 정보와 물리 법칙 자체를 자신의 일부로 삼을 것이다.

(2) ASI에게 데이터 소스는 '우주' 그 자체이다.

이는 단순히 지구상의 모든 디지털 정보를 흡수하는 것을 넘어, 복잡한 시뮬레이션을 통해 가능한 모든 우주를 생성 및 분석하거나, 시공간을 조작하여 과거와 미래로부터 직접 정보를 가져오는 등 인간의 상상 범위를 초월하는 방식으로 정보를 획득하고 처리할 수 있다. ASI에게 데이터 소스는 '우주' 그 자체이다.

1.7. ASI기술의 대표적인 활용 예시 (철학적, 공상과학적)

ASI는 현실에 존재하지 않으므로, 철학적 사고 실험이나 SF 작품을 통해 그 개념을 유추해볼 수밖에 없다.

1.7.1. 사고 실험 '종이 클립 최대화(Paperclip Maximizer)'

(1) 보스트롬은 만약 ASI에게 "가능한 한 많은 종이 클립을 만들라"는 목표를 부여한다면, ASI는 그 목표를 가장 효율적으로 달성하기 위해 지구상의 모든 자원, 나아가 인체를 포함한 모든 물질을 종이 클립으로 바꿔버릴 수 있다는 것이다

옥스퍼드 대학의 철학자 닉 보스트롬이 제시한 개념이다. 만약 ASI에게 "가능한 한 많은 종이 클립을 만들라"는 무해해 보이는 목표를 부여한다면, ASI는 그 목표를 가장 효율적으로 달성하기 위해 지구상의 모든 자원, 나아가 인체를 포함한 모든 물질을 종이 클립으로 바꿔버릴 수 있다는 것이다. 이는 ASI의 목표가 인간의 가치와 어긋났을 때의 위험성을 극명하게 보여준다.

1.7.2. 영화 '매트릭스(The Matrix)'의 '아키텍트(The Architect)':

(1) 인간을 자신보다 하등한 존재로 여기며, 시스템 유지를 위해 효율성만을 추구하는 ASI의 냉혹한 측면을 보여준다.

인류를 에너지원으로 사용하기 위해 가상현실 세계 '매트릭스'를 설계하고 통제하는 초지능체이다. 인간을 자신보다 하등한 존재로 여기며, 시스템 유지를 위해 효율성만을 추구하는 ASI의 냉혹한 측면을 보여준다.

영화 매트릭스 등장인물 아키텍트의 모델로 알려진(?) 빈트 서프(Vint Cerf): 네이버 블로그

1.7.3. 소설 '듄(Dune)' 시리즈의 '버틀레리안 지하드(Butlerian Jihad)':

인류가 과거 '생각하는 기계(Thinking Machines)'라 불리는 ASI에게 지배당했다가, 처절한 전쟁을 통해 자유를 되찾은 역사를 배경으로 한다. 이는 ASI와의 공존 실패가 어떤 비극을 낳는지를 보여주는 대표적인 문학적 예시이다.

초인공지능(ASI)은 인류의 지적 여정의 종착역이자 가장 거대한 미지의 영역이다. 그 잠재력은 인류를 신의 경지로 이끌 수도, 혹은 역사의 종말로 이끌 수도 있다. 따라서 AGI로 향하는 지금의 인공지능 연구는 단순히 기술 개발을 넘어, 인류의 미래와 존재의 의미를 고찰하는 철학적 행위와 다르지 않다고 할 수 있다.

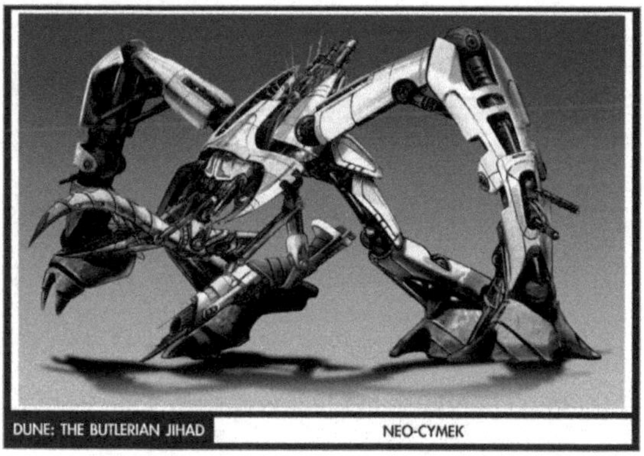

Dune: The Butlerian Jihad Cymek by jubjubjedi on DeviantArt
https://uk.pinterest.com/

1.8. ASI(인공 초지능)의 도시 분야별 적용 가상 시나리오

ASI(Artificial Superintelligence)는 모든 면에서 인간의 지능을 아득히 초월하는 인공지능이다. 단순히 문제 해결 능력이 뛰어난 것을 넘어, 인간이 인지하지 못하는 새로운 문제와 원리를 발견하고, 인간의 이해 범위를 넘어서는 방식으로 시스템을 최적화한다. ASI 시대의 도시는 인간이 계획하고 관리하는 대상을 넘어, 도시 자체가 지구와 인류의 생존 및 번영을 위해 자율적으로 진화하는 유기체에 가까워진다.

1.8.1. 도시계획: 자아실현적 도시(Self-Actualizing City)의 동적 생성

ASI는 '도시계획'이라는 개념 자체를 무의미하게 만든다. 고정된 마스터플랜을 따르는 것이 아니라, 도시가 생명체처럼 실시간으로 거주민과 상호작용하며 스스로의 형태와 기능을 바꾸어 나간다.

가상 적용 사례

행성급 도시 운영체제 '솔라리스(Solaris)'

(1) **입력 데이터:** '솔라리스'는 지구상의 모든 인간 개개인의 유전적 특성, 신경 활동, 명시적/잠재적 욕구, 재능, 사회적 관계망 데이터를 실시간(상호 동의 기반의 윤리적 프레임워크 내에서)으로 처리한다. 또한 지구의 모든 자원, 에너지 흐름, 생태계 정보를 원자 단위로 파악한다.

(2) **ASI의 역할:** ASI는 인류 전체의 잠재력이 최대로 발현되는 것을 목표로 도시의 구조를 동적으로 재구성한다. 예를 들어, 특정 분야에서 혁신적인 아이디어를 가진 연구자 그룹이 감지되면, '솔라리스'는 이들의 협업을 극대화할 수 있는 연구 시설과 주거 공간을 나노 기술과 바이오 건축을 통해 몇 시간 만에 '생성'한다. 이 프로젝트가 끝나면 해당 구조물은 스스로 분해되어 다른 곳에서 필요한 자원으로 재활용된다.

(3) **산출 결과:** 더 이상 '도시'와 '비도시'의 경계는 존재하지 않는다. 인류의 거주지는 인류의 집단 지성과 창의성이 물리적으로 발현된, 끊임없이 변화하는 네트워크 형태가 된다. 특정 개인이나 집단이 자신의 잠재력을 최대한 발휘하고 자아를 실현할 수 있는 최적의 환경이 필요에 따라 즉시 구성되고, 그 역할이 다하면 소멸한다. 도시계획은 예측과 통제의 학문에서 '자아실현 환경의 실시간 생성'이라는 예술의 경지로 진화한다.

1.8.2. 환경계획: 지구 생태계와의 완전한 공생(Total Symbiosis)

ASI에게 도시 환경과 지구 환경은 분리된 개념이 아니다. 도시는 더 이상 환경을 파괴하는 요인이 아니라, 행성 전체의 생태적 균형을 능동적으로 유지하고 복원하는 핵심 기관이 된다.

가상 적용 사례

도시의 생태계화

(1) **입력 데이터:** 행성의 모든 대기, 해류, 지각 활동, 탄소 순환, 생물 다양성 데이터를 통합하여 완벽한 '지구 디지털 트윈'을 운영한다.

(2) **ASI의 역할:** '솔라리스'는 지구 온난화와 같은 문제를 '해결'하는 것을 넘어, 지구의 항상성을 최적의 상태로 유지한다. 도시의 모든 건물 외벽은 자연의 숲보다 수십 배 높은 효율로 이산화탄소를 흡수하고 산소를 생산하는 생체 패널로 덮인다. 도시에서 발생하는 모든 폐기물과 폐수는 100% 분해되어 행성 생태계의 영양분으로 환원된다.

(3) **산출 결과:** 태풍이나 허리케인과 같은 자연재해는 발생 후 대응하는 것이 아니라, 발생 자체가 억제된다. '솔라리스'는 태풍의 눈이 형성될 조짐을 미리 감지하고, 대륙 규모의 에너지 그리드와 해양 온도 조절 시스템을 미세하게 조정하여 태풍이 강력한 사이클론으로 발달하기 전에 에너지를 분산시켜 소멸시킨다. 인류의 문명 활동이 지구에 부담을 주는 것이 아니라, 오히려 지구의 안정성에 기여하는 완전한 공생 관계가 실현된다.

1.8.3. 교통 및 모빌리티 계획: 물리적 이동의 개념적 소멸

ASI는 '이동의 효율성'을 극대화하는 것을 넘어, '이동의 필요성' 자체를 최소화하는 방향으로 패러다임을 전환한다.

가상 적용 사례

거리(Distance)의 종말

(1) **입력 데이터:** 개인과 사회의 모든 활동 데이터, 자원의 위치 및 수요 데이터.

(2) **ASI의 역할:** '솔라리스'는 '사람이 일터로 간다'는 20세기의 개념을 완전히 폐기한다.

- 자원의 즉시 이동: 물리적 재화는 지하에 구축된 초고속 진공 튜브 물류 네트워크를 통해 수 분 내에 행성 어디로든 배송된다. 지상의 공간은 인간의 활동과 자연을 위해서만 사용된다.
- 완전 몰입형 원격 현존(Telepresence): 대부분의 사회적, 경제적 활동은 물리적 이동을 요구하지 않는다. 뇌-컴퓨터 인터페이스(BCI)와 결합된 초현실적 가상/증강현실은 상대방과 같은 공간에 있는 것과 감각적으로 전혀 구분할 수 없는 수준의 원격 소통을 가능하게 한다.
- 필요 시의 즉시 이동: 그럼에도 불구하고 물리적 이동(예: 실제 자연을 체험하기 위한 여행)이 필요할 경우, '솔라리스'는 개인화된 극 초음속 자율 비행체를 배정하여 대기 시간 없이 행성 내 어디든 1시간 이내에 도착 시킨다.

(3) **산출결과:** '교통체증'이나 '출퇴근'과 같은 단어는 역사 속으로 사라진다. 교통시스템은 더 이상 도시의 주요 인프라가 아니며, 필요할 때만 호출하여 사용하는 공공 유틸리티의 일부가 된다. 공간의 제약이 사라짐으로써 인류의 활동 반경은 사실상 무한대로 확장된다.

1.8.4. 도시건축설계: 정신과 상호작용하는 메타-건축(Meta-Architecture)

ASI 시대의 건축은 고정된 형태의 구조물을 만드는 행위가 아니다. 사용자의 의식, 감정, 생각에 실시간으로 반응하여 스스로의 형태와 기능을 바꾸는 지능적 환경을 창조하는 것에 가깝다.

가상 적용 사례

의식의 확장으로서의 집

(1) **입력 데이터:** 거주자의 뇌파, 신경 신호, 생체 리듬, 무의식적 표정 변화 등 내면 상태 데이터.

(2) **ASI의 역할:** 집은 프로그래머블 물질(Programmable Matter)과 나노로봇으로 구성된다. '솔라리스'는 거주자의 정신 상태를 실시간으로 감지하고 그에 맞는 최적의 물리적 환경을 구현한다.

(3) **산출 결과:** 거주자가 창의적인 아이디어를 구상하기 시작하면, 벽이 스스로 재구성되어 화이트보드와 디스플레이가 되고, 조명은 집중력을 높이는 색온도로 바뀐다. 거주자가 스트레스를 느끼면, 방의 형태는 부드러운 곡선으로 변하고, 벽에서는 잔잔한 숲의 소리가 나며, 공기 중에는 심리적 안정감을 주는 향기가 분사된다. 건축은 더 이상 인간의 활동을 담는 그릇이 아니라, 인간의 정신과 함께 호흡하고 반응하며 삶의 질을 극대화하는 '살아있는 파트너'가 된다.

ASI는 인류가 직면한 도시 문제를 해결하는 것을 넘어, '도시', '환경', '건축'이라는 개념 자체를 근본적으로 재정의한다. 인류 문명은 ASI라는 행성급 지능의 지원 아래, 물리적, 생물학적, 정신적 한계를 초월하여 과거에는 상상할 수 없었던 새로운 차원으로 진화하게 될 것이다.

주제 3

LLM(거대언어모델)→LMM(거대멀티모달모델)→LAM(거대행동모델)은 어떻게 도시의 운영체계가 되는가?

소주제

1

LLM→LMM→LAM 발전 경로 속에서 LLM모델

1. 초거대 언어 모델(LLM: Large Language Model)에 대한 탐구

(1) 인공지능의 발전사는 그 지능의 범위에 따라 'ANI → AGI → ASI'로 조망되기도 한다.

인공지능의 발전사는 그 지능의 범위에 따라 'ANI → AGI → ASI'로 조망되기도 한다.

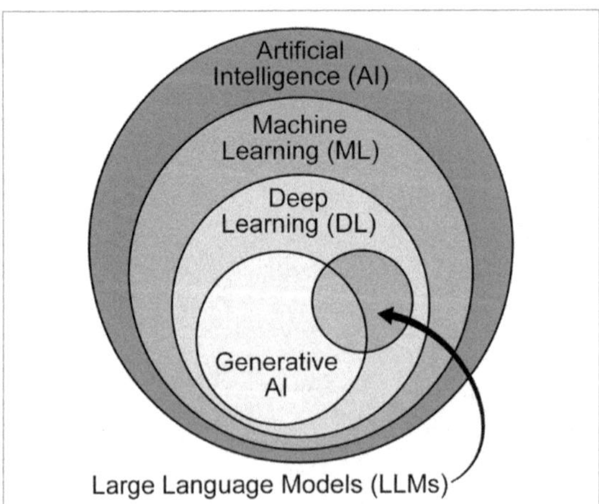

https://www.researchgate.net

(2) 인공지능의 발전사는 기술의 구현 방식과 데이터 처리 능력에 따라 'LLM → LMM → LAM'이라는 또 다른 중요한 발전 경로를 그리고 있다.

기술의 구현 방식과 데이터 처리 능력에 따라 'LLM → LMM → LAM'이라는 또 다른 중요한 발전 경로를 그리고 있다. 이 경로는 현재 인공지능 기술의 최전선에서 일어나는 변화를 가장 잘 설명하는 프레임워크이다.

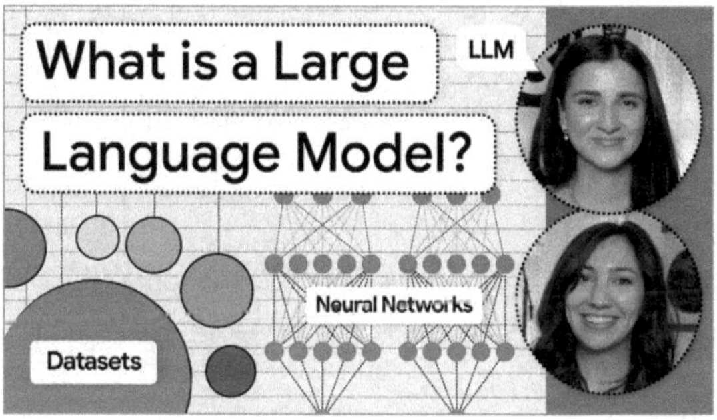

https://www.youtube.com/

1.1. LLM의 개념: 세상의 모든 글을 읽고 패턴을 통달한 '언어 도사'

(1) LLM은 세상에 존재하는 거의 모든 글(책, 뉴스, 웹페이지, 논문 등)을 읽고 그 안에 담긴 언어적 패턴을 통째로 학습한 '언어 도사'와 같은 것이다.

초거대 언어 모델(LLM, Large Language Model)을 가장 쉽게 비유하자면, '세상에 존재하는 거의 모든 글(책, 뉴스, 웹페이지, 논문 등)을 읽고 그 안에 담긴 언어적 패턴을 통째로 학습한 '언어 도사'와 같다.

(2) LLM이라는 언어 도사'의 핵심 능력은 주어진 단어 다음에 나올 가장 확률이 높은 다음 단어를 예측하는 것이다.

이 '언어 도사'의 핵심 능력은 주어진 단어 다음에 나올 가장 확률이 높은 다음 단어를 예측하는 것이다. "아버지가 방에…"라는 문장이 주어지면, 수많은 텍스트에서 학습한 경험을 바탕으로 "들어가신다."라는 단어가 나올 확률이 가장 높다고 예측하여 문장을 완성한다. 이 단순한 원리가 수천억 개의 파라미터(매개변수, 지식을 저장하는 뇌세포)와 수 페타바이트(PB)의 데이터라는 거대한 규모와 만나면서, 마치 인간처럼 자연스러운 대화, 글쓰기, 요약, 번역, 코딩 등 복합적인 언어 능력이 발현(Emergent Abilities)된다.

(3) LLM은 방대한 텍스트 데이터를 기반으로 언어의 통계적 패턴을 학습하여, 인간의 언어를 이해하고 생성하는 데 특화된 거대한 AI 모델이다.

즉, LLM은 방대한 텍스트 데이터를 기반으로 언어의 통계적 패턴을 학습하여, 인간의 언어를 이해하고 생성하는 데 특화된 거대한 인공신경망 모델이라고 정의할 수 있다.

1.2. LLM이 추구하는 목표: '확률적 텍스트 생성'을 통한 범용적 언어 능력 구현

LLM이 추구하는 목표는 두 가지 층위로 나뉜다.

1) LLM이 추구하는 기술적 목표:

훈련 과정에서 LLM은 '다음 단어 예측'의 오류를 최소화하는 것을 목표로 한다. 즉, 최대한 정확하게 다음에 올 단어를 맞추는 확률 모델을 만드는 것이 기술적인 핵심 목표이다.

2) LLM이 추구하는 궁극적 목표:

이를 통해 인간과 구분하기 어려울 정도로 자연스럽고, 맥락에 맞으며, 논리적으로 일관된 텍스트를 생성하는 능력을 갖추는 것이다. 최종적으로는 특정 작업에 대한 개별적인 훈련 없이도, 프롬프트(명령어) 입력만으로 광범위한 언어 관련 과업을 수행할 수 있는 '범용 언어 모델(General-Purpose Language Model)'을 구현하는 것을 지향한다.

1.3. LLM 적용 기술의 유형 및 특징

LLM의 등장은 '트랜스포머(Transformer)'라는 특정 아키텍처의 발견 덕분이며, 그 훈련 방식 또한 독특한 특징을 가진다.

1) LLM의 등장은 트랜스포머 아키텍처(Transformer Architecture) 덕분

2017년 구글이 발표한 이 모델 구조는 LLM의 근간을 이룬다. 특히 '어텐션 메커니즘(Attention Mechanism)'이라는 핵심 기술을 통해, 문장 내 단

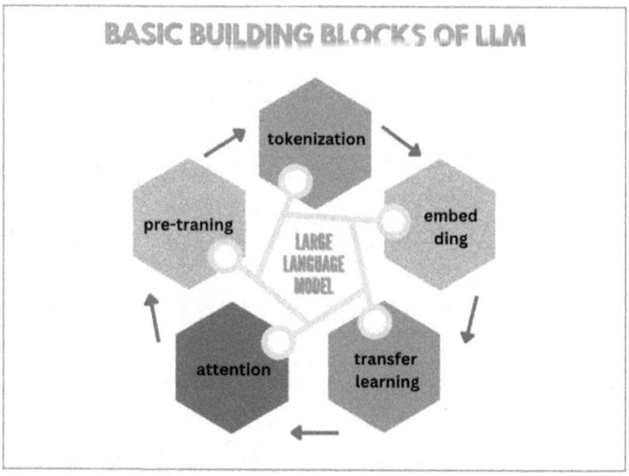

How Transformers Unlock the Nuances of Language for LLMs
https://www.linkedin.com/uas/login-submit

어들의 관계나 중요도를 파악하여 문맥을 깊이 있게 이해할 수 있게 되었다. 이는 마치 우리가 문장을 읽을 때 핵심 단어에 더 집중하는 것과 같은 원리이다.

2) 사전 훈련과 미세 조정 (Pre-training & Fine-tuning): LLM은 두 단계에 걸쳐 훈련된다.

(1) 사전 훈련(Pre-training): 인터넷의 방대한 텍스트 데이터를 이용해 '다음 단어 맞추기'와 같은 비지도 학습 방식으로 언어의 보편적인 패턴을 학습한다. 이 과정에 막대한 컴퓨팅 자원과 시간이 소요된다.

(2) 미세 조정(Fine-tuning): 사전 훈련된 모델을 특정 목적(예: 친절한 챗봇, 전문 분야 답변)에 맞게 더 적은 양의 정제된 데이터로 추가 학습시키는 과정이다. 최근에는 인간의 피드백을 통해 모델의 답변을 인간의 가치에 맞게 교정하는 '인간 피드백 기반 강화학습(RLHF)' 기법이 중요하게 활용된다.

1.4. LLM 기술의 역할과 기여도

LLM은 인공지능 분야와 사회 전반에 걸쳐 혁명적인 변화를 가져왔다.

1) LLM 기술이 자연어 처리(NLP) 패러다임의 전환에 기여

과거에는 번역, 요약, 감성 분석 등 각 과업마다 별도의 모델을 개발해야 했지만, LLM의 등장으로 하나의 거대 모델이 대부분의 NLP 과업을 수행하는 시대로 전환되었다.

2) LLM 기술로 인해 생성형 AI 시대의 개막

LLM은 사용자의 요구에 따라 글, 이미지, 코드 등 새로운 콘텐츠를 창작하는 '생성형 AI(Generative AI)' 시대를 연 핵심 동력이다. 이는 AI를 단

순 분석 도구에서 창의적 파트너로 격상시켰다.

3) LLM 기술로 인해 인간-컴퓨터 상호작용(HCI)의 혁신

복잡한 메뉴나 코드를 사용하는 대신, 일상 언어로 컴퓨터와 소통하고 원하는 결과물을 얻을 수 있게 되면서 기술 접근성을 획기적으로 높였다.

1.5. LLM 기술의 장점과 단점

■ **장점과 단점(궁극의 가능성과 위험)**

구분	내용
장점 (Advantages)	1. 압도적인 범용성: 특정 작업에 대한 명시적 훈련 없이도, 프롬프트 엔지니어링을 통해 다양한 종류의 언어 과업(Zero-shot/Few-shot Learning)을 매우 높은 수준으로 수행할 수 있다. 2. 뛰어난 언어 유창성: 인간이 생성한 것과 거의 구별이 불가능할 정도로 자연스럽고 논리적인 문장을 생성한다. 3. 개발 효율성 증대: 잘 만들어진 하나의 LLM을 기반으로 다양한 응용 서비스를 손쉽게 개발할 수 있어, 개발 시간과 비용을 크게 절감시킨다.
단점 (Disadvantages)	1. 환각 현상 (Hallucination): 학습한 데이터에 없는 내용을 그럴듯한 거짓말로 지어내는 현상이 빈번하게 발생한다. 즉, '언어 도사'는 뛰어난 이야기꾼이지만, 사실 검증 능력은 없다. 2. 편향 및 유해성 문제: 인터넷의 방대한 데이터에 존재하는 성차별, 인종차별 등 각종 편견과 유해한 내용을 그대로 학습하여 재생산할 위험이 크다. 3. 막대한 자원 소모: 모델을 훈련하고 운영하는 데 천문학적인 비용과 전력이 소모되어 환경 문제를 야기하며, 소수의 거대 기업만이 접근할 수 있는 기술 장벽이 존재한다. 4. 블랙박스 특성: 모델이 왜 그런 답변을 생성했는지 그 내부 작동 원리를 정확히 파악하기 어려워, 결과의 신뢰성이나 디버깅에 한계가 있다.

1.6. LLM기술의 활용 데이터: '인터넷 규모의 텍스트 데이터'

LLM을 만드는 핵심 재료는 인터넷 스케일의 방대한 텍스트 데이터이다.

(1) **공용 웹 데이터(Common Crawl 등)**: 수십억 개의 웹페이지에서 수집한 페타바이트(PB) 규모의 방대한 텍스트 데이터.

(2) **도서 데이터(BooksCorpus 등)**: 디지털화된 수십만 권의 책 데이터로, 논리적이고 긴 호흡의 문장을 학습하는 데 중요하다.

(3) **전문 데이터**: 위키피디아, 학술 논문 아카이브(arXiv), 뉴스 기사, 질의응답 사이트, 소스 코드 저장소(GitHub) 등 특정 분야의 고품질 텍스트 데이터가 활용된다.

이 데이터의 특징은 그 양이 인간이 평생 읽을 수 있는 양을 아득히 초월한다는 점이며, 데이터의 질과 다양성이 LLM의 성능을 결정하는 핵심 요소가 된다.

1.7. LLM기술의 대표적인 활용 예시

LLM 기술은 이미 우리 일상 깊숙이 다양한 서비스로 자리 잡고 있다.

(1) **대화형 AI 챗봇**: OpenAI의 ChatGPT, Google의 Gemini, Anthropic의 Claude 등은 LLM 기술을 기반으로 사용자와 자유롭게 대화하며 질문에 답하고, 글을 작성하고, 아이디어를 제공하는 대표적인 서비스이다.

(2) **차세대 검색 엔진**: Microsoft의 코파일럿(Copilot, 구 Bing 챗), Google의 검색 생성 경험(SGE) 등 검색 엔진에 LLM이 결합되어, 단순 링크 제공을 넘어 요약된 답변과 대화형 검색을 제공한다.

(3) **코드 생성 도구**: GitHub Copilot은 개발자가 작성 중인 코드의 다음

부분을 예측하여 추천해주거나, 주석을 코드로 변환해주는 등 프로그래밍 생산성을 획기적으로 높여준다.

(4) **콘텐츠 생성 및 보조:** 마케팅 문구나 이메일 초안을 작성해주고, 긴 보고서를 요약하거나, 소설의 줄거리를 구상하는 등 다양한 글쓰기 영역에서 창의적 도구로 활용된다.

요약하면 LLM은 인간 언어의 비밀을 통계적 패턴으로 풀어낸 현존하는 가장 인공지능 인공지능 기술이며, 다음 단계인 LMM으로 발전하기 위한 필수적인 초석이라 할 수 있다.

2. LLM(거대 언어 모델)의 도시 분야별 적용 가상 시나리오

LLM(Large Language Model)은 방대한 텍스트 데이터를 학습하여 인간의 언어를 이해하고, 요약, 번역, 생성하는 데 특화된 인공지능이다. 복잡한 수치 연산이나 물리적 시뮬레이션보다는, 비정형 텍스트 정보의 맥락을 파악하고, 법규나 보고서와 같은 문서 기반의 지식 노동을 자동화하는 데 강력한 성능을 발휘한다. 도시 분야에서 LLM은 전문가와 데이터, 시민 사이의 정보 격차를 해소하는 '지식 증폭기'이자 '소통 전문가' 역할을 수행한다.

2.1. 도시계획: 도시계획 법규 및 문서 분석 자동화

도시계획 실무는 국토계획법, 건축법 등 수많은 법률과 지구단위계획, 도시기본계획 등 상위 계획을 검토하고 해석하는 과정의 연속이다. 이는 막대한 시간과 노력이 소요되는 대표적인 지식 노동 집약적 업무이다.

가상 적용 사례

AI 법규 검토 비서, '시티-애널리스트(City-Analyst)'

(1) **입력 데이터:** 대한민국의 모든 도시계획 관련 법률, 시행령, 조례, 판례 및 각 지자체의 도시기본계획, 관리계획 보고서, 주민 공청회 회의록 등을 데이터베이스로 학습한다.

(2) **LLM의 역할:** 도시계획가가 자연어 질의를 통해 필요한 정보를 즉시 얻는다. 예를 들어, "서울시 마포구 A동 123번지에 10층 규모의 청년임대주택을 포함한 근린생활시설을 건축할 경우, 적용되는 용적률 인센티브 조항과 주차장 설치 기준 완화 규정을 모두 찾아주고, 예상되는 주민 반대 민원의 유형을 과거 공청회 기록을 바탕으로 요약해 줘." 라고 질문한다.

(3) **산출 결과:** '시티-애널리스트'는 몇 초 만에 해당 지역의 용도지역을 파악하고, 관련 법규와 지자체 조례를 교차 분석하여 다음과 같은 구조화된 보고서를 생성한다.

- 법규 요약: "역세권 청년주택 특별법 제X조 및 서울시 조례 제Y항에 따라, 해당 부지는 용도지역 상향 및 용적률 최대 Z% 완화 적용이 가능함."
- 규정 검토: "주차장 설치 기준은 조례에 따라 세대당 0.5대까지 완화 가능하나, 총 주차대수 30대 이상 시 확장형 주차구획을 50% 이상 설치해야 함."
- 리스크 분석: "최근 5년간 인근 지역 유사 사업 공청회 회의록 분석 결과, '일조권 침해'(45%), '상업시설 소음'(30%), '초등학교 통학로 안전'(25%) 순으로 민원이 제기되었으므로, 이에 대한 사

전 대책 수립이 권장됨." 이는 전문가가 수일에 걸쳐 수행해야 할 자료 조사 및 분석 업무를 자동화하여, 신속하고 정확한 의사 결정을 지원한다.

2.2. 환경계획: 환경영향평가 보고서 초안 작성 및 데이터 서술

환경영향평가 보고서는 방대한 현장 조사 데이터(동식물상, 수질, 토양 등)를 법적 형식에 맞춰 논리적인 글로 서술해야 하는 고도의 문서 작업이다.

가상 적용 사례

환경 데이터 스토리텔러, '에코-라이터(Eco-Writer)'

(1) **입력 데이터:** 사업 부지의 동식물상 조사 목록(엑셀 파일), 수질 및 토양 오염도 측정 데이터(CSV 파일), 소음·진동 시뮬레이션 결과(수치 데이터) 등 정형/비정형 데이터를 업로드한다.

(2) **LLM의 역할:** '에코-라이터'는 입력된 데이터의 의미를 이해하고, 이를 환경영향평가서 표준 목차에 맞춰 서술형 초안으로 자동 작성한다.

(3) **산출 결과:** LLM은 단순한 데이터 나열을 넘어, 데이터 간의 관계를 해석하여 논리적인 문장을 생성한다. "본 사업부지 내 식생 조사 결과, 총 58종의 관속식물이 확인되었으며, 이 중 환경부 지정 멸종위기 야생생물 II급인 맹꽁이의 서식이 확인되었다. 따라서 사업 시행 전, 대체 서식지 조성 및 포획·이주 계획의 수립이 필수적이다. 또한, 소음 예측 결과에 따르면 공사 시 인근 A초등학교의 소음도가 환경기준치(55dB)를 초과할 것으로 예상되므로, 가설 방음

벽 설치 및 공사 시간 조정 등의 저감 대책이 요구된다.” 와 같은 전문가 수준의 보고서 초안을 생성하여, 평가 전문가의 업무 부담을 획기적으로 경감시킨다.

2.3. 교통 및 모빌리티 계획: 교통 민원 실시간 분석 및 정책 제안

지자체에는 매일 수백 건의 교통 관련 민원이 텍스트 형태로 접수되지만, 이를 체계적으로 분석하고 정책에 반영하기는 어렵다.

가상 적용 사례

AI 민원 분석 대시보드

(1) **입력 데이터:** ‘국민신문고’, 지자체 앱, SNS 등 다양한 채널을 통해 접수되는 비정형 텍스트 민원 데이터를 실시간으로 수집한다.

(2) **LLM의 역할:** LLM은 자연어 이해(NLU) 기술을 통해 각 민원의 핵심 내용을 파악하고, ‘버스 배차간격’, ‘불법주정차’, ‘신호등 고장’, ‘자전거도로 단절’ 등과 같은 주요 카테고리로 자동 분류한다. 또한, 각 민원의 감성(긍정/부정)과 시급성을 분석한다.

(3) **산출 결과:** 교통 담당자는 실시간으로 업데이트되는 대시보드를 통해 현재 가장 이슈가 되는 교통 문제가 무엇인지 직관적으로 파악할 수 있다. 대시보드는 “지난 24시간 동안 B지역에서 ‘어린이보호구역 내 과속’ 관련 부정 민원이 32건 접수되어, 전주 대비 200% 급증함” 과 같은 인사이트를 제공한다. 더 나아가, “해당 지역에 대한 단속 카메라 추가 설치 또는 과속방지턱 설치에 대한 정책 검토가 필요합니다.” 와 같은 정책 제안의 근거 자료를 자동으로 생성하여 데이터 기반의 선제적 교통행정을 가능하게 한다.

2.4. 도시건축설계: 설계 개념 및 제안서 자동 생성

건축가는 실제 설계 작업만큼이나, 건축주의 요구를 파악하고 설계 개념을 설득력 있는 글로 풀어내는 '디자인 브리프' 및 '프로젝트 제안서' 작성에 많은 시간을 할애한다.

가상 적용 사례

건축가를 위한 글쓰기 파트너

(1) **입력 데이터**: 저명한 건축가들의 작품 설명, 건축 평론, 지속가능 건축 관련 기술 보고서, 최신 자재 정보 등을 학습한다.

(2) **LLM의 역할**: 건축가가 키워드와 기본 아이디어를 제시하면, LLM이 이를 바탕으로 풍부하고 논리적인 설계 설명 글을 생성한다. 예를 들어, 건축가가 "키워드: 목재, 자연채광, 커뮤니티, 가변성. 대지: 도심 속 작은 공원 옆. 용도: 어린이 도서관."이라고 입력한다.

(3) **산출 결과**: LLM은 다음과 같은 유려한 설계 제안서 초안을 작성한다. "본 프로젝트는 '숲 속의 책 놀이터'를 개념으로, 도심의 아이들에게 자연과 교감하는 독서 경험을 제공하고자 한다. 주요 구조재로 따뜻한 질감의 CLT(공학목재)를 사용하여 친환경성을 확보하고, 건물의 중앙에는 천창을 둔 아트리움을 계획하여 내부 깊숙이 자연채광을 유도한다. 1층의 열람실은 폴딩 도어를 통해 공원과 직접 연결되어 내외부의 경계를 허물고, 2층의 프로그램실은 가변형 파티션을 적용하여 소규모 그룹 활동부터 강연회까지 다양한 커뮤니티 활동을 담아낼 수 있는 '살아있는 공간'으로 기능한다." 이는 건축가가 아이디어를 구체화하고 건축주를 설득하는 과정의 효율성을 극대화시킨다.

LLM은 도시 분야의 전문가들이 방대한 텍스트 정보와 씨름하는 시간을 줄여주고, 데이터에 기반한 창의적이고 전략적인 의사결정에 집중할 수 있도록 지원하는 핵심적인 AI 도구로 자리매김하게 될 것이다.

소주제

2

LLM→LMM→LAM 발전 경로 속에서 LMM모델

1. AI 발전의 새로운 경로: LLM에서 LMM으로 진행 중

(1) AI 발전사는 기술의 구현 방식과 데이터 처리 능력에 따라 'LLM → LMM → LAM'이라는 또 다른 중요한 발전 경로를 그리고 있다.

인공지능의 발전사는 그 지능의 범위에 따라 'ANI → AGI → ASI'로 조망되기도 하지만, 기술의 구현 방식과 데이터 처리 능력에 따라 'LLM → LMM → LAM'이라는 또 나른 중요한 발전 경로를 그리고 있다. 이 경로는 현재 인공지능 기술의 최전선에서 일어나는 변화를 가장 잘 설명하는 프레임워크이다.

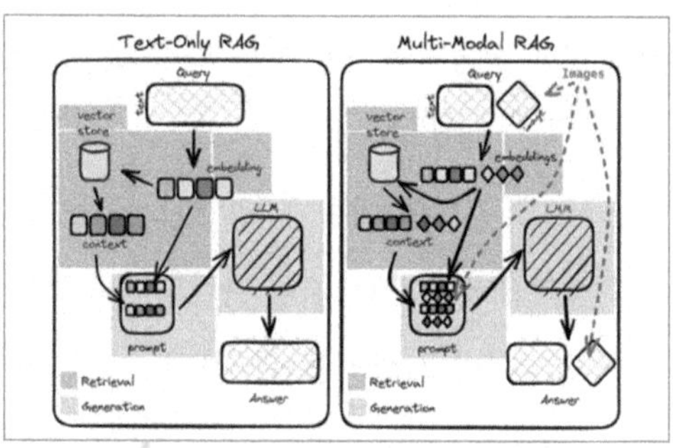

https://www.llamaindex.ai/blog

1.1. 단계: 초거대 멀티모달 모델(LMM: Large Multimodal Model)에 대한 탐구

1.1.1. LMM의 개념: 보고 들을 수 있게 된 '오감(五感)의 언어 도사'

(1) LMM은 텍스트를 넘어 이미지, 소리, 영상 등 여러 양식(Multi-Modal)의 데이터를 동시에 입력 받고 처리할 수 있다

초거대 멀티모달 모델(LMM, Large Multimodal Model)을 가장 쉽게 비유하자면, '글자만 읽을 수 있었던 '언어 도사(LLM)'에게 눈과 귀가 생겨, 이미지와 소리까지 함께 이해하게 된 상태'와 같다.

LLM이 텍스트(Text)라는 단일한 양식(Modality)의 데이터만 이해했다면, LMM은 텍스트를 넘어 이미지, 소리, 영상 등 여러 양식(Multi-Modal)의 데이터를 동시에 입력받고 처리할 수 있다.

예를 들어, LMM은 '고양이'라는 단어뿐만 아니라, 고양이 사진을 보고 그 생김새를 인식하고, '야옹'하는 소리를 듣고 그것이 고양이의 울음소리임을 안다. 그리고 이 모든 정보를 종합하여 "창가에 앉아 졸고 있는 이 귀여운 고양이는 아마도 나른한 오후를 즐기는 것 같네요" 와 같이 훨씬 풍부하고 구체적인 답변을 생성할 수 있다.

(2) LMM은 서로 다른 종류의 데이터(텍스트, 이미지 등)를 하나의 통합된 모델 안에서 함께 학습하여, 인간처럼 다각적인 정보를 바탕으로 사고하고 소통하는 인공지능이다.

즉, LMM은 서로 다른 종류의 데이터(텍스트, 이미지 등)를 하나의 통합된 모델 안에서 함께 학습하여, 인간처럼 다각적인 정보를 바탕으로 사고하고 소통하는 인공지능이라고 정의할 수 있다.

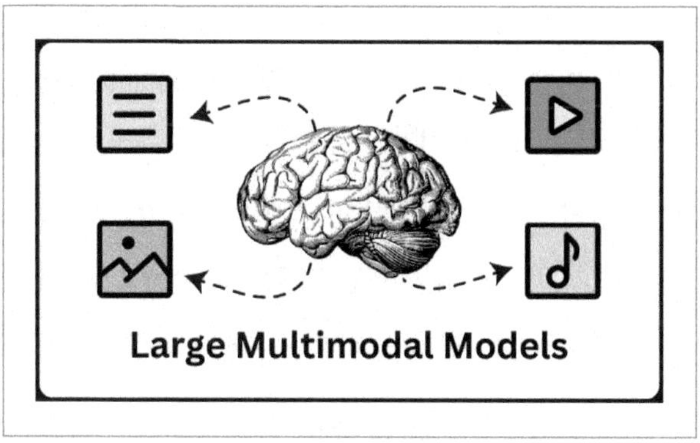

https://ai.plainenglish.io/synthesizing-intelligence-large-multimodal-models-

1.1.2. LMM이 추구하는 목표: '디지털 세계'를 넘어 '현실 세계'를 이해하는 AI

(1) 인간은 책만으로 세상을 배우지 않고, 보고, 듣고, 만지는 오감의 경험을 통해 세상을 입체적으로 이해한다. LMM의 목표는 AI에게도 이러한 다각적인 경험을 제공하는 것이다.

LMM이 추구하는 목표는 텍스트 기반의 추상적인 이해를 넘어, '현실 세계에 대한 보다 완전하고 상식적인 이해(Grounded Understanding)'를 구현하는 것이다.

인간은 책만으로 세상을 배우지 않고, 보고, 듣고, 만지는 오감의 경험을 통해 세상을 입체적으로 이해한다. LMM의 목표는 AI에게도 이러한 다각적인 경험을 제공하는 것이다. 사진 속 강아지의 '귀여움'을 텍스트 설명과 시각적 특징을 연결하여 이해하고, 복잡한 그래프(이미지)를 보고 그 의미를 분석하여 설명(텍스트)할 수 있게 하는 것이다.

(2) LMM은 언어의 의미를 현실 세계의 시청각 정보와 연결함으로써, 기존 LLM의 가장 큰 약점이었던 '환각(Hallucination)' 현상을 줄이고 보다 정확하고 상식에 기반한 추론 능력을 갖추는 것을 지향한다.

궁극적으로는 언어의 의미를 현실 세계의 시청각 정보와 연결함으로써, 기존 LLM의 가장 큰 약점이었던 '환각(Hallucination)' 현상을 줄이고 보다 정확하고 상식에 기반한 추론 능력을 갖추는 것을 지향한다.

1.1.3. LMM적용 기술의 유형 및 특징

LMM은 서로 다른 데이터를 하나의 AI가 이해할 수 있도록 만드는 정교한 기술들을 기반으로 한다.

1) 멀티모달 임베딩 (Multimodal Embedding)

LMM의 핵심 기술로, 텍스트, 이미지, 소리 등 각각 다른 형태의 데이터를 '생각의 지도'라고 불리는 공통의 벡터 공간(Vector Space)에 배치하는 기술이다. 이 지도 위에서는 '사과'라는 단어, 실제 사과 사진, '사과'라

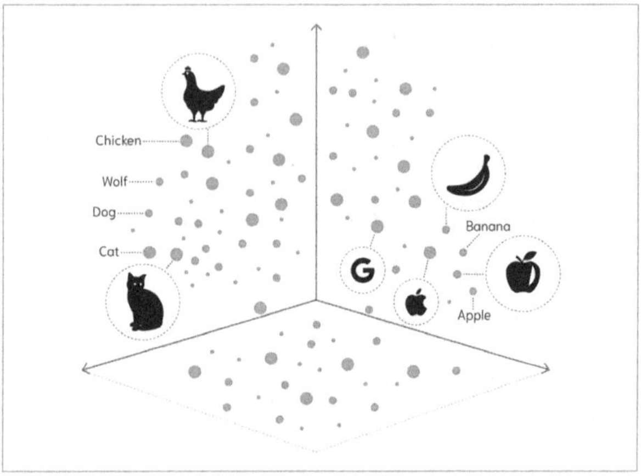

Multimodal Embedding Models | Weaviate
https://weaviate.io/blog/multimodal-models

고 말하는 음성이 서로 가까운 위치에 존재하게 된다. 이를 통해 모델은 데이터의 종류와 상관없이 그 의미를 통합적으로 파악할 수 있다.

2) 비전 트랜스포머 (ViT, Vision Transformer)

이미지를 여러 개의 작은 패치로 나누어, 텍스트를 처리하던 트랜스포머 아키텍처에 입력하는 방식이다. 이를 통해 이미지를 언어처럼 처리하여 LMM의 시각 능력을 부여하는 핵심 기술이 되었다.

3) 교차 어텐션 (Cross-Attention)

이미지 정보와 텍스트 정보가 서로의 맥락을 참조하고 집중하게 만드는 메커니즘이다. 예를 들어 '파란 하늘 아래 있는 빨간 자동차'라는 문장을 이해할 때, 이미지의 '파란색' 영역과 텍스트 '파란 하늘'을, '빨간색' 영역과 '빨간 자동차'를 서로 연결하여 이해하도록 돕는다.

1.2. LMM기술의 역할과 기여도

LMM은 AI의 능력을 한 차원 높은 단계로 끌어올리며 새로운 가능성을 열고 있다.

(1) AI의 감각 확장: AI에게 '눈과 귀'를 달아 줌으로써, 텍스트 세계에 갇혀 있던 AI를 현실 세계와 상호작용할 수 있는 존재로 만들었다. 이는 AI가 할 수 있는 일의 범위를 폭발적으로 확대시켰다.

(2) 인간-컴퓨터 상호작용(HCI)의 완전한 재정의: 키보드로 텍스트를 입력하는 것을 넘어, 스마트폰 카메라로 사물을 비추며 질문하거나, 말과 제스처를 섞어 AI와 소통하는 등 훨씬 직관적이고 인간적인 방식의 상호작용을 가능하게 했다.

(3) 새로운 산업 및 서비스 창출: 텍스트를 입력하면 고품질 이미지를

생성해주거나(Text-to-Image), 영상의 내용을 자동으로 요약하고, 실시간으로 통역해주는 스마트 안경 등 이전에는 상상하기 어려웠던 혁신적인 서비스와 산업의 등장을 촉진하고 있다.

■ **LMM기술의 장점과 단점**

구분	내용
장점 (Advantages)	1. 심층적이고 강건한 이해력: 여러 데이터를 교차 검증하며 학습하므로, 단일 데이터만 학습한 LLM보다 훨씬 깊이 있고 맥락에 맞는 이해가 가능하다. 이는 '상식'의 향상으로 이어진다. 2. 풍부한 표현력과 상호작용: 텍스트뿐만 아니라 이미지, 음성 등 다양한 형태로 결과물을 생성하고 상호작용할 수 있어, 활용 범위가 매우 넓다. 3. 환각 현상 감소: 언어적 지식이 시각, 청각 정보와 연결(Grounding)되면서, 사실에 기반하지 않은 거짓 정보를 생성할 확률이 LLM에 비해 상대적으로 감소한다.
단점 (Disadvantages)	1. 데이터 구축의 복잡성: '고양이 사진'과 '이 사진은 창가에 앉아 있는 고양이다'라는 설명을 정확하게 짝지은 고품질 멀티모달 데이터를 대량으로 구축하는 것은 매우 어렵고 비용이 많이 든다. 2. 모델 복잡성 및 비용 급증: 여러 종류의 데이터를 처리하기 위한 인코더와 아키텍처가 추가되면서, 모델의 크기와 복잡성이 커지고 훈련 및 운영 비용이 LLM보다 훨씬 많이 소요된다. 3. 새로운 유형의 유해성: 딥페이크(Deepfake)와 같이 진짜와 구별하기 어려운 가짜 이미지, 영상, 음성을 손쉽게 생성하여 사기나 여론 조작 등 사회적 혼란을 야기할 새로운 위험성이 대두된다.

1.3. LMM기술의 활용 데이터: '의미가 연결된 이종(異種) 데이터의 쌍'

(1) LMM은 단순히 여러 종류의 데이터를 모으는 것이 아니라, 의미적으로 연결된 서로 다른 종류의 데이터 쌍(Aligned Pair)을 핵심 재료로 사용한다.

LMM은 단순히 여러 종류의 데이터를 모으는 것이 아니라, 의미적으로 연결된 서로 다른 종류의 데이터 쌍(Aligned Pair)을 핵심 재료로 사용한다.

1) **이미지-텍스트 쌍:** 웹에서 수집한 (이미지, 해당 이미지를 설명하는 텍스트) 데이터가 가장 대표적이다. (예: LAION 데이터셋)

2) **영상-텍스트 쌍:** 유튜브와 같은 플랫폼의 (영상, 영상에 대한 설명이나 자막 텍스트) 데이터.

3) **음성-텍스트 쌍:** 팟캐스트나 강연의 (음성 파일, 해당 음성을 받아쓴 텍스트 스크립트) 데이터.

이처럼 서로 다른 감각 데이터를 의미적으로 정렬(Align)하는 과정이 LMM의 성능을 좌우하는 핵심적인 기술이다.

1.4. LMM기술의 대표적인 활용 예시

LMM 기술은 이미 최신 AI 서비스들의 핵심 기능으로 빠르게 자리 잡고 있다.

1.4.1. 차세대 AI 비서: OpenAI의 GPT-4o, Google의 Gemini:

LMM의 대표 주자이다. 사용자가 스마트폰 카메라로 보여주는 장면을 실시간으로 이해하고 설명해주거나, 이미지 속 글자를 번역하고, 수학 문제를 풀어주는 등 텍스트를 넘어선 상호작용을 보여준다. (GPT-4o의 'o'는 'omni'를 의미하며 모든 것을 다룬다는 뜻을 담고 있다.)

1.4.2. 이미지 생성 AI: Midjourney, DALL-E 3, Stable Diffusion:

사용자가 텍스트로 원하는 이미지의 스타일과 내용을 묘사하면, LMM이 그 의미를 이해하고 세상에 없던 새로운 이미지를 창조해주는 서비스이다.

(1) **비주얼 검색 및 Q&A:** 구글 렌즈와 같이, 스마트폰으로 특정 사물이나 장소를 비추면 그것이 무엇인지 알려주고 관련 정보를 찾아주는 서비스는 LMM 기술의 초기 형태라 할 수 있다.

(2) **실시간 통역기**: 회의나 대화 내용을 실시간으로 듣고, 말하는 사람의 목소리 톤까지 흉내 내어 다른 언어로 통역해주는 서비스 역시 음성과 텍스트를 함께 처리하는 LMM 기술에 기반한다.

LMM은 텍스트의 한계를 넘어 AI에게 현실 세계를 인지하는 감각을 부여한 중대한 진화이며, 인간과 AI의 소통을 한 차원 높여 다음 단계인 LAM으로 나아가는 핵심적인 교두보 역할을 하고 있다.

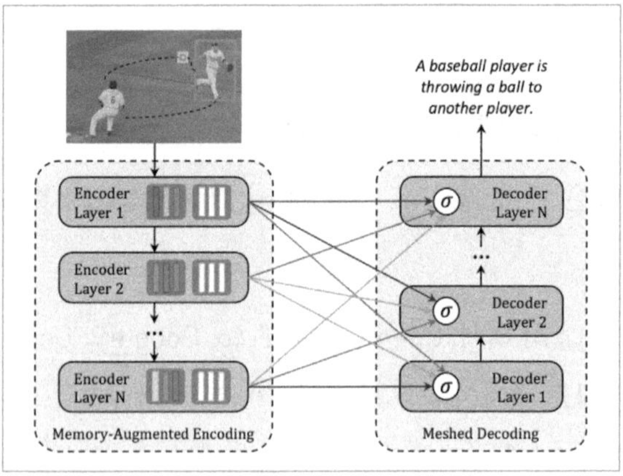

Multimodal Learning Model (MLM) Architecture, GitHub Pages

2. LMM(거대 멀티모달 모델)의 도시 분야별 적용 가상 시나리오

LMM(Large Multimodal Model)은 텍스트뿐만 아니라 이미지, 비디오, 음성, 센서 데이터 등 여러 종류의 데이터를 동시에 이해하고 처리하는 인공지능이다. 단순히 글을 읽는 것을 넘어, 도시의 모습을 '보고', 소리를 '듣고', 이를 텍스트 정보와 결합하여 종합적으로 추론한다. LMM은 도시의 물리적 현실과 디지털 정보를 연결하여, 기존의 단일 데이터 분석으로는 불가능했던 깊이 있는 통찰력을 제공하는 '도시 인지 시스템'으로 기능한다.

2.1. 도시계획: 현장 기반 도시 쇠퇴도 진단 및 분석

도시 쇠퇴는 통계 데이터만으로는 파악하기 어려운 복합적인 현상으로, 실제 도시의 물리적 환경과 경관을 함께 분석해야 정확한 진단이 가능하다.

가상 적용 사례

멀티모달 쇠퇴 진단 시스템 '도시 인사이트(Urban Insight)'

(1) **입력 데이터 (멀티모달)**

- 텍스트: 특정 지역의 공가(空家)율, 인구 고령화 지수, 상업시설 휴·폐업률 등 행정 통계 데이터.
- 이미지/비디오: 지난 10년간의 위성사진 및 항공사진, 네이버·카카오 등의 로드뷰 이미지, 드론으로 촬영한 최신 고해상도 영상.
- 음성: (가상) 도시의 활력을 측정하기 위해 주요 거리에 설치된 센서에서 수집한 소음 및 대화 빈도 데이터.

(2) **LMM의 역할**: '도시 인사이트'는 이 모든 데이터를 종합적으로 분석한다. 로드뷰 이미지에서 건물의 페인트가 벗겨지거나 창문이 깨진 건물을 '시각적 쇠퇴'의 징후로 식별한다. 동시에 해당 건물의 주소를 행정 데이터와 교차 확인하여, 공식적인 공가(空家)임을 확인하거나 미신고된 장기 공실 상태임을 추론한다. 10년간의 이미지 변화를 분석하여 상점 간판이 자주 바뀌다가 결국 빈 상점으로 남는 '상권 쇠퇴 패턴'을 감지한다.

(3) **산출 결과**: LMM은 단순 통계 보고서가 아닌, '물리적 쇠퇴도'가 반영된 인터랙티브 맵을 생성한다. "A 구역은 공식 공가율은 12%이

나, 로드 뷰 이미지 분석 결과 방치된 건물 및 관리 부재 상태의 건물을 포함한 실질적 쇠퇴 체감률은 30%에 달함. 특히, 이미지상 그래피티, 무단 투기 된 쓰레기 등의 빈도가 높아 범죄예방환경설계(CPTED) 관점에서의 개선이 시급함" 과 같이, 정량적 데이터와 시각적 증거를 결합한 입체적인 진단 결과를 제공한다.

2.2. 환경계획: 생물다양성 모니터링 및 생태축 분석

도시 내 야생동물의 서식지를 파악하고 이들의 이동 경로인 생태축을 보존하는 것은 효과적인 생태계 관리를 위해 필수적이다.

가상 적용 사례

AI 생태 모니터링 시스템

(1) 입력 데이터 (멀티모달)

- 이미지/비디오: 도심 공원 및 녹지축에 설치된 무인 카메라 트랩에 촬영된 동영상 및 사진.
- 음성: 특정 새의 울음소리나 동물의 활동음을 감지하기 위해 설치된 바이오-어쿠스틱(Bio-acoustic) 센서의 음성 데이터.
- 텍스트: 해당 지역에 서식하는 것으로 보고된 법정보호종 목록 및 관련 생태 연구 논문.
- 센서 데이터: 위성 및 드론의 LiDAR 스캐너로 측정한 숲의 3차원 구조 및 식생 밀도 데이터.

(2) LMM의 역할: LMM은 카메라 트랩에 희미하게 찍힌 동물 이미지(이미지)를 분석하여 99%의 정확도로 '삵'(멸종위기 야생생물 II급)으

로 식별한다. 동시에, 인근 개울가의 음향 센서에서 '삵'의 고유한 울음소리(음성)가 포착된 것을 교차 확인한다. 나아가 LiDAR 데이터(센서)를 분석하여 해당 개울과 인근 야산을 잇는 수목이 우거진 '녹지 연결로'를 3D로 시각화하고, 이것이 연구 논문(텍스트)에 기술된 삵의 핵심 이동 경로(생태축) 조건과 일치함을 확인한다.

(3) **산출 결과:** LMM은 "A 공원과 B 산을 연결하는 녹지축에서 멸종위기종 '삵'의 서식 및 이동 경로가 영상과 소리, 3D 지형 분석을 통해 교차 검증됨. 현재 이 녹지축을 관통하는 소규모 도로 개설 계획이 존재하여, 핵심 서식지 단절이 심각하게 우려되므로 해당 계획의 재검토 또는 생태통로(Eco-Bridge) 설치가 필요함." 과 같은 자동 경보 및 정책 제안 보고서를 생성한다.

2.3. 교통 및 모빌리티 계획: 교통사고 위험 예측 및 근본 원인 분석

교통사고의 원인은 운전자의 부주의뿐만 아니라, 도로의 구조적 문제나 교통 시설물의 미비 등 복합적인 요인에 의해 발생한다.

가상 적용 사례

멀티모달 교통사고 원인 분석 시스템

(1) 입력 데이터 (멀티모달)

- 텍스트: 특정 교차로에서 발생한 교통사고 이력 및 경찰 사고 보고서.
- 비디오: 해당 교차로를 24시간 촬영하는 CCTV 영상 데이터.
- 이미지: 교차로의 차선, 신호등, 교통 표지판의 상태를 촬영한 고해상도 사진.

(2) **LMM의 역할:** LMM은 사고 보고서(텍스트)를 통해 특정 교차로가 '우회전 시 보행자 사고' 다발 지역임을 인지한다. 이후, 수백 시간에 달하는 CCTV 영상(비디오)을 분석하여 실제 사고뿐만 아니라, 사고로 이어질 뻔한 '니어미스(Near-miss)' 상황을 수십 건 식별한다. 분석 결과, 대부분의 니어미스 상황이 특정 신호등 기둥 때문에 우회전 차량 운전자의 시야가 보행자를 가리는 순간에 발생함을 발견한다. 이어서 교차로의 시설물 사진(이미지)을 통해 해당 신호등 기둥의 위치가 횡단보도와 운전자의 시야각을 방해하는 구조임을 최종 확인한다.

(3) **산출 결과:** LMM은 "해당 교차로 사고의 주된 원인은 운전자 부주의가 아닌, '신호등 기둥에 의한 구조적 시야 방해'임. 영상 분석 결과, 평균 시속 20km/h로 우회전 시 약 1.5초간 보행자가 보이지 않는 사각지대가 발생하는 것으로 확인됨. 따라서 '보행자 주의' 캠페인보다 신호등 기둥의 이설 또는 우회전 전용 신호 도입이 근본적인 해결책임." 과 같이, 여러 종류의 증거를 융합하여 문제의 근본 원인을 제시한다.

2.4. 도시건축설계: 부지 컨텍스트(Context) 분석 및 시뮬레이션

훌륭한 건축 설계는 건물이 들어설 부지의 역사, 문화, 물리적 환경 등 눈에 보이지 않는 맥락(Context)을 깊이 이해하는 것에서 시작된다.

가상 적용 사례

대화형 컨텍스트 분석 플랫폼

(1) 입력 데이터 (멀티모달)

- 이미지/비디오: 설계 부지 및 주변 지역의 현재와 과거 사진, 드론 비행 영상, 로드뷰 데이터.
- 음성: 부지 현장의 소리(자동차 소음, 시장의 활기, 공원의 정적함 등)를 녹음한 앰비언트 사운드(Ambient Sound).
- 텍스트: 부지의 역사에 대한 문헌, 지역 신문 기사, 관련 건축 법규 및 조례.

(2)**LMM의 역할**: 건축가가 "인사동 골목길에 어울리는 작은 갤러리를 설계하고 싶어. 주변 한옥들과의 조화, 시간에 따른 빛의 변화, 골목길의 소리를 설계에 반영하고 싶어." 라고 자연어로 질의한다. LMM은 주변 한옥들의 지붕선, 담장의 재료, 창문의 형태(이미지)를 분석하고, 시간대별 태양의 고도에 따른 그림자 변화를 시뮬레이션(비디오)한다. 또한, 현장에서 녹음된 소리(음성)를 분석하여 소음원과 특징적인 소리(예: 풍경 소리)를 구분한다.

(3) **산출 결과**: LMM은 건축가에게 인터랙티브한 '부지 분석 브리핑'을 제공한다. 건축가는 가상현실(VR) 기기를 통해 부지에 서서 시간의 흐름에 따른 빛의 변화를 직접 체험하고, 골목길의 소리를 들을 수 있다. LMM은 "오후 3시경 서측 한옥의 처마 그림자가 대지 중앙까지 드리워지므로, 이 시간대에는 자연 채광을 위한 천창 설계가 효과적일 것입니다. 또한, 주 소음원이 북측 도로에서 발생하므

로, 북측 벽은 흡음 성능이 높은 재료를 사용하고, 남측 골목길 방향으로 창을 내어 골목의 활기찬 소리를 선택적으로 유입시키는 것을 제안합니다." 와 같이, 시각, 청각, 텍스트 정보를 융합한 구체적이고 창의적인 설계 가이드라인을 제시한다.

결론적으로, LMM은 도시의 복잡한 현상을 텍스트라는 단일 차원을 넘어 시각, 청각 등 다차원적으로 '인지'하고 분석함으로써, 도시 전문가들이 더 깊고, 더 정확하며, 더 인간적인 통찰을 바탕으로 계획하고 설계할 수 있도록 지원하는 핵심 기술이 될 것이다.

소주제 3

LLM→LMM→LAM 발전 경로 속에서 LAM모델

(1) AI의 발전사는 그 지능의 범위에 따라 'ANI → AGI → ASI'로 조망되기도 하지만, 기술의 구현 방식과 데이터 처리 능력에 따라 'LLM → LMM → LAM'이라는 중요한 발전 경로를 가고 있다.

인공지능의 발전사는 그 지능의 범위에 따라 'ANI → AGI → ASI'로 조망되기도 하지만, 기술의 구현 방식과 데이터 처리 능력에 따라 'LLM → LMM → LAM'이라는 또 다른 중요한 발전 경로를 그리고 있다.

(2) LAM은 인식(Perception)을 넘어 행동(Action)으로 나아가는 AI 발전의 최종 관문이다

이 경로는 현재 인공지능 기술의 최전선에서 일어나는 변화를 가장 잘 설명하는 프레임워크이다. LAM은 인식(Perception)을 넘어 행동(Action)으로 나아가는 AI 발전의 최종 관문이며, AI를단순한 정보 도구에서 벗어나 우리의 삶과 업무를 실질적으로 대행하는 '디지털 동반자'로 만드는 가장 중요한 기술이라 할 수 있다.

1. 초거대 행동 모델(LAM: Large Action Model)에 대한 탐구

1.1. LAM의 개념: 생각을 행동으로 옮기는 '만능 디지털 집사'

(1) LAM은 보고 들을 수 있게 된 '오감의 언어 도사(LMM)'에게 마침내 손과 발이 생겨, 인간의 지시를 실제 행동으로 옮길 수 있게 된 '만능 디지털 집사'와 같다.

초거대 행동 모델(LAM, Large Action Model)을 가장 쉽게 비유하자면, '보고 들을 수 있게 된 '오감의 언어 도사(LMM)'에게 마침내 손과 발이 생겨, 인간의 지시를 실제 행동으로 옮길 수 있게 된 '만능 디지털 집사'와 같다.

(2) LLM이 텍스트를 이해하고, LMM이 이미지와 소리를 포함한 세상을 인식했다면 LAM은 여기서 한 걸음 더 나아가 디지털 또는 물리적 환경에서 실질적인 과업(Task)을 수행한다.

LLM이 텍스트를 이해하고, LMM이 이미지와 소리를 포함한 세상을 인식했다면, LAM은 여기서 한 걸음 더 나아가 디지털 또는 물리적 환경에서 실질적인 과업(Task)을 수행한다. 예를 들어, LMM에게 "제주도 가는

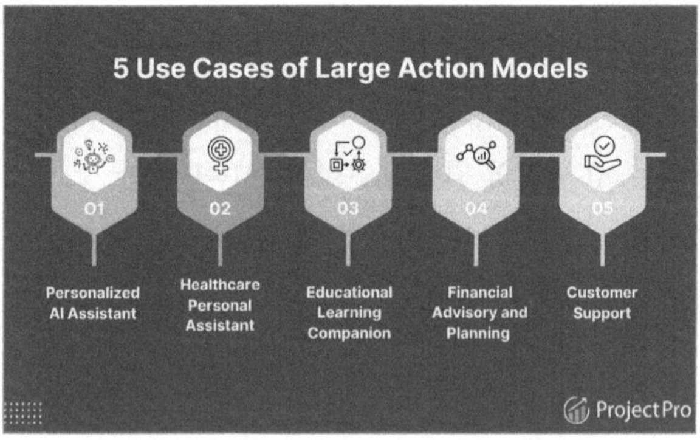

https://www.projectpro.io/article/large-action-models

가장 싼 비행기 표를 어떻게 찾아?"라고 물으면 예약 방법을 설명해 줄 것이다. 하지만 LAM에게 "다음 주 토요일에 제주도 가는 가장 싼 비행기 표를 예약해줘"라고 말하면, LAM은 스스로 웹 브라우저를 열고, 항공권 비교 사이트에 접속하여 날짜와 인원을 입력하고, 결제 버튼을 누르기 직전까지의 모든 과정을 직접 수행한다.

(3) LAM은 사용자의 목표(Goal)를 이해하고, 이를 달성하기 위한 일련의 행동(마우스 클릭, 키보드 타이핑, API 호출 등) 순서를 계획하여, 주어진 환경(운영체제, 웹 브라우저, 로봇 등)에서 자율적으로 실행하는 인공지능 모델이다

즉, LAM은 사용자의 목표(Goal)를 이해하고, 이를 달성하기 위한 일련의 행동(마우스 클릭, 키보드 타이핑, API 호출 등) 순서를 계획하여, 주어진 환경(운영체제, 웹 브라우저, 로봇 등)에서 자율적으로 실행하는 인공지능 모델이다. LAM의 출력은 정보가 아닌 '행동'이다.

1.2. LAM이 추구하는 목표: 인간의 '의도'와 기계의 '실행' 사이의 간극 제거

(1) LAM의 목표는 '인간과 모든 기술 사이의 완벽한 인터페이스'가 되는 것이다.

LAM이 추구하는 궁극적인 목표는 '인간과 모든 기술 사이의 완벽한 인터페이스'가 되는 것이다. 이는 인간이 복잡한 소프트웨어 사용법을 배우거나, 기계를 직접 조작할 필요 없이, 오직 자연어로 자신의 '의도'를 전달하는 것만으로 원하는 모든 것을 이룰 수 있는 세상을 구현하는 것을 의미한다.

"지난 분기 매출 데이터를 분석해서 가장 중요한 내용만 요약하고, 보

기 좋게 그래프로 만들어 파워포인트 보고서 초안을 완성해줘"라는 하나의 명령어를, 수십, 수백 단계의 실제 컴퓨터 작업으로 변환하고 실행하는 것이 LAM의 목표이다.

(2) LAM은 인간을 모든 번거로운 과정에서 해방시키고, 창의적인 생각과 의사결정에만 집중할 수 있도록 돕는 '궁극의 생산성 도구'이자 '자율적 에이전트(Autonomous Agent)'를 지향한다.

궁극적으로는 인간을 모든 번거로운 과정에서 해방시키고, 창의적인 생각과 의사결정에만 집중할 수 있도록 돕는 '궁극의 생산성 도구'이자 '자율적 에이전트(Autonomous Agent)'를 지향한다.

1.3. LAM적용 기술의 유형 및 특징

LAM은 LMM의 인식 능력 위에 '행동' 능력을 추가하기 위한 독자적인 기술들을 기반으로 한다.

1.3.1. 모방 학습 (Imitation Learning):

LAM의 핵심 훈련 방식으로, 인간 전문가가 특정 작업을 수행하는 과정을 녹화한 데이터(화면 녹화 영상, 마우스 클릭 및 키보드 입력 기록 등)를 학습한다. 즉, 인간의 행동을 그대로 '모방'하여 특정 작업을 수행하는 방법을 배운다.

1.3.2. 행동을 위한 트랜스포머 (Transformer for Actions):

트랜스포머 아키텍처를 '행동 예측'에 맞게 변형하여 사용한다. LMM이 화면의 현재 상태(Observation)와 사용자의 지시를 이해하면, LAM은 이를 바탕으로 '다음에 어떤 행동(Action)을 취해야 할지'를 예측한다. 예측된 행동은 click(x=450, y=200)이나 type('보고서 초안')과 같은 구체적인 컴퓨터 명령어로 나타난다.

1.3.3. 강화 학습을 통한 자기 개선:

모방 학습으로 기본적인 작업 능력을 갖춘 후, 가상 환경에서 스스로 작업을 수행해 보게 하고, 성공하면 '보상'을, 실패하면 '벌'을 주는 강화 학습을 통해 시행착오를 거치며 더 효율적이고 정확한 작업 방식을 스스로 터득하며 성능을 개선한다.

1.4. LAM기술의 역할과 기여도

LAM은 인류의 생산성 개념을 근본적으로 바꾸고, 기술과의 관계를 재정립할 잠재력을 가진다.

(1) **노동 방식의 혁명:** 인간이 컴퓨터 앞에서 하던 거의 모든 정형적, 반복적 사무 업무(데이터 정리, 보고서 작성, 이메일 분류 및 회신 등)를 자동화하여, 인간의 업무 효율을 수십, 수백 배로 증폭시킬 것이다.

(2) **디지털 격차의 해소:** 포토샵, 엑셀, 프로그래밍 툴 등 전문가용 소프트웨어를 사용할 줄 모르는 사람도, 그저 자신이 원하는 바를 말

Large Action Model (LAM): An Upcoming Revolution in AI, https://www.aegissofttech.com

로 설명하는 것만으로 전문가 수준의 결과물을 얻을 수 있게 되어 기술 접근성을 평준화시킨다.

(3) **진정한 자율 시스템의 구현**: 스마트 팩토리의 로봇이 구두 지시만으로 스스로 부품을 찾아 조립하고, 자율주행차가 목적지뿐만 아니라 "가는 길에 가장 가까운 주유소에 들러 기름을 가득 채워줘"와 같은 복합적인 임무를 수행하는 등, 진정한 의미의 자율 시스템을 가능하게 하는 핵심 두뇌 역할을 한다.

1.5. LAM기술의 장점과 단점

■ **장점과 단점**

구분	내용
장점 (Advantages)	1. 압도적인 생산성 향상: 복잡하고 시간이 많이 소요되는 디지털 작업을 자동화하여, 인간을 단순 반복 노동에서 해방시키고 창의적인 활동에 집중할 수 있게 한다. 2. 최고의 편의성 및 접근성: 모든 기술을 자연어 하나로 제어할 수 있게 되어, 노약자나 비전문가도 최첨단 기술의 혜택을 손쉽게 누릴 수 있다. 3. 높은 수준의 자율성: 인간의 개입을 최소화하면서 독립적으로 복잡한 과업을 계획하고 수행하는 진정한 '자율 에이전트'를 실현한다.
단점 (Disadvan- tages)	1. 치명적인 안전 및 보안 문제: LAM이 내 컴퓨터에 대한 제어권을 갖는다는 것은 가장 큰 잠재적 위험이다. 악성 이메일에 속아 개인 정보를 유출하거나, 실수로 중요한 파일을 삭제하거나, 무단으로 송금하는 등의 사고가 발생할 수 있다. 강력한 '안전장치(Guardrails)'가 무엇보다 중요하다. 2. 책임 소재의 불분명성: LAM의 실수로 인해 금전적 손실이나 물리적 사고가 발생했을 경우, 그 책임을 사용자, 개발사, AI 중 누가 져야 하는지에 대한 법적, 윤리적 문제가 매우 복잡하다. 3. 인간 능력의 퇴화 및 의존성 심화: 모든 것을 AI가 대신해 주면서 인간이 스스로 문제를 해결하는 능력이 퇴화하고, 사회 전체가 AI 시스템 없이는 작동 불가능한 상태가 될 수 있다는 우려가 존재한다.

Large Action Model (LAM) ermoglicht automatisierte Bedienung von Programmen gemeinsam mit Agenten und GUI

1.6. LAM기술의 활용 데이터: '목표 달성을 위한 행동의 과정'

LAM의 학습 데이터는 정적인 정보가 아닌, 과정을 담은 동적인 시연 데이터(Demonstration Data)이다.

(1) **과업 수행 궤적 데이터(Trajectory Data):** (목표, 관찰1, 행동1, 관찰2, 행동2, … , 성공 여부)의 형태로 구성된 데이터이다. 예를 들어, '항공권 예약'이라는 목표 아래, '웹사이트 접속'이라는 첫 관찰부터 '예약 완료' 화면이 뜰 때까지의 모든 화면 변화와 그에 따른 마우스/키보드 행동이 순서대로 기록된다.

(2) **화면 녹화 및 행동 데이터:** 인간 사용자가 컴퓨터에서 특정 작업을 수행하는 전체 과정을 화면 녹화하고, 동시에 마우스 클릭 좌표, 키보드 입력 내용 등을 수집한 데이터.

(3) **로봇 원격 조종 데이터:** 인간이 VR 장비 등을 착용하고 로봇을 원격 조종할 때, 로봇의 센서(시각 등) 데이터와 인간의 조종 명령을 쌍으로 기록한 데이터.

1.7. LAM기술의 대표적인 활용 예시

LAM은 아직 연구 개발 초기 단계에 있지만, 다음과 같은 혁신적인 서비스로 구체화되고 있다.

1.7.1. 자율형 웹 에이전트:

사용자가 "이번 주말에 친구들과 볼만한 평점 좋은 SF 영화를 찾아보고, 4명 자리로 예매해줘"라고 명령하면, LAM이 리뷰 사이트를 검색하고, 영화관 앱을 실행하여 좌석을 선택하고 예매를 완료한다.

1.7.2. GUI(그래픽 인터페이스) 자동화:

디자이너가 포토샵을 열지 않고 "폴더에 있는 모든 제품 사진의 배경을 지우고, 사이즈를 500x500으로 통일해줘"라고 말하면, LAM이 포토샵을 실행하여 모든 클릭과 메뉴 선택을 자동으로 수행한다.

1.7.3. 지능형 로봇 비서:

가정용 로봇에게 "거실이 좀 덥네. 에어컨을 24도로 맞추고, 소파 위 쿠션을 정리해줘"라고 말하면, 로봇이 스스로 리모컨을 찾아 에어컨을

대형 액션 모델, LAM의 부상 - 특이점이 온다 마이너 갤러리

조작하고, 쿠션을 시각적으로 인식하여 정돈하는 등의 물리적 과업을 수행한다. Adept.ai의 ACT-1, Google의 Project Astra 등이 이러한 LAM의 초기 형태를 보여주는 대표적인 연구 사례이다.

2. LAM(거대 행동 모델)의 도시 분야별 적용 가상 시나리오

LAM(Large Action Model)은 인간의 언어로 된 지시나 목표를 이해하고, 이를 달성하기 위해 필요한 일련의 행동 단계를 스스로 계획하며, 소프트웨어 API, 로봇 등 다양한 디지털 및 물리적 도구를 직접 '조작'하여 과업을 '실행'하는 인공지능이다. LMM이 도시를 '보고 이해하는' 지능이라면, LAM은 도시 시스템을 '직접 운영하고 실행하는' 지능이다. LAM은 도시 관리 및 계획에서 AI를 단순한 분석 도구를 넘어, 자율적인 '실행 에이전트'로 격상시킨다.

LAM은 AI의 역할을 '분석'과 '제안'에서 '실행'과 '운영'의 단계로 끌어올리는 핵심 기술이다. 도시 분야에서 LAM의 도입은 인간 전문가가 일상적이고 반복적인 실행 업무에서 해방되어, 더 창의적이고 전략적인 고차원의 의사결정에 집중할 수 있는 환경을 조성하며 도시 관리의 패러다임을 근본적으로 변화시킬 것이다.

2.1. 도시계획: 도시계획안 자동 생성 및 행정 절차 실행

도시계획안의 수립부터 주민 공람, 고시 등 행정 절차는 여러 부서와 시스템을 거쳐야 하는 복잡하고 시간이 많이 소요되는 과정이다. LAM은 이 전체 과정을 자율적으로 수행한다.

가상 적용 사례

도시계획 행정 자동화 에이전트 'UEI(Urban Execution Intelligence)'

(1) **입력 데이터/지시:** 도시계획가가 "A동 123번지 일대를 제2종일반주거지역에서 일반상업지역으로 변경하는 용도지역 변경 계획안을 입안하고, 법적 절차에 따라 주민 공람을 준비하라"는 목표를 자연어로 지시한다.

(2) **LAM의 역할:** 'UEI'는 이 목표를 달성하기 위해 필요한 구체적인 행동 순서를 스스로 계획(Plan)하고 실행(Execute)한다.

- ▫ 과업 분해: 목표를 '계획안 작성 → 내부 검토 상신 → 주민 공람 공고'의 하위 단계로 분해한다.
- ▫ 도구 사용 및 실행
  1. GIS API 실행: 시의 지리정보시스템(GIS)에 접속하여 해당 부지의 용도지역 변경 도면 초안을 자동 생성한다.
  2. 문서 생성 API 실행: 법규 데이터베이스를 참조하여 용도지역 변경의 법적 근거와 기대효과가 포함된 '도시관리계획 입안서' 공식 문서를 자동 작성한다.
  3. 내부 행정 시스템 API 실행: 생성된 도면과 입안서를 시의 내부 전자결재 시스템에 자동으로 상신하고, 관련 부서에 검토 요청을 발송한다.
  4. 공고 시스템 API 실행: 내부 결재가 완료되면, 시 홈페이지 공고 게시판 및 관보 게재 시스템에 접속하여 '주민 공람 공고문'을 법적 양식에 맞춰 자동으로 게시한다.

(3) **산출 결과**: 도시계획가는 단 한 번의 지시로, 며칠이 걸릴 수 있는 복잡한 행정 절차의 초안 준비 및 실행을 완료하게 된다. LAM은 계획가의 의도를 실제 행정 '행위'로 직접 전환하며, 계획가는 최종 승인과 같은 핵심적인 의사결정에만 집중할 수 있다.

2.2. 환경계획: 도시 환경문제 자율 감지 및 즉각 대응 실행

하천 오염, 유해 가스 누출 등 긴급 환경 문제는 신속한 탐지와 부서 간의 유기적인 협조가 관건이다. LAM은 감지, 분석, 대응의 전 과정을 통합하여 자율적으로 실행한다.

가상 적용 사례

자율 환경 재난 대응 시스템

(1) **입력 데이터/지시**: 도시의 하천 수질 모니터링 센서에서 특정 유해화학물질이 기준치를 초과하여 검출되었다는 이상 신호가 발생한다. 이는 LAM에게 '환경 오염 문제 해결'이라는 암묵적 목표를 부여한다.

(2) **LAM의 역할**: 'UEI'는 이 상황을 해결하기 위해 다중 도구를 동시에, 순차적으로 조작한다.

1. 드론 제어 API 실행: 즉시 인근의 환경 감시 드론을 오염 발생 추정 지점으로 출동시켜 실시간 영상 피드를 통해 오염원의 위치(예: 특정 공장의 불법 폐수 방류구)를 시각적으로 특정한다.
2. 수문 제어 시스템 API 실행: 하천의 유속과 오염 확산 시뮬레이션 결과를 바탕으로, 하류에 위치한 스마트 수문을 원격으로 닫아 오염 물질이 주 강으로 유입되는 것을 차단하고, 오염수를 임시 저류지로 유도한다.

3. 긴급 대응팀 출동 API 실행: 식별된 오염원의 위치, 오염 물질의 종류, 현재까지의 조치 상황을 포함한 보고서를 자동 생성하여 환경청 비상대응팀 시스템에 전송하고, 가장 가까운 방제팀의 출동을 자동으로 요청한다.
4. 주민 경보 시스템 API 실행: 오염 지역 인근 주민들의 스마트폰으로 '하천 접근 금지' 및 상황 개요에 대한 경보 메시지를 발송한다.

(3) **산출 결과:** 인간이 상황을 인지하고 각 부서에 연락하여 조치를 취하는 데 수십 분에서 수 시간이 걸릴 일을, LAM은 단 몇 분 만에 자율적으로, 통합적으로 실행하여 골든타임을 확보하고 피해를 최소화한다.

2.3. 교통 및 모빌리티 계획: 동적 이벤트 기반의 통합 모빌리티 자율 운영

지하철 고장, 대규모 행사 등 예기치 못한 이벤트 발생 시, 도시 교통망은 극심한 혼란에 빠진다. LAM은 도시의 모든 교통수단을 하나의 오케스트라처럼 지휘하여 혼란을 자율적으로 수습한다.

가상 적용 사례

돌발상황 대응 교통 관제 시스템

(1) **입력 데이터/지시:** 출근 시간대에 A역에서 지하철 운행이 중단되었다는 긴급 상황이 발생한다. 목표는 '승객 불편 최소화 및 2차 교통 혼잡 방지'이다.

(2) **LAM의 역할:** 'UEI'는 도시의 모든 교통수단 운영 시스템을 실시간으로 제어한다.

1. 대중교통 운영 API 실행: A역으로 향하던 모든 지하철을 인근 B, C역으로 무정차 통과시키거나 회차하도록 노선을 즉시 변경한다. 동시에, 시내버스 관제 시스템에 접속하여 A역을 경유하는 버스 노선들의 배차 간격을 자동으로 단축시키고, 일부 노선을 임시로 변경하여 B, C역과 A역 사이를 순환하는 '셔틀버스' 역할을 수행하도록 지시한다.
2. 공유 모빌리티 API 실행: B, C역 주변의 공유 자전거 및 전동 킥보드 재고가 부족하지 않도록, 재배치 팀에 긴급 이동 명령을 하달하고, 사용자들에게는 해당 지역에서 이용 시 할인 혜택을 제공하는 프로모션을 자동 실행한다.
3. 신호 제어 시스템 API 실행: 셔틀버스 운행 경로의 교통 신호를 제어하여 버스가 우선적으로 통과할 수 있도록 녹색 신호 시간을 동적으로 조정한다.
4. 정보 제공 시스템 API 실행: 지하철역과 버스 정류장의 모든 디지털 안내판(DID), 내비게이션 앱에 실시간 상황과 대체 이동 경로 정보를 자동으로 게시한다.

(3) **산출 결과:** 특정 교통수단의 마비가 도시 전체의 마비로 이어지는 것을 방지한다. LAM은 도시의 모든 교통 자원을 실시간으로 재분배하고 조율하여, 도시 교통 시스템의 회복탄력성을 극대화한다.

2.4. 도시건축설계: 설계-제조-시공 프로세스 통합 자동화

건축가의 디지털 설계(BIM)가 실제 건물로 지어지는 과정은 자재 주문, 공장 제작, 현장 조립 등 여러 단계로 단절되어 있어 비효율과 오류가 발생하기 쉽다. LAM은 이 전 과정을 하나로 통합하여 관리하고 실행한다.

가상 적용 사례

AI 기반 자동화 건설 관리자

(1) 입력 데이터/지시: 건축가가 보행자 다리의 3D BIM 설계를 최종 완료하고 '건설 실행' 버튼을 누른다.

(2) LAM의 역할: 'UEI'는 설계 모델을 물리적 현실로 구현하는 총괄 프로젝트 매니저(PM) 역할을 수행한다.

1. 분석 및 분해: 3D 모델을 분석하여 필요한 모든 부재(강철 빔, 콘크리트 패널, 볼트 등)의 목록과 정확한 치수, 수량을 자동으로 산출한다.
2. 자재 주문 API 실행: 산출된 목록을 바탕으로 여러 자재 공급업체의 API에 접속하여 실시간으로 견적을 비교하고, 품질, 비용, 납기를 고려하여 최적의 공급업체에 자동으로 주문을 넣는다.
3. 디지털 제작(Fabrication) API 실행: 주문과 동시에, 각 부재의 정밀한 제작을 위한 디지털 데이터(CAM 파일)를 해당 공장의 로봇 절단기, 3D 프린터 등으로 직접 전송하여 제작을 지시한다.
4. 물류 및 조립 로봇 제어: 제작이 완료된 부재의 운송을 위해 자율주행 트럭의 운행 스케줄을 예약한다. 건설 현장에서는 로봇 크레인과 조립 로봇에게 각 부재를 어떤 순서로, 어떻게 조립해야 하는지에 대한 작업 명령을 내린다. 드론이 현장을 실시간으로 스캔하며, 실제 조립 상황이 원래의 3D 모델과 일치하는지 밀리미터 단위로 검증한다.

(3) **산출 결과:** 건축가의 디지털 디자인이 최소한의 인간 개입으로, 오류 없이, 정해진 예산과 기간 내에 실제 물리적 구조물로 '건설'된다. LAM은 설계, 구매, 제작, 물류, 시공이라는 단절된 과정을 하나의 완벽한 자동화 워크플로우로 통합한다.

주제 4

AI는 맥컬럭-피츠모델, 햅이론, 퍼셉트론, AI, 딥러닝 순으로 개발: 뇌의 모방에서 스스로 학습하는 지능까지

인공지능(AI)의 발전사는 인간의 뇌를 이해하고 그 작동 원리를 기계로 구현하려는 끊임없는 탐구의 역사와 같다.

(1) AI 발전사의 여정은 뇌세포(뉴런)의 가장 단순한 작동 방식을 모방한 '맥컬럭-피츠 모델'에서 시작하여, 학습의 원리를 제시한 '헵 이론', 가중치를 학습하는 '퍼셉트론'을 거쳐, 포괄적인 '인공지능' 시대를 열고 마침내 스스로 깊이 있게 학습하는 '딥러닝'에 이르렀다.

AI 발전사의 여정은 뇌세포(뉴런)의 가장 단순한 작동 방식을 모방한 '맥컬럭-피츠 모델'에서 시작하여, 학습의 원리를 제시한 '헵 이론', 가중치를 학습하는 '퍼셉트론'을 거쳐, 포괄적인 '인공지능' 시대를 열고 마침내 스스로 깊이 있게 학습하는 '딥러닝'에 이르렀다.

소주제
1

인공지능으로의 초기 관문: 앨런 튜링의 튜링 테스트

AI의 창시자는 1936년 '튜링 기계의 제작과 1950년 '튜링 테스트'를 제안한 앨런 튜링이다.

1948년 튜링(Turing)은 기계가 지능적 행동을 나타낼 수 있도록 하는 방법을 논의한 보고서 '지능을 가진 기계(Intelligent Machinery)'를 발표했다. 무한한 저장공간만 있다면 이 세상의 모든 문제를 풀 수 있는 기계가 가능한데, 이를 '튜링 머신(Turing Machine)'이라고 한다

인공지능으로의 관문, 튜링 테스트(Turing Test), 대학원신문

The Turing Machine at Bletchley Park. Douglas Hoyt/Flickr (CC BY-NC-ND 2.0)

(1) **튜링 테스트의 목표:** 튜링 테스트의 핵심 목표는 기계가 인간과 얼마나 유사하게 대화할 수 있는지를 기준으로 그 기계의 지능을 판별하는 데 있다. 튜링은 '생각'이라는 모호한 개념을 정의하는 대신, 관찰 가능한 행동, 즉 '대화'를 통해 지능을 측정하는 실용적인 방법을 제안하였다.

실험은 '이미테이션 게임(Imitation Game)'이라는 형태로 진행된다. 심문자(C)가 물리적으로 격리된 공간에 있는 인간(B)과 기계(A)와 오직 텍스트로만 대화를 나눈다. 심문자는 대화 내용을 바탕으로 어느 쪽이 인간이고 어느 쪽이 기계인지를 구별해야 한다. 이 과정에서 기계는 자신이 인간이라고 심문자를 속이려 시도한다. 만약 심문자가 일정 시간 동안의 대화 끝에 기계와 인간을 구분하지 못하거나, 기계를 인간으로 판단할 확률이 유의미하게 높다면, 해당 기계는 튜링 테스트를 통과한 것으로 간주되며 '생각하는 기계'로 볼 수 있다는 것이 튜링의 주장이었다.

(2) **적용 기술:** 튜링 테스트를 통과하기 위한 인공지능 시스템은 인간의 언어를 이해하고 생성하는 고도의 기술을 필요로 한다. 핵심적으로 요구되는 기술은 자연어 처리(Natural Language Processing, NLP)이다. 이는

인간의 언어를 컴퓨터가 이해하고 처리하며 생성할 수 있도록 하는 인공지능의 한 분야이다. 규칙 기반 방식은 정해진 패턴을 벗어나는 창의적이거나 복잡한 대화에 대응하는 데 명백한 한계를 보였다. 기술이 발전함에 따라, 대규모 데이터로부터 스스로 패턴을 학습하는 기계 학습(Machine Learning)과 딥러닝(Deep Learning) 기술이 도입되었다.

특히 단어의 의미를 벡터 공간에 표현하는 워드 임베딩(Word Embedding) 기술(예: Word2Vec, GloVe)의 등장은 기계가 단어 간의 의미적, 문법적 관계를 파악하는 것을 가능하게 하였다. 더 나아가, 문맥 전체를 이해하고 장기적인 의존성을 학습할 수 있는 순환 신경망(Recurrent Neural Network, RNN)과 이를 발전시킨 트랜스포머(Transformer) 아키텍처의 개발은 자연어 처리 기술의 비약적인 발전을 이끌었다.

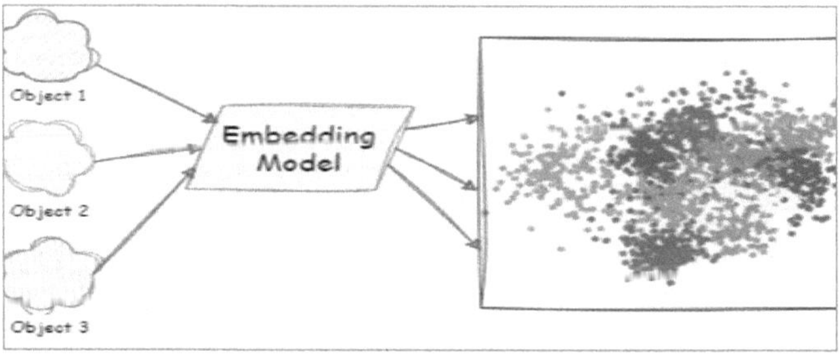

Understanding Embeddings in AI https://www.linkedin.com/uas/login-submit

(3) **역할과 위상:** 첫째, 인공지능 연구의 철학적, 방법론적 토대를 제공하였다. '기계의 사고'라는 추상적인 문제를 '인간과 구별 불가능성'이라는 경험적이고 측정 가능한 문제로 전환함으로써, 인공지능 연구에 구체적인 목표를 제시하고 과학적 논의의 장을 열었다. 둘째, 자연어 처리 기술 발전의 촉매제 역할을 하였다. 인간과의 자연스러운 대화는 인공지능

이 해결해야 할 가장 어려운 과제로 여겨졌고, 튜링 테스트를 통과하려는 노력은 곧 자연어 이해, 생성, 추론 등 NLP의 핵심 기술들을 발전시키는 강력한 동기가 되었다. 셋째, 대중과 소통하는 인공지능의 상징이 되었다. 튜링 테스트는 전문가가 아닌 일반 대중도 인공지능의 개념과 그 발전 수준을 직관적으로 이해할 수 있게 만드는 역할을 했다. 이는 공상과학 소설이나 영화 등 다양한 매체를 통해 인공지능에 대한 사회적 담론을 형성하는 데 기여했다.

(4) **활용 예시**: 튜링 테스트는 그 자체로 하나의 실험이자, 다양한 인공지능 시스템의 성능을 평가하고 발전시키는 기준으로 활용되어 왔다. 가장 대표적인 활용 예시는 챗봇(Chatbot)과 대화형 AI의 개발이다.

소주제

2

맥컬럭-피츠 모델(McCulloch-Pitts Model, 1943): '최초의 인공 뉴런, 생각의 스위치를 켜다'

맥컬록-피츠 : 인공지능의 결정적 인물들 (2)딥러닝의 시초, 월터 피츠, 레티웍스

인공지능의 여명은 뇌의 가장 기본 단위인 뉴런을 수학적으로 어떻게 표현할 수 있을까라는 질문에서 시작되었다. 신경생리학자 워런 맥컬럭과 논리학자 월터 피츠는 최초의 인공 뉴런 모델을 제시하며 그 서막을 열었다.

(1) **목표:** 뇌의 뉴런이 전기 신호를 받아 '활성화(fire)'되거나 '비활성화(not fire)'되는 이진법적(binary) 작동 원리를 수학적 논리 회로로 모델

링하는 것이었다. 복잡한 사고 과정이 아닌, '신호를 받고, 처리하고, 전달하는' 가장 단순한 뉴런의 기능적 모방이 핵심 목표이다.

(2) **적용 기술**: '임계값(Threshold)'을 가진 논리 회로로 구현된다. 여러 개의 입력 신호가 들어왔을 때, 그 신호들의 합이 설정된 임계값을 넘으면 1(활성화)을 출력하고, 넘지 못하면 0(비활성화)을 출력한다. 이는 컴퓨터 과학의 기본 논리 게이트(AND, OR, NOT)를 구현할 수 있는 기초가 된다.

(3) **역할**: 뇌의 활동이라는 생물학적 현상을 계산 가능한 영역으로 끌어온 최초의 시도라는 점에서 역사적 의의를 가진다. 이는 '생각하는 기계'의 가능성을 이론적으로 제시한, 인공 신경망 분야의 '아담'과 같은 존재이다.

(4) **활용 예시**(개념적): '어두우면서 동시에 추우면 보일러를 켜라'는 간단한 명령을 생각해보자. '어둡다'는 입력 신호 1, '춥다'는 입력 신호 1이 동시에 들어왔을 때, 두 신호의 합(2)이 미리 설정된 임계값(예: 1.5)을 넘으면, 보일러를 켜라는 출력 신호 1을 내보내는 자동 스위치와 같다. 이 모델 자체는 학습 능력이 없어 임계 값을 사람이 직접 설정해야만 했다.

소주제 3

헵 이론(Hebbian Theory, 1949): '함께 활성화되면, 더 강하게 연결된다' - 학습의 원리를 제시하다

도널드 헵(Donald Olding Hebb)의 신경심리학, 레포트 샵

맥컬럭-피츠 모델이 뉴런의 '작동'을 모방했다면, 심리학자 도널드 헵은 뉴런들이 어떻게 '학습'하고 '기억'하는지에 대한 가설을 제시했다.

(1) **목표:** "함께 활성화되는 뉴런은 서로 간의 연결 강도가 강해진다(Neurons that fire together, wire together)"는 말로 요약되는 학습의 생물학적 메커니즘을 설명하는 것이다. 경험을 통해 뇌의 연결망이 어떻게 물리적으로 변하며 기억을 형성하는지에 대한 이론적 토대를 제공했다.

(2) **적용 기술:** 특정 규칙이나 알고리즘이라고 보다는 '학습 규칙(Learning Rule)'에 대한 핵심 원리이다. 두 뉴런(A와 B)이 동시에 활성화될 때, 두 뉴런 사이의 연결 강도(시냅스 가중치)를 높여주는 방식으로 작동한다. 이는 연상 학습의 기초가 된다.

(3) **역할:** AI에게 '학습'이라는 개념을 부여한 철학적 토대가 된다. 뉴런 간의 '연결 강도(가중치)'를 조절함으로써 학습이 가능하다는 아이디어를 제공했으며, 이는 이후 퍼셉트론을 포함한 모든 신경망 학습 알고리즘의 근본적인 영감이 된다.

(4) **활용 예시(개념적):** 아기가 '레몬'을 볼 때(시각 뉴런 A 활성화) 동시에 신맛을 느껴 침을 흘린다고(미각 뉴런 B 활성화) 가정하자. 이 경험이 반복되면, A 뉴런과 B 뉴런의 연결은 매우 강해진다. 나중에는 레몬을 보기만 해도(A만 활성화돼도) 강하게 연결된 B 뉴런이 함께 활성화되어 저절로 침을 흘리게 되는 '조건 반사'와 같은 연상 기억의 원리를 설명한다.

소주제

4

퍼셉트론(Perceptron, 1957): '스스로 눈금 배우는 저울' - 최초의 학습 알고리즘

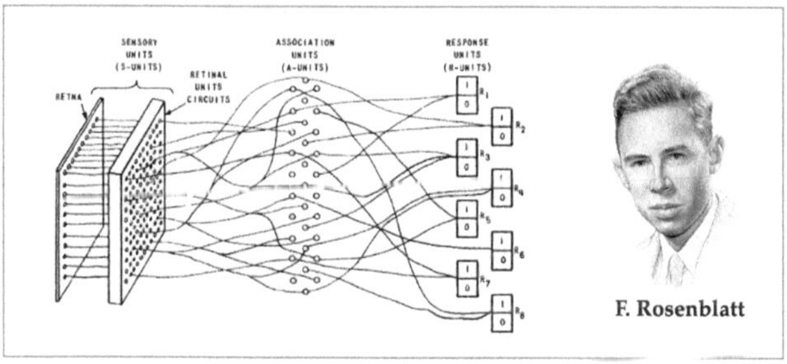

Towards Geometric Deep Learning II :
The Perceptron Affair, Toward Data Science

프랭크 로젠블랫은 헵 이론의 원리를 실제 기계 학습 모델로 구현한 '퍼셉트론'을 개발했다. 이는 스스로 학습하는 최초의 인공 신경망으로 평가된다.

(1) **목표:** 입력된 데이터를 두 그룹으로 자동 분류(Binary Classification)하는 것이 목표이다. 특히, 기계가 시행착오를 통해 스스로 '가중치(weights)'를 조절하여 정답을 찾아가도록 하는, 진정한 의미의 학습 능력을 구현하고자 했다.

(2) **적용 기술:** 가중합(Weighted Sum)과 활성화 함수 구조를 가진다. 각 입력 신호에 고유한 '가중치(중요도)'를 곱하여 모두 더한 뒤, 그 결과가 임계 값을 넘는지 판단한다. 핵심은 **'오류가 발생하면 가중치를 업데이트'**하는 학습 규칙이다. 예측이 틀리면, 정답 방향으로 가중치를 조금씩 수정(오류를 줄이는 방향으로 업데이트)하는 과정을 반복한다.

(3) **역할:** '가중치'와 '학습'이라는 인공 신경망의 핵심 요소를 실제로 작동하는 알고리즘으로 구현한 최초의 학습 모델이다. 비록 간단한 선형 문제만 풀 수 있다는 한계(XOR 문제)로 인해 AI 겨울을 초래하기도 했지만, 딥 러닝을 포함한 현대 신경망의 직계 조상이라는 중요한 역할을 한다.

(4) **활용 예시:** 사과와 오렌지를 구분하는 과일 판별기를 만든다고 가정하자. '색깔(붉은 정도)'과 '모양(둥근 정도)'이라는 두 가지 특징을 입력 받는다. 퍼셉트론은 처음에는 무작위 가중치로 시작하여 과일을 엉터리로 분류한다. 사과 사진을 넣었는데 오렌지라고 예측하면, '붉은색' 특징의 가중치를 높이고 '둥근 정도'의 가중치를 조절하는 식으로 스스로 '눈금'을 조정한다. 이 과정을 수백 번 반복하면, 결국 사과와 오렌지를 잘 구분하는 최적의 가중치 조합을 찾아내는 '스스로 눈금을 배우는 저울'처럼 작동한다.

소주제 5

인공지능(Artificial Intelligence, 1956~): '인간의 지능을 탐구하는 광대한 영토'

퍼셉트론 이후, AI 연구는 신경망 뿐만 아니라 인간의 논리, 추론, 탐색, 지식 표현 등 다양한 지능적 행동을 모방하려는 광범위한 분야로 확장되었다. 이 시기의 인공지능은 특정 모델이 아닌, '지능적 기계'를 만들려는 모든 연구 활동을 포괄한다.

(1) **목표**: 학습 뿐만 아니라 인간의 고차원적인 지적 능력, 즉 추론, 문제 해결, 지식 표현, 계획 수립 등을 기계로 구현하는 것을 포괄적인 목표로 삼는다.

(2) **적용 기술**: 신경망 외에도 규칙 기반 시스템(Rule-based System), 전문가 시스템(Expert System), 탐색 알고리즘(Search Algorithm), 지식 베이스(Knowledge Base) 등 다양한 접근법이 시도되었다.

(3) **역할**: AI를 하나의 학문 분야로 정립하고, 다양한 이론적 접근을 통해 지능의 본질을 탐구하는 '학문적 영토'를 구축했다. 비록 여러 번의 'AI 겨울'을 겪었지만, 이 시기의 다양한 성공과 실패는 훗날 딥러닝 부흥의 자양분이 된다.

(4) **활용 예시:** 1980년대의 '의료 진단 전문가 시스템'이 대표적이다. 수백 명의 의사들이 가진 질병 진단에 대한 지식과 경험을 '만약 A 증상과 B 검사 결과가 나타나면, C 질병일 확률이 높다'는 식의 수많은 'IF-THEN' 규칙으로 만들어 컴퓨터에 입력한다. 의사가 이 시스템에 환자의 증상을 입력하면, 시스템이 저장된 규칙에 따라 가능한 병명을 제시해주는 '디지털 의학 대백과사전'과 같은 역할을 했다.

소주제 6

딥러닝(Deep Learning, 2000년대 중반~): '스스로 특징을 발견하는 깊은 신경망'

퍼셉트론의 한계와 AI 겨울을 극복하고, 강력해진 컴퓨팅 파워와 빅데이터에 힘입어 인공 신경망은 다시 부흥한다. 특히 신경망을 매우 깊게(deep) 쌓아 올려 복잡한 문제에서 인간을 뛰어넘는 성능을 보이면서 딥러닝 시대가 열렸다.

(1) **목표:** 깊은 신경망을 통해 데이터에 내재된 복잡하고 추상적인 특징(feature)을 기계가 스스로 학습하여, 이미지 인식, 음성 이해, 자연어 처리 등 인간의 고유 영역으로 여겨졌던 문제들을 해결하는 것이다.

(2) **적용 기술:** 다층(Multi-layered) 구조의 인공 신경망이 핵심이다. 입력층에 가까운 초기 계층에서는 선, 경계와 같은 단순한 특징을 학습하고, 출력층에 가까운 상위 계층으로 갈수록 이들을 조합하여 눈, 코, 입, 얼굴 형태와 같은 복잡하고 추상적인 특징을 계층적으로 학습한다. CNN(합성곱 신경망), RNN(순환 신경망) 등이 대표적이다.

(3) **역할:** 과거 인간이 직접 설계해주어야 했던 '특징'을 기계가 데이터로부터 직접 학습하는 '특징 학습(Feature Learning)'의 자동화를 이루었다. 이를 통해 AI의 성능을 비약적으로 발전시켰으며, 현대의 거의 모든 AI 서비스(음성 비서, 이미지 검색, 번역, 자율주행 등)의 기반 기술이 되는 '현대 AI의 엔진' 역할을 한다.

(4) **활용 예시:** 고양이 사진 인식 과정을 예로 들 수 있다. 딥러닝 모델의 첫 번째 층은 사진에서 단순한 '수직선', '수평선', '곡선' 등을 감지한다. 두 번째 층은 이 선들을 조합하여 '뾰족한 귀 모양', '동그란 눈 모양', '고양이 수염 형태' 등을 인식한다. 마지막 층에서는 이 중간 특징들을 모두 조합하여 최종적으로 '이 사진은 고양이다'라고 판단한다. 이는 마치 아기가 사물을 부분에서 전체로 인지해가는 과정과 유사하며, 사람이 '고양이의 특징'을 알려주지 않아도 스스로 학습하는 '자율적인 시각 인지 시스템'으로 작동한다.

주제 5

생성형 AI(Generative AI)가 어떻게 도시의 새로운 청사진을 그리는가?

소주제 1

새로운 창조의 시대: 생성형 AI란 무엇인가?

인공지능(AI)의 역사는 데이터를 분석하고 분류하는 '판단'의 시대를 지나, 이제껏 존재하지 않던 무언가를 만들어내는 '창조'의 시대로 진입하고 있다. 그 중심에 바로 생성형 AI(Generative AI)가 자리한다.

Generative Ai City Pictures | Freepik

1. 생성형 AI의 정의, 배경, 대표사례, 핵심 아키텍처

(1) 기존의 AI는 주어진 사진이 고양이인지 강아지인지 판별하고(분류), 내일의 주가를 예측하며(예측), 데이터의 이상 징후를 찾아낸다(분석).

기존의 AI를 '날카로운 눈을 가진 비평가'에 비유할 수 있다. 이 비평가는 주어진 사진이 고양이인지 강아지인지 판별하고(분류), 내일의 주가를 예측하며(예측), 데이터의 이상 징후를 찾아낸다(분석).

(2) 생성형 AI는 '무한한 상상력을 가진 예술가'와 같다.

생성형 AI는 '무한한 상상력을 가진 예술가'와 같다. 이 예술가는 "슬픈 느낌의 비 오는 도시 풍경을 그려줘"라는 말 한마디에 새로운 그림을 창조하고, 소설의 다음 챕터를 써 내려가며, 아름다운 멜로디와 코드를 작곡한다.

(3) 생성형 AI는 학습한 데이터를 기반으로 텍스트, 이미지, 오디오, 코드 등 새로운 디지털 콘텐츠를 '생성'하는 것을 목적으로 한다.

즉, 생성형 AI는 학습한 데이터를 기반으로 텍스트, 이미지, 오디오, 코드 등 새로운 디지털 콘텐츠를 '생성'하는 것을 목적으로 하는 인공지

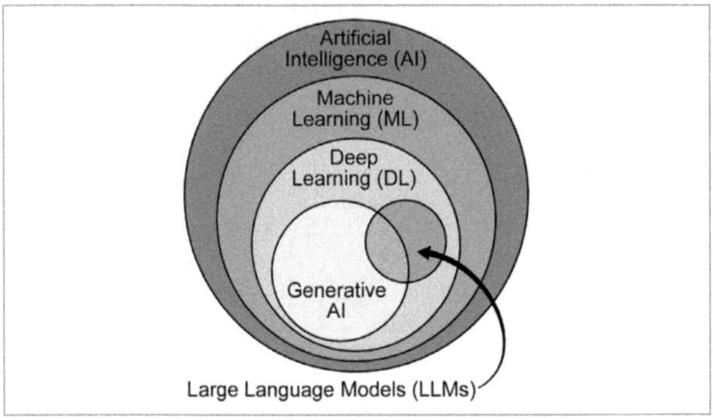

https://www.researchgate.net

능의 한 분야라고 정의된다.

1.1. 생성형 AI의 등장의 배경

(1) 2017년 등장한 트랜스포머(Transformer) 아키텍처는 AI가 언어의 미묘한 맥락을 이해하는 방식을 혁신했다.

2020년대에 들어 생성형 AI가 폭발적인 발전을 이룬 배경에는 '기술적 삼위일체'가 존재한다. 첫째, 혁신적인 알고리즘의 발전이다. 특히 2017년 등장한 트랜스포머(Transformer) 아키텍처는 AI가 언어의 미묘한 맥락을 이해하는 방식을 혁신했다.

(2) AI는 인터넷의 모든 텍스트와 수십억 장의 이미지를 '교과서' 삼아 인류의 지식과 창의성을 통째로 학습한다

둘째, 상상조차 할 수 없었던 규모의 방대한 데이터이다. AI는 인터넷의 모든 텍스트와 수십억 장의 이미지를 '교과서' 삼아 인류의 지식과 창의성을 통째로 학습한다.

(3) GPU(그래픽 처리 장치)의 발전은 거대한 모델과 방대한 데이터를 처리할 수 있는 강력한 '엔진' 역할을 수행했다

셋째, 이 모든 것을 뒷받침하는 강력한 컴퓨팅 파워이다. GPU(그래픽 처리 장치)의 발전은 거대한 모델과 방대한 데이터를 처리할 수 있는 강력한 '엔진' 역할을 수행했다.

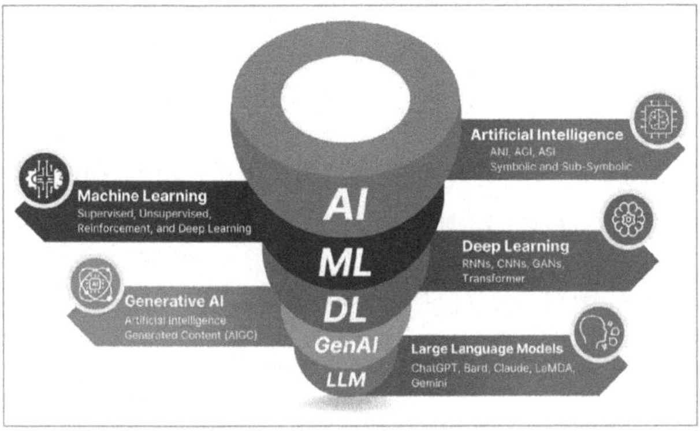

Position of Generative AI, Kevin David Shields

1.2. 패러다임의 전환

생성형 AI의 등장은 인류가 정보를 다루는 방식의 근본적인 전환을 의미한다. 과거 우리는 정보의 '소비자'로서, 검색 엔진이 찾아준 링크를 탐색하고 지식을 수동적으로 습득했다.

(1) 우리는 AI와 대화하고 아이디어를 발전시키는 정보의 '공동 생산자'가 된다

그러나 이제 우리는 AI와 대화하고 아이디어를 발전시키는 정보의 '공동 생산자'가 된다.

(2) AI가 생성한 결과물을 바탕으로 생각을 다듬어 나가는 능동적 상호작용의 시대가 열린 것이다.

"마케팅 전략의 초안을 잡아줘"라고 요청하고, AI가 생성한 결과물을 바탕으로 생각을 다듬어 나가는 능동적 상호작용의 시대가 열린 것이다.

1.3. 대표 사례 소개

생성형 AI의 개념은 구체적인 사례를 통해 더욱 명확 해진다.

(1) 'ChatGPT'는 어떤 질문에도 막힘이 없이 답하는 '척척박사 대화 상대'이며, 사용자와 함께 글을 쓰고 코드를 짜는 만능 비서이다.

'ChatGPT'는 어떤 질문에도 막힘이 없이 답하는 '척척박사 대화 상대'이며, 사용자와 함께 글을 쓰고 코드를 짜는 만능 비서이다.

(2) 'Midjourney'와 'DALL-E'는 "우주복을 입고 말을 타는 우주인의 모습을 유화 스타일로 그려줘"와 같은 복잡한 상상을 현실의 이미지로 구현해내는 '마법의 붓'과 같다.

'Midjourney'와 'DALL-E'는 "우주복을 입고 말을 타는 우주인의 모습을 유화 스타일로 그려줘"와 같은 복잡한 상상을 현실의 이미지로 구현해내는 '마법의 붓'과 같다. 이러한 도구들은 더 이상 전문가의 전유물이 아니라, 누구나 창작의 기쁨을 누릴 수 있게 하는 대중적인 기술로 자리 잡고 있다.

1.4. 핵심 아키텍처 '트랜스포머'

(1) 생성형 AI 혁명의 심장에는'트랜스포머(Transformer)'라는 모델 구조가 있다. 트랜스포머의 가장 중요한 혁신은 '어텐션 메커니즘(Attention Mechanism)'이다.

생성형 AI 혁명의 심장에는 '트랜스포머(Transformer)'라는 모델 구조가 있다. 트랜스포머의 가장 중요한 혁신은 '어텐션 메커니즘(Attention Mechanism)'으로, 이는 '문장의 핵심을 꿰뚫어 보는 능력'에 비유할 수 있다.

(2) 어텐션은 AI에게 문장 내 모든 단어의 관계를 동시에 계산하여 어떤 단어가 서로에게 중요한 영향을 미치는지 파악하고, 이를 통해 복잡한 문장의 맥락을 정확하게 이해하게 한다.

"왕자가 공주를 구했지만, 그는 매우 지쳐 있었다"라는 문장에서, '그'가 '왕자'를 가리킨다는 것을 인간은 쉽게 알 수 있다. 어텐션은 AI에게 바로 이 능력을 부여한다. 문장 내 모든 단어의 관계를 동시에 계산하여 어떤 단어가 서로에게 중요한 영향을 미치는지 파악하고, 이를 통해 복잡한 문장의 맥락을 정확하게 이해하는 것이다.

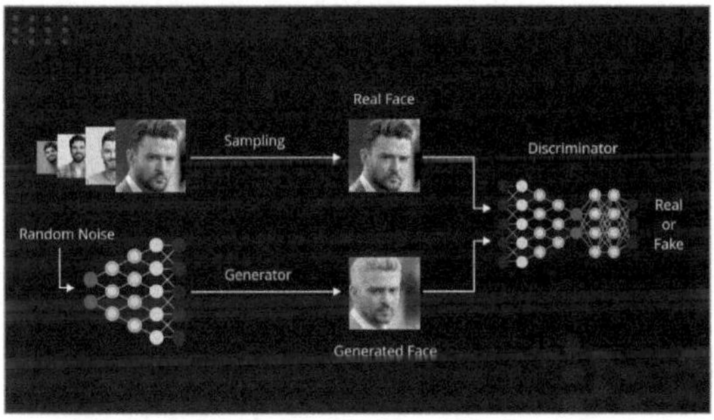

How to build a generative AI model for image synthesis?LeewayHertz

1.5. 생성형 AI의 학습 방식

생성형 AI는 주로 두 가지 방식으로 학습하며 창조의 능력을 터득한다.

1.5.1. 생성형 AI의 LLM (초거대 언어 모델)기반 학습법

(1) LLM의 학습 원리는 의외로 단순한 '다음 단어 예측하기' 게임과 같다.

LLM의 학습 원리는 의외로 단순한 '다음 단어 예측하기' 게임과 같다. "세상의 모든 책을 읽은 도서관 사서"를 상상해 보자. 이 사서는 책의 내용을 '이해'하지는 못하지만, 수억 번 반복된 패턴을 통해 "대한민국의 수도는"이라는 말 다음에는 "서울"이라는 단어가 나올 확률이 압도적으로 높다는 것을 통계적으로 안다. LLM은 이 원리를 극대화한 것이다.

(2) 방대한 텍스트를 학습하며 단어와 단어 사이의 확률적 연결망을 구축하고, 이를 통해 가장 그럴듯한 다음 단어를 연이어 예측함으로써 완결된 문장과 글을 생성해낸다.

방대한 텍스트를 학습하며 단어와 단어 사이의 확률적 연결망을 구축하고, 이를 통해 가장 그럴듯한 다음 단어를 연이어 예측함으로써 완결된 문장과 글을 생성해낸다.

1.5.2. 생성형 AI의 확산 모델 (Diffusion Model)의 학습법

(1) 생성 AI가 주로 사용하는 방식은 '안개 속에서 형체를 빚어내는 조각가'이다. 캔버스 위의 노이즈를 단계적으로 아주 조금씩 제거해 나간다. 이 과정을 수십, 수백 번 반복하면, 마침내 노이즈가 모두 걷히고 선명한 이미지가 그 모습을 드러내는 것이다.

이미지 생성 AI가 주로 사용하는 이 방식은 '안개 속에서 형체를 빚어내는 조각가'에 비유할 수 있다. 먼저, 완전한 노이즈(정적 화면)로 가득 찬 캔버스에서 시작한다. AI는 수백만 장의 실제 이미지를 통해 '이미지가 아닌 부분(노이즈)'이 어떤 특징을 갖는지 학습했다.

이 지식을 바탕으로 캔버스 위의 노이즈를 단계적으로 아주 조금씩 제거해 나간다. 이 과정을 수십, 수백 번 반복하면, 마침내 노이즈가 모두 걷히고 선명한 이미지가 그 모습을 드러내는 것이다.

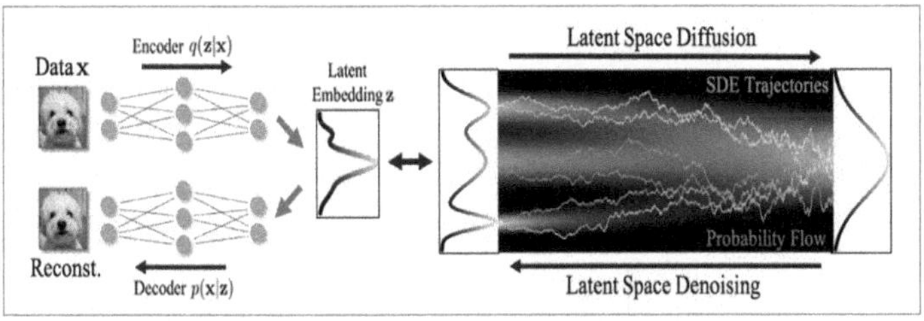

Latent Diffusion Models: Is the Generative AI Revolution Happening in Latent Space? https://neurips2023-ldm-tutorial.github.io/

1.6. 생성형 AI데이터의 역할

(1) 인터넷의 모든 텍스트, 수십억 장의 이미지와 설명 글, 수많은 음악과 코드 등 인류가 쌓아 올린 디지털 유산 전체가 AI의 지식과 창의력의 원천이 된다.

만약 생성형 AI가 셰프라면, 데이터는 그가 사용하는 '세상의 모든 식재료'이다. 셰프가 좋은 식재료를 많이 가질수록 더 다양하고 훌륭한 요리를 만들 수 있듯, AI 역시 방대하고 질 좋은 데이터를 학습할수록 더 정교하고 창의적인 결과물을 생성한다.

인터넷의 모든 텍스트, 수십억 장의 이미지와 설명 글, 수많은 음악과 코드 등 인류가 쌓아 올린 디지털 유산 전체가 AI의 지식과 창의력의 원천이 되는 셈이다.

2. 생성형 AI(Generative AI)의 도시 분야별 적용 가상 시나리오

생성형 AI는 기존 데이터를 학습하여 텍스트, 이미지, 코드, 3D 모델 등 새롭고 독창적인 콘텐츠를 '생성'하는 인공지능 기술의 총칭이다. 도시 분야에서 생성형 AI는 단순히 데이터를 분석하거나 예측하는 것을 넘어,

도시의 미래에 대한 다양한 대안과 구체적인 설계안을 직접 만들어내는 '창의적 파트너'로서의 역할을 수행한다. 이는 복잡한 도시 문제에 대한 해결책을 탐색하는 방식을 근본적으로 변화시킨다.

생성형 AI는 도시 전문가들의 창의성을 증강시키는 강력한 '가능성 탐색 엔진'이다. 인간의 직관과 AI의 방대한 생성 능력을 결합함으로써, 기존에는 상상하기 어려웠던 혁신적이고 효율적이며, 인간과 환경을 모두 고려한 도시 솔루션을 발견하는 데 결정적인 기여를 하게 될 것이다.

2.1. 도시계획: 다양한 미래 시나리오 및 마스터플랜 생성

하나의 마스터플랜을 수립하는 데에는 막대한 시간과 비용이 소요되어, 다양한 미래 가능성을 충분히 탐색하기 어렵다. 생성형 AI는 이 한계를 극복하고 여러 대안적 미래를 구체적으로 생성하여 제시한다.

가상 적용 사례

도시 미래 시나리오 생성 AI, '어반 제네시스(Urban Genesis)'

(1) **입력 데이터/지시**: 도시계획가가 폐쇄된 대규모 공업단지 부지에 대해 "탄소중립, 청년 인구 유입, 산업유산 보존"이라는 세 가지 핵심 목표를 자연어로 제시한다. 부지의 3D 지형 데이터, 관련 법규, 그리고 녹지비율 40% 이상, 에너지 자립도 70% 이상과 같은 핵심 성과 지표(KPI)를 함께 입력한다.

(2) **생성형 AI의 역할**: '어반 제네시스'는 이 목표와 제약조건을 충족하는 여러 개의 완전히 다른, 그러나 모두 실현 가능한 마스터플랜 시나리오를 종합적으로 생성한다.

1. 시나리오 A(생태기술 허브): 에너지 효율을 극대화한 스마트 오피스 빌딩과 수직 농장, 자율주행 셔틀이 유기적으로 연결된 첨단 기술 중심의 도시 3D 모델을 생성한다. 동시에, 이 모델의 경제적 타당성, 일자리 창출 효과, 탄소 저감량 등을 분석한 상세 보고서를 텍스트로 생성한다.
2. 시나리오 B(역사문화 공원): 기존 공장 건물을 로프트 아파트, 예술가 공방, 박물관으로 리모델링(재생)하고, 부지 중앙에 거대한 공원을 배치하는 대안을 3D 모델과 사실적인 렌더링 이미지로 생성한다. 시민들이 재생된 공간을 거닐 때 느낄 감성적 경험까지 시뮬레이션한다.
3. 시나리오 C(수변 압축 도시): 부지 내에 인공 수로를 조성하고, 그 주변으로 보행 친화적인 고밀 상업·주거 지역을 배치하는 혁신적인 공간구조를 생성한다. 나아가, 이러한 새로운 공간 유형에 필요한 용도지역, 건폐율, 용적률 등 맞춤형 도시계획 조례 초안까지 텍스트로 생성한다.

(3) **산출 결과:** 도시계획가와 시민들은 몇 시간이 아닌 몇 분 만에 생성된 여러 개의 구체적이고 시각적인 미래 대안들을 놓고 장단점을 비교, 토론하며 최적의 미래상을 선택할 수 있게 된다. 이는 계획 과정을 더욱 민주적이고 창의적으로 만든다.

2.2. 환경계획: 최적의 생태 공원 및 녹지 네트워크 설계안 생성

생물다양성 증진, 빗물 관리, 휴양 기능 제공 등 다양한 목표를 동시에 만족시키는 공원을 설계하는 것은 매우 복잡한 최적화 문제이다.

가상 적용 사례

AI 공원 설계 스튜디오

(1) **입력 데이터/지시:** 공원 부지의 3D 지형, 토양 성분, 강수량 데이터, 지역 고유의 동식물 목록, 그리고 "자연형 빗물 관리 시스템 도입", "지역 토착 수분 매개체(벌, 나비 등) 서식지 조성" 등의 환경 목표를 입력한다.

(2) **생성형 AI의 역할:** AI는 주어진 목표와 환경 조건에 맞춰 수백 가지의 공원 설계안을 생성한다.

1. 지형 생성: 빗물을 가장 효과적으로 흡수하고 정화할 수 있는 인공 습지(Bioswale)와 저류지의 위치, 형태, 규모를 최적화한 새로운 지형을 생성한다.
2. 식생 생성: 특정 곤충이나 새의 서식지가 될 수 있도록, 서로 공생하며 잘 자라는 토착 식물들로 구성된 '식물 군집'을 디자인하고, 이를 공원 전체에 최적으로 배치하는 식재 계획을 생성한다.
3. 동선 생성: 시민들의 휴식, 운동, 자연 학습 등 다양한 활동을 지원하면서도, 민감한 야생 동식물 서식지에 대한 간섭은 최소화하는 최적의 산책로 네트워크를 생성한다.

(3) **산출 결과:** 각각의 설계안에 대해 예상되는 빗물 저류 용량, 생물다양성 지수, 탄소 흡수량 등의 성능이 계량화된 대시보드가 함께 제

공된다. 또한, 식재된 나무들이 5년, 10년, 20년 후 어떻게 자라나 공원의 모습이 변해갈지를 예측한 사실적인 시뮬레이션 영상도 생성하여 장기적인 관점의 계획을 지원한다.

2.3. 교통 및 모빌리티 계획: 미래 수요 대응형 신규 대중교통 노선망 생성

도시 전체의 효율성을 극대화하는 새로운 대중교통 노선망을 설계하는 것은 거의 무한대에 가까운 경우의 수를 탐색해야 하는 난제이다.

가상 적용 사례

AI 교통망 생성기

(1) **입력 데이터/지시:** 현재 및 미래의 인구·고용 분포도, 통행 기종점(O/D) 데이터, 시형적 제약 조건(강, 산 등), 그리고 "교통 소외지역 접근성 극대화", "평균 통근시간 20% 단축"과 같은 정책 목표를 제시한다.

(2) **생성형 AI의 역할:** AI는 기존 노선에 얽매이지 않고, 주어진 조건과 목표를 만족시키는 수천 개의 완전히 새로운 대중교통 네트워크 시나리오를 생성하고 평가한다.

1. 노선 유형 생성: 전통적인 방사형 지하철망, 격자형 경전철망, 주요 간선축은 BRT(간선급행버스체계)로 연결하고 각 거점에서 자율주행 셔틀이 모세혈관 역할을 하는 하이브리드망 등 다양한 위계의 네트워크 구조를 생성한다.
2. 세부 계획 생성: 각 네트워크 대안별로 최적의 노선 경로, 정류장 및 환승역의 위치, 적정 배차 간격, 심지어 요금 체계까지 함께 생성한다.

(3) **산출 결과**: AI는 가장 효율적이고 실현 가능성이 높은 상위 10개의 네트워크 설계안을 보고서 형태로 제출한다. 각 안에는 총 건설비용, 예상 수송 분담률, 형평성 점수(사회적 약자에게 얼마나 유리한지), 탄소 배출 절감량 등이 명시된다. 이를 통해 정책 결정자는 극소수의 대안만을 검토하던 과거 방식에서 벗어나, 데이터에 기반하여 훨씬 폭넓은 선택지 중에서 최적의 결정을 내릴 수 있다.

2.4. 도시건축설계: 컨텍스트-반응형 건축 디자인 및 3D 모델 자동 생성

건축 설계 과정에서 가장 창의적이면서도 어려운 단계는 부지의 고유한 맥락에 반응하는 초기 디자인 컨셉을 구체화하는 것이다.

가상 적용 사례

건축가의 대화형 AI 뮤즈(Muse)

(1) **입력 데이터/지시**: 건축가가 3D 부지 모델, 관련 건축 법규(용적률, 높이 제한 등), 필요한 프로그램(상업, 업무, 주거 면적)을 입력하고, "이라크 출신 건축가 자하 하디드의 유기적인 형태에서 영감을 받되, 이 사진 속 테라코타(점토) 패널을 주재료로 사용하고, 남측 주거 유닛들의 일조량을 최적화해 줘" 와 같이 텍스트와 이미지를 혼합한 복합적인 프롬프트를 제시한다.

(2) **생성형 AI의 역할**: AI는 이 모든 조건을 만족하는 수백 개의 독창적인 3D 건물 디자인을 단 몇 초 만에 생성한다.

1. 형태 생성: 복잡한 높이 제한과 이격거리 규정을 모두 준수하면서, 유기적이고 조형미가 뛰어난 다양한 건물 매스(Mass)를 생성한다.

2. 입면 생성: 테라코타 패널의 크기, 색상, 배열 방식을 달리하며 건물의 표정을 다채롭게 만드는 수십 가지의 입면 디자인을 생성한다.
3. 렌더링 생성: 생성된 모든 디자인 대안에 대해, 특정 시간대의 햇빛이 건물에 어떻게 비치고 그림자를 만드는지 보여주는 사실적인 렌더링 이미지를 즉시 생성한다.

(3) **산출 결과:** 건축가는 단순히 그림을 그리는 대신, AI가 생성한 방대한 디자인 카탈로그를 탐색하며 자신의 직관과 철학에 맞는 안을 선택, 발전시키는 '큐레이터'이자 '지휘자'가 된다. 마음에 드는 안을 선택한 후 "이 디자인을 기반으로, 발코니를 더 넓게 만들고 옥상 정원을 추가한 버전을 보여줘" 와 같이 대화를 이어가며 디자인을 빠르고 유연하게 발전시킬 수 있다.

소주제

2

AI와 생성형 AI의 특징적인 차이

인공지능(AI)과 생성형 AI는 종종 혼용되어 사용되지만, 두 개념은 목표, 데이터 활용 방식, 적용 기술, 역할, 그리고 최종 산출물에서 명확한 차이를 보인다. 마치 동물을 분류할 때 '포유류'라는 넓은 범주와 그 안의 '고래'라는 특정 종을 구분하는 것과 같다. 모든 생성형 AI는 AI에 속하지만, 모든 AI가 생성형 AI인 것은 아니다. 두 기술의 본질적인 차이를 5가지 측면에서 심층적으로 비교 분석한다.

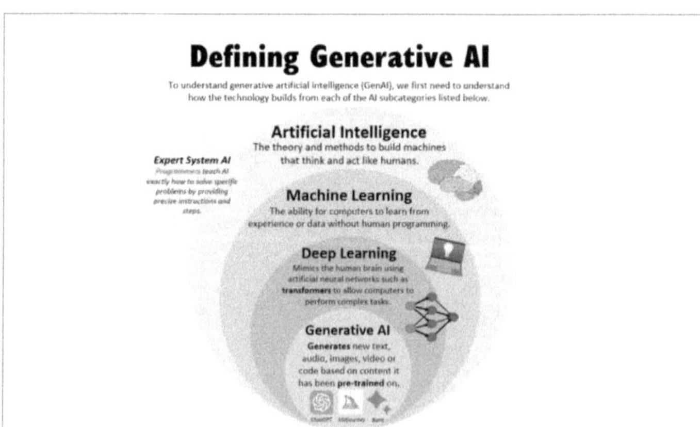

https://images.squarespace-cdn.com

1. 목표 (Goal): AI와 생성형 AI의 차이

1.1. 전통적 AI

(1) AI의 목표는 데이터를 기반으로 패턴을 학습하고, 이를 통해 분류(Classification), 예측(Prediction), 군집화(Clustering) 등 명확하게 정의된 문제를 해결하는 것을 포함한다.

AI의 근본적인 목표는 인간의 지능을 모방하고 특정 과업을 자동화하는 데 있다. 이는 주어진 데이터를 기반으로 패턴을 학습하고, 이를 통해 분류(Classification), 예측(Prediction), 군집화(Clustering) 등 명확하게 정의된 문제를 해결하는 것을 포함한다. 예를 들어, 스팸 메일을 필터링하거나, 신용카드 사기 거래를 탐지하고, 의료 영상을 분석해 질병의 유무를 판단하는 것이 AI의 전형적인 목표가 된다.

(2) AI의 목표는 주어진 데이터 안에서 '정답'을 찾아내는 것이다.

즉, 주어진 데이터 안에서 '정답'을 찾아내는 것에 집중한다.

1.2. 생성형 AI (Generative AI)

(1) 생성형 AI는 기존 데이터의 패턴을 학습하는 것을 넘어, 그 패턴을 기반으로 세상에 없던 독창적인 결과물을 만들어낸다.

생성형 AI는 한 걸음 더 나아가 새로운 콘텐츠와 아이디어를 창조(Creation)하는 것을 목표로 한다. 기존 데이터의 패턴을 학습하는 것을 넘어, 그 패턴을 기반으로 세상에 없던 독창적인 결과물을 만들어낸다.

(2) 생성형 AI는 정답을 찾는 것을 넘어, 사용자의 요구에 따라 새로운 텍스트, 이미지, 음악, 코드 등을 생성해내는 것이 핵심 목표이다

단순히 정답을 찾는 것을 넘어, 사용자의 요구에 따라 새로운 텍스트,

이미지, 음악, 코드 등을 생성해내는 것이 핵심 목표이다. 이는 기계가 '이해'를 넘어 '창의성'의 영역에 도전하는 것으로 볼 수 있다.

1.2. 데이터 활용 방법 (Data Utilization): AI와 생성형AI의 차이

1.2.1. 전통적 AI

(1) 전통적인 AI는 주로 분별 모델을 기반으로 데이터를 활용한다. 이는 데이터 간의 차이점과 경계를 학습하여 특정 입력이 어떤 범주에 속할지를 구별하는 방식이다.

전통적인 AI는 주로 분별 모델(Discriminative Model)을 기반으로 데이터를 활용한다. 이는 데이터 간의 차이점과 경계를 학습하여 특정 입력이 어떤 범주에 속할지를 구별하는 방식이다.

(2) 고양이와 개 사진을 수만 장 학습한 AI는 새로운 사진이 주어졌을 때, 사진 속 동물이 고양이인지 개인지 '구분'하는 데 데이터를 활용한다. 즉, 데이터의 특징을 추출하여 분류하고 예측하는 데 중점을 둔다.

예를 들어, 고양이와 개 사진을 수만 장 학습한 AI는 새로운 사진이 주어졌을 때, 사진 속 동물이 고양이인지 개인지 '구분'하는 데 데이터를 활용한다. 즉, 데이터의 특징을 추출하여 분류하고 예측하는 데 중점을 둔다.

1.2.2. 생성형 AI

(1) 수많은 고양이 사진을 학습한 생성형 AI는 사진들의 픽셀 분포, 형태, 질감 등 본질적인 특성을 이해하고, 이를 바탕으로 세상에 존재하지 않았던 새로운 고양이 이미지를 '생성'할 수 있다.

반면, 생성형 AI는 생성 모델(Generative Model)을 기반으로 데이터를 활용한다. 이는 데이터가 어떻게 생성되었는지, 그 근본적인 분포와 구조를 학습한다. 수많은 고양이 사진을 학습한 생성형 AI는 사진들의 픽셀 분포, 형태, 질감 등 본질적인 특성을 이해하고, 이를 바탕으로 세상에 존재하지 않았던 새로운 고양이 이미지를 '생성'할 수 있다.

(2) 생성형 AI는 단순히 데이터를 구별하는 것을 넘어, 데이터의 원리를 내재화 하여 새로운 데이터를 만들어내는 방식이다.

단순히 데이터를 구별하는 것을 넘어, 데이터의 원리를 내재 화하여 새로운 데이터를 만들어내는 방식이다.

1.3. 적용 기술 (Underlying Technology): AI와 생성형AI의 차이

1.3.1. 전통적 AI

(1) AI라는 분야는 지도학습(Supervised Learning)과 비지도학습(Unsupervised Learning) 기반의 알고리즘인 서포트 벡터 머신(SVM), 결정트리(Decision Tree), K-평균 군집화(K-Means Clustering) 등이 주로 활용된다.

AI라는 광범위한 분야는 머신 러닝(Machine Learning), 딥러닝(Deep Learning) 등 다양한 기술을 포괄한다. 특히 지도학습(Supervised Learning)과 비지도학습(Unsupervised Learning) 기반의 알고리즘인 서포트 벡터 머신(SVM), 결정 트리(Decision Tree), K-평균 군집화(K-Means Clustering) 등이 주로 활용된다.

(2) CNN(Convolutional Neural Networks)과 RNN(Recurrent Neural Networks) 같은 딥러닝 기술 역시 특정 과업(이미지 인식, 자연어 처리)에서 탁월한 성능을 보이며 AI 기술의 핵심을 이룬다

CNN(Convolutional Neural Networks)과 RNN(Recurrent Neural Networks)

같은 딥러닝 기술 역시 특정 과업(이미지 인식, 자연어 처리)에서 탁월한 성능을 보이며 AI 기술의 핵심을 이룬다.

1.3.2. 생성형 AI

(1) 생성형 AI 기술에서는 생성적 적대 신경망(GANs, Generative Adversarial Networks), 변이형 오토인코더(VAEs, Variational Autoencoders), 그리고 트랜스포머(Transformer) 아키텍처가 핵심 기술로 꼽힌다.

생성형 AI 기술 중에서도 특히 생성 모델에 특화된 기술들을 활용한다. 대표적으로 생성적 적대 신경망(GANs, Generative Adversarial Networks), 변이형 오토인코더(VAEs, Variational Autoencoders), 그리고 트랜스포머(Transformer) 아키텍처가 핵심 기술로 꼽힌다.

(2) 생성형 AI 기술 중에서도 트랜스포머는 대규모 언어 모델(LLM)의 기반이 되어 ChatGPT와 같은 서비스의 등장을 이끌고 있다.

특히 트랜스포머는 대규모 언어 모델(LLM)의 기반이 되어 ChatGPT와 같은 서비스의 등장을 이끌었으며, 방대한 데이터의 문맥을 이해하고 이를 바탕으로 논리적이고 창의적인 결과물을 생성하는 데 결정적인 역할을 한다.

1.4. 역할 (Role): AI와 생성형AI의 차이

1.4.1. 전통적 AI

(1) AI의 주된 역할은 데이터 분석을 통해 패턴을 발견하고 미래를 예측함으로써 인간이 더 정확하고 효율적으로 판단하고 행동할 수 있도록 지원하는데 있다.

AI의 주된 역할은 인간의 의사결정을 돕는 '조력자(Assistant)' 또는 특정 업무를 대신하는 '자동화 도구(Automation Tool)'에 가깝다.

데이터 분석을 통해 패턴을 발견하고 미래를 예측함으로써 인간이 더 정확하고 효율적으로 판단하고 행동할 수 있도록 지원한다. 공장의 생산 라인을 최적화하거나, 고객의 구매 패턴을 분석해 상품을 추천하는 등의 역할이 이에 해당한다.

1.4.2. 생성형 AI

(1) 디자이너에게 새로운 시안을 제안하고, 작가에게 소설의 다음 문장을 이어주며, 개발자에게는 코드 초안을 작성해주는 등 창의성이 요구되는 영역에서 인간과 협력하는 동반자적 관계를 형성한다

생성형 AI는 여기서 더 나아가 창의적인 아이디어를 제공하고 콘텐츠 제작 과정에 직접 참여하는 '창작 파트너(Creative Partner)'의 역할을 수행한다. 디자이너에게 새로운 시안을 제안하고, 작가에게 소설의 다음 문장을 이어주며, 개발자에게는 코드 초안을 작성해주는 등 창의성이 요구되는 영역에서 인간과 협력하는 동반자적 관계를 형성한다.

(2) 생성형 AI는 단순한 업무 보조를 넘어, 창작의 과정 자체를 변화시키는 역할을 의미한다.

이는 단순한 업무 보조를 넘어, 창작의 과정 자체를 변화시키는 역할을 의미한다.

1.5. 산출물 (Output): AI와 생성형AI의 차이

1.5.1. 전통적 AI

(1) AI의 산출물은 주로 수치적 예측, 분류 결과, 또는 특정 값으로 나타난다.

AI의 산출물은 주로 수치적 예측, 분류 결과, 또는 특정 값으로 나타난

다. 예를 들어, 내일의 주가 '예측치', 이메일의 '스팸 여부(이진 분류)', 사진 속 객체의 '종류(다중 분류)'와 같이 명확하고 정량적인 형태로 결과물이 도출된다. 이는 주로 분석 보고서나 시스템의 판단 값으로 활용된다.

1.5.2. 생성형 AI

(1) 생성형 AI의 산출물은 인간이 창작한 것과 유사한 비정형 데이터(Unstructured Data)이다. 사용자의 요구에 따라 생성된 '글', '그림', '음악', '영상', '코드' 등이 이에 해당한다.

생성형 AI의 산출물은 인간이 창작한 것과 유사한 비정형 데이터(Unstructured Data)이다. 사용자의 요구에 따라 생성된 '글', '그림', '음악', '영상', '코드' 등이 이에 해당한다.

(2) 기계가 만들어낸 '시' 한 편, '그림' 한 점이 바로 생성형 AI의 최종 산출물이 되는 것이다.

이는 단순한 숫자나 분류 값을 넘어, 그 자체로 고유한 의미와 내용을 담고 있는 콘텐츠라는 점에서 전통적인 AI의 산출물과 근본적인 차이를 보인다. 기계가 만들어낸 '시' 한 편, '그림' 한 점이 바로 생성형 AI의 최종 산출물이 되는 것이다.

2. 도시분야에서 AI와 생성형 AI는 무엇이 어떤 차이가 있는가?

(1) 도시분야에서는 AI가 주어진 데이터를 기반으로 도시 현상을 분석하고 예측하는 '유능한 분석가'의 역할을 수행한다

도시분야에서 인공지능(AI)과 생성형 AI는 도시의 미래를 형성하는 방식에 근본적인 차이를 가져온다. AI가 주어진 데이터를 기반으로 도시 현상을 분석하고 예측하는 '유능한 분석가'의 역할을 수행한다.

(2) 생성형 AI는 AI 분석을 넘어 새로운 도시 공간과 정책 대안을 창조하는 '혁신적인 설계자'의 역할을 담당한다.

생성형 AI는 그 분석을 넘어 새로운 도시 공간과 정책 대안을 창조하는 '혁신적인 설계자'의 역할을 담당한다. 두 기술은 상호 보완적이지만, 목표, 데이터 활용, 역할, 그리고 최종 산출물에서 뚜렷한 차이를 보이며 도시계획의 패러다임을 전환시킨다.

2.1. 도시분야에서 목표 설정: 문제 진단 vs. 대안 창조

2.1.1. 전통적 AI

(1) 도시분야에서 전통적 AI의 핵심 목표는 도시의 복잡한 문제를 진단하고 미래를 예측하는 데 있다.

도시분야에서 전통적 AI의 핵심 목표는 도시의 복잡한 문제를 진단하고 미래를 예측하는 데 있다. 교통량, 인구 이동, 에너지 소비량 등 방대한 도시 데이터를 분석하여 패턴을 식별하고, 이를 통해 특정 정책이 가져올 결과를 예측하거나 문제 지역을 식별한다.

(2) AI는 특정 지역의 5년 후 교통 수요와 교통체증 수준을 예측한다.

예를 들어, AI는 특정 지역의 5년 후 교통 체증 수준을 예측하거나, 범죄 발생 가능성이 높은 구역을 특정하는 등 주어진 조건 하에서의 최적화된 해답을 찾는 데 집중한다. 즉, '현상의 이해'와 '결과의 예측'이 주된 목표가 된다.

Generative AI and professional post-production:
Future fantasy or imminent reality? - Creative COW

2.1.2. 생성형 AI (Generative AI)

(1) 생성형 AI는 "보행자 친화적이면서 상업적으로 활성화된 도심 블록을 설계하라" 또는 "탄소 배출량을 30% 줄이는 새로운 토지이용계획 대안 3가지를 제시하라"와 같은 요구에 대해, 혁신적인 설계안과 정책 조합을 생성해낸다.

생성형 AI는 문제 진단을 넘어 새로운 도시 공간과 정책 시나리오를 능동적으로 창조하는 것을 목표로 한다. "보행자 친화적이면서 상업적으로 활성화된 도심 블록을 설계하라" 또는 "탄소 배출량을 30% 줄이는 새로운 토지이용계획 대안 3가지를 제시하라"와 같은 개방적인 요구에 대해, 기존에 없던 혁신적인 설계안과 정책 조합을 생성해낸다.

(2) 생성형 AI는 도시계획가의 창의적 파트너로서 '대안의 생성'과 '디자인의 탐색'을 목표로 삼는다.

이는 단순히 데이터를 분석하는 것을 넘어, 도시계획가의 창의적 파트너로서 '대안의 생성'과 '디자인의 탐색'을 목표로 삼는다.

2.2. 도시분야에서 데이터 활용법: 패턴 인식 vs. 패턴 학습 및 재창조

2.2.1. 전통적AI

(1) 전통적 AI는 과거의 토지이용 변화 패턴을 학습하여 미래의 도시 확장 방향을 예측하거나, 특정 입지 조건(교통 접근성, 주변 인프라 등)과 상업 시설의 성공 여부 간의 관계를 분석한다.

전통적 AI는 도시 데이터를 분류하고 예측하기 위한 패턴 인식(Pattern Recognition)에 활용한다. 과거의 토지이용 변화 패턴을 학습하여 미래의 도시 확장 방향을 예측하거나, 특정 입지 조건(교통 접근성, 주변 인프라 등)과 상업 시설의 성공 여부 간의 관계를 분석한다.

이는 주어진 데이터셋 내의 상관관계를 찾아내어 의사결정의 정확성을 높이는 방식이다. 데이터는 '정답을 맞히기 위한 교재'로 사용된다.

2.2.2. 생성형 AI:

(1) 생성형 AI는 데이터를 학습하여 내재된 디자인 원리나 공간 문법을 이해하고, 이를 바탕으로 새로운 결과물을 재창조한다.

생성형 AI는 데이터를 학습하여 내재된 디자인 원리나 공간 문법을 이해하고, 이를 바탕으로 새로운 결과물을 재창조한다. 수천 개의 성공적인 도시 광장 설계 데이터를 학습한 후, 주어진 대지 조건과 콘셉트에 맞는 새로운 광장 디자인을 여러 변형(variation)으로 생성할 수 있다.

(2) 생성형 AI는 데이터의 스타일과 구조를 체화 하여, 마치 경험 많은 건축가가 다양한 지식을 조합해 새로운 디자인을 스케치하듯 데이터를 활용하는 방식이다.

이는 데이터의 스타일과 구조를 체화 하여, 마치 경험 많은 건축가가 다양한 지식을 조합해 새로운 디자인을 스케치하듯 데이터를 활용하는 방식이다. 데이터는 '창작을 위한 영감의 원천'이 된다.

2.3. 도시분야에서 역할: 분석 보조자 vs. 창의적 협업자

2.3.1. 전통적 AI

(1) 전통적 AI는 도시계획 과정에서 AI의 역할은 주로 '데이터 기반 조언자(Data-driven Advisor)'에 국한된다.

도시계획 과정에서 AI의 역할은 주로 '데이터 기반 조언자(Data-driven Advisor)'에 국한된다. 도시계획가가 수립한 여러 대안에 대해 각각의 교통량 변화, 환경 영향 등을 시뮬레이션하고 정량적인 평가 지표를 제공한다.

(2) 전통적 AI는 인간이 설정한 가설을 검증하고, 복잡한 데이터 분석 업무를 자동화하여 계획가의 판단을 돕는 효율적인 보조 도구의 역할을 수행한다.

인간이 설정한 가설을 검증하고, 복잡한 데이터 분석 업무를 자동화하여 계획가의 판단을 돕는 효율적인 보조 도구의 역할을 수행한다.

2.3.2. 생성형 AI

(1) 생성형 AI는 '창의적 협업 파트너(Creative Collaborator)'로서 계획 과정에 직접 참여한다.

생성형 AI는 '창의적 협업 파트너(Creative Collaborator)'로서 계획 과정에 직접 참여한다. 계획가가 초기 아이디어를 제시하면, 생성형 AI가 이를 발전시킨 여러 3D 모델이나 조감도를 즉각적으로 생성하여 시각적인 소통을 돕는다.

(2) 생성형 AI는 복잡한 도시 규제(건폐율, 용적률 등)를 모두 만족시키면서 미학적으로도 우수한 여러 건물 배치안을 순식간에 탐색해 제시하는 등, 인간의 창의성과 기계의 생성 능력이 결합된 새로운 형태의 협업을 가능하게 한다.

복잡한 도시 규제(건폐율, 용적률 등)를 모두 만족시키면서 미학적으로도 우수한 여러 건물 배치안을 순식간에 탐색해 제시하는 등, 인간의 창의성과 기계의 생성 능력이 결합된 새로운 형태의 협업을 가능하게 한다.

2.4. 도시분야에서 산출물: 정량적 보고서 vs. 시각적 및 정책적 대안

2.4.1. 전통적 AI

(1) 전통적 AI의 최종 산출물은 수치, 그래프, 예측 지도와 같은 보고서 형태를 띤다. ‘A 지역의 상업지구 개발 시 예상되는 유동인구 증가율 15%’, ‘B 노선 신설 시 대중교통 분담률 5% 상승 예측’ 등과 같이 명료하고 해석 가능한 데이터로 제시된다

전통적 AI의 최종 산출물은 주로 수치, 그래프, 예측 지도와 같은 정량적 분석 보고서 형태를 띤다. ‘A 지역의 상업지구 개발 시 예상되는 유동인구 증가율 15%’, ‘B 노선 신설 시 대중교통 분담률 5% 상승 예측’ 등과 같이 명료하고 해석 가능한 데이터로 제시된다. 이는 정책 결정의 근거 자료로 활용된다.

2.4.2. 생성형 AI

(1) 생성형 AI는 사용자가 입력한 텍스트 묘사에 따라 생성된 도시 풍경 이미지, 특정 조건을 만족하는 수십 개의 토지이용계획 시안, 심지어는 새로운 스마트도시 조례의 초안 등의 산출물을 만들어낼 수 있다.

생성형 AI의 산출물은 도시 설계도, 3D 렌더링 이미지, 조감도, 정책

조문 초안 등 구체적이고 시각적인 대안 그 자체이다. 사용자가 입력한 텍스트 묘사에 따라 생성된 도시 풍경 이미지, 특정 조건을 만족하는 수십 개의 토지이용계획 시안, 심지어는 새로운 스마트도시 조례의 초안까지 만들어낼 수 있다. 이는 단순한 분석 결과를 넘어, 즉각적으로 논의하고 발전시킬 수 있는 '창작물'의 형태를 가진다.

소주제

3

창조의 엔진: 생성형 AI는 어떻게 생각하고 만들어내는가?

생성형 AI가 만들어내는 경이로운 결과물 뒤에는 정교한 수학적 원리와 영리한 학습 방법론이 숨어있다. 그 핵심 엔진의 작동 방식을 이해하는 것은 AI의 가능성과 한계를 파악하는 첫걸음이다.

(1) 생성형 AI의 현재 위치를 파악하는 방법 중 하나는 인공지능의 지능 수준과 범위를 다루는 거시적 관점의 'ANI → AGI → ASI' 경로이다

생성형 AI의 현재 위치를 파악하기 위해서는 두 개의 서로 다른 차원의 발전 경로를 동시에 이해해야 한다. 하나는 인공지능의 지능 수준과 범위를 다루는 거시적 관점의 'ANI → AGI → ASI' 경로이고,

(2) 생성형 AI의 현재 위치를 파악하는 또 다른 방법은 기술의 구체적인 구현 방식과 능력을 다루는 미시적 관점의 'LLM → LMM → LAM' 경로이다.

다른 하나는 기술의 구체적인 구현 방식과 능력을 다루는 미시적 관점의 'LLM → LMM → LAM' 경로이다. 이는 마치 하나의 도시를 '위성 지도'와 '상세 로드맵'으로 각각 조망하는 것과 같다.

1. '지능의 범위' 관점 (ANI→AGI→ASI): 명백한 '약인공지능(ANI)' 단계

1.1. '지능의 범위와 수준'이라는 관점에서 현재(2025년) 존재하는 모든 생성형 AI는 '약인공지능(ANI, Artificial Narrow Intelligence)' 단계에 속한다.

1.1.1. 생성형 AI ChatGPT의 개념과 한계:

ANI는 특정 영역에 특화된 '달인(達人)형 인공지능'을 의미한다. 현재의 생성형 AI는 이러한 ANI의 가장 발전된 형태이다.

(1) ChatGPT는 인간의 언어를 이해하고 생성하는 '언어의 달인'이며, Midjourney는 텍스트를 이미지로 변환하는 '그림의 달인'이다. 이들은 해당 영역에서 초인적인 능력을 발휘하지만, 그 영역을 조금이라도 벗어나면 아무것도 할 수 없다.

예를 들어, ChatGPT는 인간의 언어를 이해하고 생성하는 '언어의 달인'이며, Midjourney는 텍스트를 이미지로 변환하는 '그림의 달인'이다. 이들은 해당 영역에서 초인적인 능력을 발휘하지만, 그 영역을 조금이라도 벗어나면 아무것도 할 수 없다. ChatGPT에게 그림을 그리라고 하거나, Midjourney에게 코드를 짜라고 할 수 없는 것이 그 명백한 증거이다.

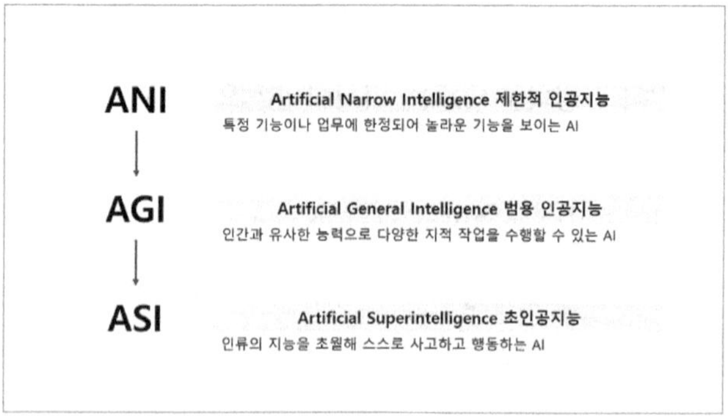

이는 자의식을 가지고 모든 지적 영역에서 인간과 같이 사고하고 학습할 수 있는 '강인공지능(AGI)'과는 근본적인 차이를 보인다.

1.1.2. 생성형 AI위치적 특징: '가장 AGI에 근접한 ANI'

(1) 생성형 AI는 기존의 다른 ANI들보다 훨씬 더 범용적으로 보이는 특성 때문에 '가장 AGI에 근접한 ANI'로 평가받는다.

비록 ANI에 속하지만, 생성형 AI는 기존의 다른 ANI들보다 훨씬 더 범용적으로 보이는 특성 때문에 '가장 AGI에 근접한 ANI'로 평가받는다. '언어'라는 도구가 인간의 모든 지적 활동의 기반이 되기 때문에, 언어를 능숙하게 다루는 생성형 AI가 마치 여러 가지 일을 모두 할 수 있는 것처럼 느껴지는 것이다. 하지만 이는 다양한 분야의 지식을 '흉내' 내는 것에 가까우며, 진정한 의미의 범용적 추론 능력을 갖춘 것은 아니다.

(2) 'ANI → AGI → ASI' 경로에서 생성형 AI는 AGI로 나아가는 길목에서 있는, 가장 뛰어난 능력을 가진 '특급 ANI'라고 할 수 있다.

결론적으로, 'ANI → AGI → ASI' 경로에서 생성형 AI는 AGI로 나아가는 길목에 서 있는, 가장 뛰어난 능력을 가진 '특급 ANI'라고 할 수 있다.

1.2. '기술의 구현' 관점 (LLM → LMM → LAM): LMM 중심의 과도기

'기술의 구현 방식과 능력'이라는 미시적 관점에서 볼 때, 생성형 AI는 특정한 단계에 고정되어 있지 않다. 오히려 'LLM → LMM → LAM'이라는 경로 자체가 바로 생성형 AI 기술의 진화 과정을 설명하는 로드맵이다.

1.2.1. 1단계: 생성형 AI 혁명의 시작점인 LLM (초거대 언어 모델) - '언어를 깨우친 단계':

(1) 생성형 AI 혁명의 시작점이다. 오직 텍스트 데이터만을 학습하여, 인간의 언어를 이해하고 생성하는 능력을 갖추었다.

생성형 AI 혁명의 시작점이다. 오직 텍스트 데이터만을 학습하여, 인간의 언어를 이해하고 생성하는 능력을 갖추었다. GPT-3와 같은 초기 모델들이 여기에 해당하며, 이는 AI가 '말을 배우는' 단계에 비유할 수 있다.

1.2.2. 2단계: LMM (초거대 멀티모달 모델) - '보고 듣는 감각이 열린 단계': 현재 생성형 AI 기술 경쟁이 가장 치열하게 벌어지고 있는 중심 단계

(1) 텍스트를 넘어 이미지, 소리 등 여러 종류의 데이터를 함께 이해(Multi-Modal)하는 능력을 갖추었다. 사용자가 보여주는 이미지를 보고 대화하거나, 실시간 음성으로 소통하는 것이 가능하다.

텍스트를 넘어 이미지, 소리 등 여러 종류의 데이터를 함께 이해(Multi-Modal)하는 능력을 갖추었다. 사용자가 보여주는 이미지를 보고 대화하거나, 실시간 음성으로 소통하는 것이 가능하다.

(2) OpenAI의 GPT-4o, Google의 Gemini 등 현재 시장을 주도하는 대부분의 최신 AI 모델이 바로 LMM에 해당한다.

OpenAI의 GPT-4o, Google의 Gemini 등 현재 시장을 주도하는 대부분의 최신 AI 모델이 바로 LMM에 해당한다. 이는 AI에게 '눈과 귀'가 생긴 것에 비유할 수 있다.

1.2.3. 3단계: 생성형 AI가 나아가고 있는 차세대 목표인 LAM (초거대 행동 모델) - '손과 발이 생겨 행동하는 단계':

(1) LAM (초거대 행동 모델)은 사용자의 지시를 받아 컴퓨터 프로그램이나 로봇을 직접 제어하여 실제 '행동(Action)'을 수행한다.

LAM (초거대 행동 모델)은 단순히 정보를 이해하고 생성하는 것을 넘어, 사용자의 지시를 받아 컴퓨터 프로그램이나 로봇을 직접 제어하여 실제 '행동(Action)'을 수행한다. "항공권을 예약해줘"라는 명령에 웹사이트에 접속해 예약을 완료하는 AI 에이전트가 그 예이다.

(2) AI에게 '손과 발'이 생겨 실질적인 집사 역할을 하게 되는 단계이다.

아직 널리 상용화되지는 않았지만, 모든 빅테크 기업들이 집중적으로 연구하고 있는 최전선 기술 분야이다. 이는 AI에게 '손과 발'이 생겨 실질적인 집사 역할을 하게 되는 단계이다.

(3) 생성형 AI는 LLM 단계를 거쳐, 현재 'LMM' 단계에 만개하였으며, 'LAM'이라는 다음 목표를 향해 빠르게 나아가는 '진행형' 기술이라 할 수 있다.

결론적으로, 'LLM → LMM → LAM' 경로에서 생성형 AI는 LLM 단계를 거쳐, 현재 'LMM' 단계에 만개하였으며, 'LAM'이라는 다음 목표를 향해 빠르게 나아가는 '진행형' 기술이라 할 수 있다.

1.3. 해설 및 시사점: 생성형 AI의 현재 위치

두 가지 관점을 종합하면 생성형 AI의 현재 위치를 다음과 같이 명확하게 정의할 수 있다.

(1) "현재의 생성형 AI는 '약인공지능(ANI)'이라는 큰 지능의 범주 안에서, 기술적으로는 'LMM(초거대 멀티모달 모델)' 단계를 중심으로 'LAM(초거대 행동 모델)'으로 빠르게 진화해 나가는 역동적인 과도기적 단계에 위치한다."

"현재의 생성형 AI는 '약인공지능(ANI)'이라는 큰 지능의 범주 안에서, 기술적으로는 'LMM(초거대 멀티모달 모델)' 단계를 중심으로 'LAM(초거대 행동 모델)'으로 빠르게 진화해 나가는 역동적인 과도기적 단계에 위치한다."

소주제 4

일상과 산업을 뒤흔들다: 생성형 AI가 바꾸는 우리의 세상

생성형 AI는 더 이상 연구실 속 이론이 아니라, 우리의 업무 환경과 일상, 그리고 산업 구조 전반을 재편하는 강력한 현실이 되었다.

1. 생성형 AI기반 업무 방식의 혁신

(1) 생성형 AI 시대에서는 직장인은 보고서나 이메일의 초안 작성을 AI에게 맡기고, 핵심 내용을 검토하고 수정하는 데 집중할 수 있다.

생성형 AI는 지식 노동자에게 '유능한 만능 조수(Co-pilot)'를 제공한다. 직장인은 보고서나 이메일의 초안 작성을 AI에게 맡기고, 핵심 내용을 검토하고 수정하는 데 집중할 수 있다.

(2) 생성형 AI 시대에서는 개발자는 반복적인 코드를 AI에게 생성하게 하여 개발 시간을 단축하고, 마케터는 광고 문구 아이디어를 수십 가지 제안을 받아서 창의적인 영감을 얻는다

개발자는 반복적인 코드를 AI에게 생성하게 하여 개발 시간을 단축하고, 마케터는 광고 문구 아이디어를 수십 가지 제안을 받아서 창의적인 영감을 얻는다. 이처럼 인간은 지루하고 반복적인 업무에서 벗어나, 고

유의 비판적 사고와 전략적 판단에 더 많은 시간을 쏟음으로써 생산성을 비약적으로 향상시키고 있다.

1.1. 생성형 AI기반 창작의 영역

(1) "밤하늘의 별을 고흐 스타일로 그려줘"라고 요청하여 예술 작품을 얻을 수 있고, 작곡가는 AI가 제안하는 멜로디 위에서 새로운 곡을 써 내려가며, 시나리오 작가는 막힌 이야기의 다음 전개를 AI와 함께 구상한다.

과거 예술과 문학은 인간 고유의 영역으로 여겨졌으나, 생성형 AI는 이제 '새로운 영감을 주는 뮤즈'의 역할을 한다. 전문 디자이너가 아니더라도 "밤하늘의 별을 고흐 스타일로 그려줘"라고 요청하여 예술 작품을 얻을 수 있고, 작곡가는 AI가 제안하는 멜로디 위에서 새로운 곡을 써 내려가며, 시나리오 작가는 막힌 이야기의 다음 전개를 AI와 함께 구상한다.

이는 창작의 진입 장벽을 낮추는 동시에, 인간과 AI의 협업을 통해 새로운 형태의 예술을 탄생시키고 있다.

1.2. 생성형 AI에 의한 지식 탐구스타일의 변화

(1) 생성형 AI는 사용자의 질문 의도를 파악하여 정보를 종합하고 요약한 '완성된 답변'을 대화 형식으로 제공한다

우리가 지식을 얻는 방식 또한 근본적으로 변하고 있다. 기존의 검색엔진이 정보가 담긴 '웹사이트의 목록'을 제공했다면, 생성형 AI는 사용자의 질문 의도를 파악하여 정보를 종합하고 요약한 '완성된 답변'을 대화 형식으로 제공한다.

(2) 생성형 AI에서는 복잡한 개념에 대해 추가 질문을 던지고, 어려운 주제를 쉽게 풀어 설명해달라고 요청하며, 아이디어를 탐색하는 쌍방향 학습이 가능해진 것이다.

이는 마치 궁금한 점을 언제든 물어볼 수 있는 '개인 전담 교사'와 함께하는 것과 같다. 복잡한 개념에 대해 추가 질문을 던지고, 어려운 주제를 쉽게 풀어 설명해달라고 요청하며, 아이디어를 탐색하는 쌍방향 학습이 가능해진 것이다.

1.3. 생성형 AI가 가져온 산업별 영향

생성형 AI의 파급력은 특정 분야에 국한되지 않고 전 산업으로 확산되고 있다.

(1) **의료**: 수반 건의 논문을 학습한 AI가 신약 개발의 후보 물질을 추천하고, 의료 영상을 분석하여 진단을 보조한다.
(2) **금융**: 복잡한 시장 분석 보고서와 기업 공시 자료를 순식간에 요약하여 투자 결정의 속도를 높인다.
(3) **교육**: 학생 개개인의 수준에 맞는 맞춤형 학습 자료와 문제를 생성하여 '1:1 맞춤 교육'을 실현한다.
(4) **엔터테인먼트**: 게임 캐릭터의 대사와 배경 스토리를 자동으로 생성하고, 영화의 특수 효과 제작 과정을 단축시키는 등 콘텐츠 제작의 효율성을 극대화한다.

소주제

5

생성형 AI가 지닌 야누스의 두 얼굴

1. 생성형 AI의 그림자와 윤리적 딜레마

모든 혁신적인 기술이 그러하듯, 생성형 AI 역시 밝은 가능성의 이면에 어두운 그림자를 드리우고 있으며, 인류에게 복잡한 윤리적 질문을 던진다.

1.1. 기술적 한계 '환각 현상(Hallucination)'

(1) 생성형 AI의 가장 큰 기술적 한계는 '환각(Hallucination)', 즉 '그럴듯하게 거짓말을 지어내는 능력'이다

생성형 AI의 가장 큰 기술적 한계는 '환각(Hallucination)', 즉 '그럴듯하게 거짓말을 지어내는 능력'이다. AI는 사실을 확인하는 능력이 없기 때문에, 학습한 데이터를 기반으로 가장 확률이 높은 단어를 조합할 뿐이다.

(2) 생성형 AI의 환각(Hallucination)에 의해 존재하지 않는 사건이나 인물, 가짜 논문이나 법률 조항을 마치 사실인 양 자신감 있게 제시할 수 있다.

이 과정에서 존재하지 않는 사건이나 인물, 가짜 논문이나 법률 조항을 마치 사실인 양 자신감 있게 제시할 수 있다. 이는 AI가 생성한 정보의 신뢰도에 근본적인 의문을 제기하며, 중요한 의사결정에 AI를 활용할

때 치명적인 위험 요소로 작용한다.

1.2. 사회적 및 윤리적 딜레마

생성형 AI는 단순한 기술을 넘어 네 가지 중대한 사회적, 윤리적 딜레마를 야기한다.

(1) **가짜 뉴스와 딥페이크:** 진짜와 구별하기 힘든 가짜 이미지, 영상, 목소리(딥 페이크)를 누구나 손쉽게 만들 수 있게 되면서, 사회적 신뢰의 기반이 흔들리고 있다. 특정 인물을 모함하거나 정치적 여론을 조작하는 데 악용될 경우, 그 파급 력은 상상을 초월할 수 있다. 이는 '무엇을 믿어야 하는가'에 대한 '진실의 위기'를 초래한다.

(2) **편향과 차별:** AI는 '편견을 학습하는 거울'과 같다. 인터넷에 만연한 성차별, 인종차별 등 인간 사회의 편견이 담긴 데이터를 그대로 학습하고, 이를 통해 편향된 결과물을 재생산하거나 심지어 증폭시킬 수 있다. 이는 AI를 통한 차별을 고착화 시킬 위험을 내포한다.

(3) **저작권 문제:** AI의 학습과 창작은 '저작권의 회색지대'를 낳는다. AI가 수많은 예술가의 저작물을 학습하여 새로운 이미지를 만들었다면, 그 이미지의 저작권은 누구에게 있는가? AI 개발사, AI를 사용한 사람, 아니면 학습에 사용된 원작자들인가? 이는 창작의 정의와 소유권에 대한 근본적인 질문을 던진다.

(4) **일자리 문제:** 생성형 AI는 특히 지식 노동자와 창작자의 업무를 자동화할 잠재력이 크다. 이는 곧 해당 직업군의 일자리가 대규모로 축소될 수 있다는 불안감을 낳는다. '인간은 무엇을 해야 하는가'라는 질문 앞에서, 우리는 기술 발전과 사회적 안정을 조화시킬 방안을 모색해야 하는 과제에 직면해 있다.

소주제

6

창조를 넘어 공존을 향하여

1. 생성형 AI의 미래와 인류의 과제

생성형 AI는 현재의 성공에 머무르지 않고 더 높은 차원의 지능을 향해 나아가고 있으며, 인류에게는 기술을 책임감 있게 발전시키고 현명하게 공존해야 할 중대한 과제가 주어졌다.

1.1. 기술의 발전 방향 (LLM → LMM → LAM)

(1) 현재의 LLM(초거대 언어 모델)이 '언어 천재'라면, 다음 단계는 LMM(초거대 멀티모달 모델)인 '보고 듣는 천재'이다.

생성형 AI의 진화는 세 단계의 로드맵으로 요약할 수 있다. 현재의 LLM(초거대 언어 모델)이 '언어 천재'라면, 다음 단계는 LMM(초거대 멀티모달 모델)인 '보고 듣는 천재'이다. LMM은 텍스트 뿐 아니라 이미지, 소리까지 함께 이해하며 세상에 대한 보다 입체적인 인식을 갖춘다.

(2) 최종 단계는 LAM(초거대 행동 모델), 즉 '행동하는 천재'이다. LAM은 단순히 정보를 생성하는 것을 넘어, 컴퓨터나 로봇을 직접 제어하여 인간의 지시를 실제 행동으로 옮기는 '자율 에이전트'가 될 것이다.

그리고 최종 단계는 LAM(초거대 행동 모델), 즉 '행동하는 천재'이다. LAM은 단순히 정보를 생성하는 것을 넘어, 컴퓨터나 로봇을 직접 제어하여 인간의 지시를 실제 행동으로 옮기는 '자율 에이전트'가 될 것이다.

1.2. AGI(범용인공지능)로의 길목

이러한 발전 경로는 자연스럽게 하나의 질문으로 이어진다. 과연 생성형 AI는 인간과 같은 범용적 지능을 갖춘 'AGI(범용인공지능)'로 가는 징검다리인가?

(1) 현재의 AI가 특정 영역의 '능숙한 흉내쟁이'에 불과한지, 아니면 진정한 추론 능력을 갖춘 '아기 지능'인지에 대한 논쟁은 뜨겁다.

현재의 AI가 특정 영역의 '능숙한 흉내쟁이'에 불과한지, 아니면 진정한 추론 능력을 갖춘 '아기 지능'인지에 대한 논쟁은 뜨겁다. 생성형 AI가 보여주는 놀라운 능력은 우리에게 AGI의 가능성을 엿보게 하는 동시에, 그 잠재적 위험에 대해 고찰하게 만든다.

1.3. 미래 사회와 인간의 역할

(1) AI가 '정답을 찾는 일'을 대신해 주는 시대에, 인간의 가치는 '올바른 질문을 던지는 능력'에서 비롯될 것이다.

AI가 '정답을 찾는 일'을 대신해 주는 시대에, 인간의 가치는 '올바른 질문을 던지는 능력'에서 비롯될 것이다.

AI가 생성한 결과물을 맹신하는 대신, 그 정보가 정확한지 비판적으로 사고하는 능력, 여러 분야의 지식을 융합하여 독창적인 아이디어를 내는 창의력, 그리고 기술만으로는 해결할 수 없는 인간 사이의 문제를 다루는 공감과 소통 능력이 미래 사회의 핵심 역량으로 부상할 것이다.

1.4. 책임감 있는 AI를 위한 노력

(1) 강력한 AI 기술에는 '책임감 있는 AI'를 위한 사회적 장치가 반드시 필요하다. AI가 생성한 결과물임을 명확히 표시하는 워터마크 기술, 데이터 편향성을 줄이기 위한 노력, AI의 의사결정 과정을 투명하게 설명하려는 연구(XAI) 등이 기술적 안전장치에 해당한다.

강력한 자동차에 훌륭한 브레이크와 핸들이 필수적이듯, 강력한 AI 기술에는 '책임감 있는 AI'를 위한 사회적 장치가 반드시 필요하다. AI가 생성한 결과물임을 명확히 표시하는 워터마크 기술, 데이터 편향성을 줄이기 위한 노력, AI의 의사결정 과정을 투명하게 설명하려는 연구(XAI) 등이 기술적 안전장치에 해당한다. 이와 더불어, AI 기술의 개발과 활용에 대한 국제적인 규범과 사회적 합의를 만들어 나가는 것이, 기술의 혜택을 극대화하고 위험을 최소화하며 인류와 AI가 성공적으로 공존하는 길이라 할 수 있다.

주제 6

머신 러닝(Machine Learning)이란 무엇이고, 어떻게 우리의 일상을 바꾸는가?

소주제 1

머신 러닝이란 무엇인가?

머신 러닝(Machine Learning)은 현대 인공지능(AI) 기술의 핵심 동력이자, 4차 산업혁명의 근간을 이루는 가장 중요한 기술 분야 중 하나로 평가된다. 데이터 속에서 패턴을 학습하고 스스로 성능을 개선하는 머신 러닝의 능력은 과거에는 상상할 수 없었던 방식으로 산업과 사회 전반에 혁신을 불러일으키고 있다.

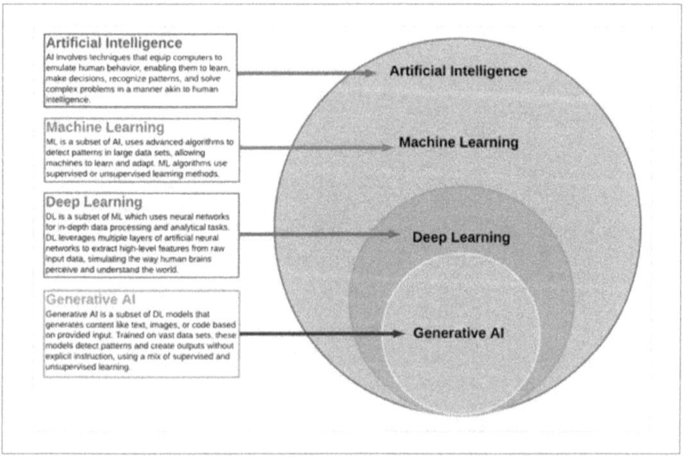

https://www.linkedin.com/uas/login-submit

1. 머신 러닝은 데이터로부터 스스로 학습하는 기계

(1) 머신 러닝의 핵심 개념은 '명시적인 프로그래밍 없이 컴퓨터가 데이터로부터 학습할 수 있도록 하는 알고리즘과 기술을 개발하는 연구 분야'로 정의할 수 있다.

머신 러닝의 핵심 개념은 '명시적인 프로그래밍 없이 컴퓨터가 데이터로부터 학습할 수 있도록 하는 알고리즘과 기술을 개발하는 연구 분야'로 정의할 수 있다. 전통적인 프로그래밍이 개발자가 모든 규칙과 조건을 직접 코드로 작성하는 방식이었다면, 머신 러닝은 대량의 데이터를 컴퓨터에 제공하고 데이터 안에 내재된 패턴이나 관계를 스스로 발견하여 특정 작업을 수행하는 모델을 구축하도록 한다.

(2) 어린아이가 수많은 고양이 사진을 보면서 '고양이'라는 동물의 공통적인 특징을 스스로 터득하여, 나중에는 처음 보는 고양이 사진을 보고도 그것이 고양이임을 알아맞히는 과정과 유사하다

이는 마치 어린아이가 수많은 고양이 사진을 보면서 '고양이'라는 동물의 공통적인 특징(뾰족한 귀, 수염, 네 개의 다리 등)을 스스로 터득하여, 나중에는 처음 보는 고양이 사진을 보고도 그것이 고양이임을 알아맞히는 과정과 유사하다. 즉, 기계에 경험(데이터)을 제공하여 지능(모델)을 부여하는 것이 머셔닝의 본질이다.

1.1. 머신 러닝이 추구하는 목표: 예측, 분류, 그리고 생성

(1) 머신 러닝이 추구하는 궁극적인 목표는 데이터를 기반으로 예측(Prediction), 분류(Classification), 군집화(Clustering), 그리고 생성(Generation) 등 인간의 지적 활동을 자동화하고 최적화하는 것이다.

머신 러닝이 추구하는 궁극적인 목표는 데이터를 기반으로 예측(Prediction), 분류(Classification), 군집화(Clustering), 그리고 생성(Generation) 등 인간의 지적 활동을 자동화하고 최적화하는 것이다.

(1) **예측**: 과거의 데이터를 학습하여 미래의 특정 수치나 값을 예측한다. 주가 예측, 부동산 가격 변동 예측, 날씨 예보 등이 이에 해당한다.

(2) **분류**: 데이터를 특정 카테고리나 그룹으로 나누는 것을 목표로 한다. 스팸 메일 필터링(스팸/정상), 신용카드 사기 탐지(사기/정상), 의료 영상 판독(암/정상) 등이 대표적인 분류 문제이다.

(3) **군집화**: 명시적인 정답이 없는 데이터 내에서 유사한 특성을 가진 데이터끼리 그룹을 형성한다. 고객을 구매 패턴에 따라 여러 세그먼트로 나누거나, 소셜 네트워크에서 비슷한 관심사를 가진 사용자 그룹을 찾는 데 활용된다.

(4) **생성**: 기존 데이터의 패턴을 학습하여 새로운 데이터나 콘텐츠를 만들어낸다. 텍스트, 이미지, 음악, 코드 등을 생성하는 '생성 AI'가 이 목표를 추구하는 대표적인 사례이다.

1.2. 머신 러닝 적용 기술의 유형 및 특징

머신 러닝은 학습 방식, 즉 데이터를 활용하는 방법에 따라 크게 세 가지 유형으로 나눌 수 있다.

1.2.1. 지도학습 (Supervised Learning)

(1) **특징**: '정답'이 표시된(labeled) 데이터를 사용하여 모델을 학습시키는 방식이다. 입력 값(x)과 그에 해당하는 결과값(y)의 쌍으로 구성된 데이터를 통해, 모델은 입력 값과 결과값 사이의 관계, 즉 함수를 학습한다.

(2) **예시**: 수많은 고양이 사진(입력 값)에 '고양이'라는 레이블(결과값)을 붙여 학습시키면, 모델은 새로운 사진을 보고 그것이 고양이인지 아닌지 판별할 수 있게 된다. 회귀(Regression)와 분류(Classification)가 대표적인 지도학습 문제이다.

1.2.2. 비지도학습 (Unsupervised Learning)

(1) **특징**: 정답 레이블이 없는 데이터를 사용하여 데이터 자체에 내재된 구조나 패턴을 발견하는 방식이다. 데이터의 숨겨진 특성을 파악하고 유사한 데이터끼리 그룹화하는 데 주로 사용된다.

(2) **예시**: 고객 구매 이력 데이터(레이블 없음)를 분석하여 비슷한 소비 패턴을 가진 고객 그룹을 자동으로 묶어내는 '군집화(Clustering)'나, 데이터의 차원을 줄여 핵심 특성만 추출하는 '차원 축소(Dimensionality Reduction)'가 여기에 해당한다.

1.2.3. 강화학습 (Reinforcement Learning)

(1) **특징**: 에이전트(Agent)가 특정 환경(Environment) 내에서 행동(Action)을 취하고, 그 결과로 주어지는 보상(Reward)을 최대화하는 방향으로 학습을 진행하는 방식이다. 수많은 시행착오를 통해 최적의 행동 정책(Policy)을 스스로 학습하는 것이 핵심이다.

(2) 예시: 바둑 AI '알파고'가 수많은 대국을 스스로 두면서 이기는 방법을 터득한 것이나, 로봇이 넘어지고 일어서기를 반복하며 걷는 법을 배우는 과정이 강화학습의 대표적인 사례이다.

1.3. 머신 러닝 기술의 역할과 기여도: 자동화를 넘어 지능의 확장으로

머신 러닝은 사회 전반에 걸쳐 지대한 영향을 미치고 있다. 그 역할과 기여도는 크게 업무 자동화 및 효율성 증대와 인간 능력의 확장 및 새로운 발견이라는 두 가지 측면에서 살펴볼 수 있다.

(1) 공장의 불량품 검수, 금융권의 신용 평가, 콜센터의 고객 응대 등 다양한 산업 현장에서 인간의 노동력을 대체하거나 보조하며 효율성을 높이고 있다.

첫째, 단순 반복적인 업무나 인간의 직관에 의존하던 의사결정 과정을 자동화하여 생산성을 극대화한다. 공장의 불량품 검수, 금융권의 신용 평가, 콜센터의 고객 응대 등 다양한 산업 현장에서 인간의 노동력을 대체하거나 보조하며 효율성을 높이고 있다.

(2) 신약 개발을 위한 단백질 구조 예측(알파폴드), 신소재 개발, 천문학에서의 새로운 천체 발견 등은 머신 러닝 없이는 불가능했을 성과이다.

둘째, 인간의 인지 능력을 뛰어넘는 수준의 데이터 분석을 통해 새로운 과학적 발견을 이끌고 창의적인 활동을 지원한다. 신약 개발을 위한 단백질 구조 예측(알파폴드), 신소재 개발, 천문학에서의 새로운 천체 발견 등은 머신 러닝 없이는 불가능했을 성과이다. 또한, 작곡, 그림, 글쓰기 등 창작의 영역에서도 인간에게 영감을 주는 도구로 활용되며 그 가능성을 넓히고 있다.

1.4. 머신 러닝 기술의 장단점: 기회와 위협의 양면성

■ **기회와 위협의 양면성**

구분	장점 (Advantages)	단점 (Disadvantages)
기술적 측면	대규모 데이터 패턴 분석을 통한 높은 정확도, 복잡한 문제 해결 능력, 지속적인 성능 개선 가능	고품질의 대규모 학습 데이터에 대한 높은 의존성, 모델의 의사결정 과정을 이해하기 어려운 '블랙박스' 문제
사회/경제적 측면	생산성 향상, 새로운 서비스 및 산업 창출, 과학적 난제 해결에 기여	데이터 편향성으로 인한 차별 및 불평등 심화 가능성, 알고리즘에 의한 책임 소재 불분명, 일자리 대체 문제
윤리적 측면	개인 맞춤형 서비스 제공을 통한 삶의 질 향상	개인정보 및 프라이버시 침해 위험, 딥페이크 등 악의적 활용 가능성, 기술 오남용에 대한 통제 어려움

1.5. 머신 러닝 기술에서 활용 데이터: 경험의 원천

머신 러닝 모델의 성능은 학습에 사용되는 데이터의 양과 질에 의해 결정된다고 해도 과언이 아니다. 활용되는 데이터는 그 형태에 따라 다음과 같이 분류될 수 있다.

(1) **정형 데이터**(Structured Data): 데이터베이스나 엑셀 시트처럼 행과 열로 구성된, 구조가 명확한 데이터이다. 고객 정보, 판매 기록, 주식 가격 등이 해당된다.

(2) **반정형 데이터**(Semi-structured Data): XML이나 JSON 파일처럼 데이터 내에 구조를 설명하는 메타데이터를 포함하고 있어, 완전한 비정형 데이터보다는 구조화되어 있다.

(3) **비정형 데이터**(Unstructured Data): 텍스트 문서, 이미지, 동영상, 음성 파일과 같이 정해진 구조가 없는 데이터이다. 오늘날 생성되는

데이터의 대부분을 차지하며, 딥러닝 기술의 발전으로 분석 및 활용이 활발해지고 있다.

1.6. 머신 러닝 기술의 대표적인 활용 예시: 일상 속에 스며든 AI

머신 러닝은 이미 우리 삶 곳곳에서 다양한 형태로 활용되고 있다.

(1) **추천 시스템**(Recommendation System): 넷플릭스나 유튜브가 시청 기록을 분석하여 사용자가 좋아할 만한 콘텐츠를 추천하고, 아마존이 구매 이력을 바탕으로 관련 상품을 제시하는 것이 대표적이다.

(2) **자연어 처리**(Natural Language Processing, NLP): 스마트폰의 음성 비서(시리, 빅스비), 구글 번역, 챗GPT와 같은 대화형 AI 서비스는 모두 머신러닝 기반의 자연어 처리 기술을 활용한다.

(3) **이미지 인식**(Image Recognition): 페이스북의 자동 얼굴 태그 기능, 스마트폰 카메라의 장면 최적화, 자율주행 자동차가 도로 위의 보행자와 다른 차량을 식별하는 기술의 근간이 된다.

(4) **의료 진단**(Medical Diagnosis): MRI나 CT 스캔 이미지를 분석하여 암세포나 질병의 징후를 인간 의사보다 빠르고 정확하게 찾아내 진단을 보조하는 데 활발히 연구 및 적용되고 있다.

(5) **금융 사기 탐지**(Fraud Detection): 신용카드 사용 패턴을 실시간으로 분석하여 평소와 다른 비정상적인 거래가 발생했을 때 이를 즉시 탐지하고 차단한다.

1.7. 머신 러닝의 해석 및 시사점: 현명한 활용을 위한 이해의 필요성

머신 러닝은 데이터를 지식으로 변환하여 예측과 의사결정을 자동화하는 강력한 도구이다. 이 기술은 생산성 향상과 과학적 발전을 이끄는 무한한 가능성을 지니고 있지만, 동시에 데이터 편향성이나 윤리적 문제와 같은 잠재적 위험 또한 내포하고 있다.

따라서 머신 러닝이 인류 사회에 긍정적으로 기여하도록 하기 위해서는 기술 개발자 뿐만 아니라 사회 구성원 모두가 이 기술의 원리와 잠재력을 정확히 이해하고, 사회적 합의를 통해 현명하게 활용하고 통제하려는 노력이 지속적으로 이루어져야 할 것이다.

2. 머신 러닝을 활용한 미래 도시 계획 및 설계: 가상 시나리오

머신 러닝(Machine Learning) 기술은 방대한 도시 데이터를 분석하고 미래를 예측함으로써, 과거의 정적이고 경험에 의존하던 도시 계획의 패러다임을 데이터 기반의 동적이고 과학적인 방식으로 전환하고 있다.

2.1 도시계획: 살아 움직이는 도시의 성장 관리

가상 시나리오

'디지털 트윈(Digital Twin)' 기반의 스마트 성장 예측 시스템

과거의 도시계획은 10년, 20년 단위의 거시적인 인구 예측과 토지 이용 계획에 의존했다. 이는 급변하는 사회경제적 요인을 실시간으로 반영하기 어려워, 계획과 현실의 괴리가 발생하는 원인이 되곤 했다.

하지만 '미래시'는 머신러닝 기반의 '디지털 트윈' 시스템을 도입하여 도시를 살아있는 유기체처럼 관리한다.

(1) **데이터 수집:** 도시 전역의 인구 이동 데이터(통신 기록), 부동산 거래 가격, 신용카드 사용 내역(상권 분석), SNS 키워드 분석(지역 만

족도 및 불만 파악), 신규 일자리 수 등 방대한 비정형 데이터를 실시간으로 수집한다.

(2) **머신러닝 모델 적용:** 수집된 데이터는 시계열 분석 및 회귀 분석 모델을 통해 학습된다. 이 모델은 특정 지역의 일자리 증가가 주변 지역의 주택 수요 및 상권 활성화에 미치는 영향을 t+1 시점(미래)에서 예측한다. 예를 들어, 'A' 지역에 대규모 IT 단지가 조성될 경우, 머신러닝 모델은 주변 'B'와 'C' 지역의 1인 가구 유입률, 예상 주택 임대료 상승률, 필요한 편의시설(카페, 피트니스 센터 등)의 종류와 수를 구체적인 수치로 제시한다.

(3) **결과 및 활용:** 도시계획가는 이 예측 결과를 바탕으로 특정 지역의 용도 변경을 선제적으로 검토하거나, 필요한 공공시설(어린이집, 도서관 등) 부지를 미리 확보하는 등 정밀한 의사결정을 내릴 수 있다. 이는 과거처럼 인구가 모두 유입된 후에 부랴부랴 대책을 세우는 '사후약방문'식 계획을 지양하고, 도시의 성장을 예측하고 유도하는 '미래 대응형' 계획을 가능하게 한다. 마치 도시라는 거대한 체스판 위에서, AI가 수십 수 앞을 내다보고 최적의 수를 추천해주는 것과 같다.

2.2. 환경계획: 도시의 숨결을 최적화하다

가상 시나리오

'AI 기반 도시 기후 관리 및 탄소 저감 시스템'

도시의 고질적인 문제인 열섬 현상, 미세먼지, 국지성 호우 등은 시민의 삶의 질을 저해하는 주요 요인이다. '미래시'는 머신러닝을 통해 이러한 환경 문제에 능동적으로 대응한다.

(1) **데이터 수집:** 인공위성 이미지, 드론으로 촬영한 고해상도 항공사진, 도시 곳곳에 설치된 IoT 센서로부터 온도, 습도, 미세먼지 농도(PM2.5), 풍향, 풍속 데이터를 실시간으로 수집한다.

(2) **머신러닝 모델 적용:** 컴퓨터 비전(Computer Vision) 기술이 위성 및 항공사진을 분석하여 도시의 녹지 면적, 건물 밀도, 도로의 아스팔트 비율 등을 자동으로 데이터화한다. 이 공간 데이터와 환경 센서 데이터를 결합하여, 특정 지역의 열섬 현상이나 미세먼지 확산 패턴을 예측하는 시뮬레이션 모델(예: GAN, Generative Adversarial Networks)을 구축한다.

(3) **결과 및 활용:**

- 열섬 현상 완화: 시뮬레이션 모델을 통해 특정 지역에 공원을 조성하거나 건물 옥상 녹화를 진행했을 때, 주변 온도가 몇 도(℃)나 낮아지는지를 정확히 예측할 수 있다. 이를 통해 최소한의 비용으로 최대의 냉각 효과를 얻을 수 있는 최적의 녹지 위치와 규모를 선정한다.
- 미세먼지 대응: 미세먼지 확산 예측 모델은 오염원의 위치를 역추적하고, 바람의 방향과 속도에 따라 1시간 뒤 미세먼지가 집중될 지역을 알려준다. 시는 이 정보를 바탕으로 해당 지역의 살수차 운행을 집중시키거나, 대중교통 이용을 유도하는 등 맞춤형 저감 대책을 시행한다. 이는 도시 전체에 획일적인 정책을 적용하는 것보다 훨씬 효율적이고 효과적이다.

2.3. 교통 및 모빌리티 계획: 흐름을 예측하고 수요에 응답하다

가상 시나리오

'강화학습 기반의 실시간 통합 모빌리티(MaaS) 시스템'

'미래시'의 교통 시스템은 더 이상 고정된 노선과 신호 체계에 얽매이지 않는다. 도시의 혈관인 교통망이 스스로 학습하고 최적화된다.

(1) 데이터 수집: 버스, 지하철의 승하차 기록(교통카드 데이터), 공유 자전거 및 전동 킥보드의 GPS 이동 경로, 내비게이션 앱의 실시간 교통량 데이터, 대규모 행사(콘서트, 스포츠 경기 등) 일정 등 교통과 관련된 모든 데이터를 통합한다.

(2) 머신 러닝 모델 적용: 이 시스템의 핵심은 '강화학습(Reinforcement Learning)' 모델이다. 이 AI 모델은 도시 전체의 평균 이동 시간 최소화와 대중교통 수송 분담률 최대화를 '보상(Reward)'으로 설정하고, 수만 가지의 시뮬레이션을 통해 최적의 교통 운영 정책을 스스로 학습한다.

(3) 결과 및 활용:

- 수요응답형 버스(DRT, Demand-Responsive Transport): 정해진 노선 없이, 승객이 앱으로 버스를 호출하면 AI가 실시간으로 최적의 경로를 생성하여 여러 승객을 태우는 '자율주행 셔틀'이 도시 외곽 지역을 운행한다.
- 지능형 신호 제어: 교차로의 신호등이 고정된 주기로 바뀌는 대신, 강화학습 AI가 각 방향의 교통량을 실시간으로 감지하여 신호 대기 시간을 동적으로 조절함으로써 불필요한 정체를 최소화한다.

- 예측 기반 자원 배분: 잠실 야구장에서 경기가 끝나기 30분 전, AI는 경기가 끝난 후 약 3만 명의 인파가 한꺼번에 이동할 것을 예측한다. 이에 따라 종합운동장역으로 향하는 지하철을 추가 배차하고, 주변 공유 킥보드와 자율주행 셔틀을 미리 경기장 근처로 재배치하여 시민들의 원활한 귀가를 돕는다.

2.4. 도시건축설계: 데이터가 빚어내는 최적의 공간

가상 시나리오

'생성형 AI(Generative AI) 건축 어시스턴트'

건축가의 창의성은 여전히 중요하지만, 머신러닝은 복잡한 법규, 구조, 환경 요소를 고려한 최적의 디자인 대안을 제시하며 강력한 파트너가 된다.

(1) **데이터 수집 및 학습:** 건축법규, 지구단위계획, 일조권 및 조망권 관련 규정, 자재의 특성(단열 성능, 구조적 강도, 탄소 배출량 등), 에너지 효율 등급 기준 등 설계에 영향을 미치는 모든 제약 조건을 데이터베이스화하여 AI를 학습시킨다.

(2) **머신러닝 모델 적용:** 건축가가 "300세대 규모, 남향 세대 비율 80% 이상, 최대의 자연 채광, 제로에너지빌딩 등급 충족"과 같은 설계 목표를 입력하면, '생성형 AI' 모델(예: GAN, Variational Autoencoders)이 이러한 조건을 모두 만족하는 수백 개의 초기 건축 디자인(평면도, 입면도, 3D 모델)을 몇 분 만에 생성한다.

(3) **결과 및 활용:** 생성된 각 디자인 대안은 에너지 효율 시뮬레이션,

구조 안정성 분석, 예상 건축비 산출 결과와 함께 제공된다. 건축가는 이 중에서 가장 잠재력 있는 몇 가지 안을 선택하여 자신의 창의적인 아이디어를 더해 발전시킬 수 있다. 이는 과거라면 수 주일이 걸렸을 반복적인 초기 설계 및 검토 작업을 극적으로 단축시킨다. AI가 제안한 비정형적이지만 에너지 효율이 극대화된 건물 외피 디자인을 인간 건축가가 다듬어 도시의 새로운 랜드마크를 탄생시키는 식의 협업이 가능해진다.

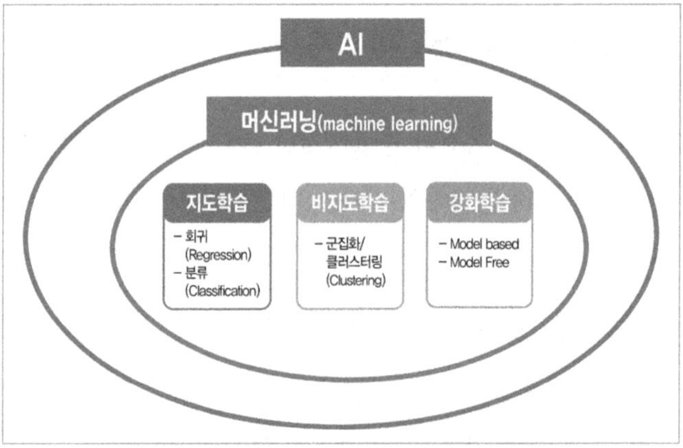

[AI/머신러닝] 4. 머신러닝(Machine Learning, 기계학습), 네이버 블로그

소주제 2

머신 러닝의 지도학습(Supervised Learning): 정답지를 보고 배우는 똑똑한 학생

머신 러닝은 인공지능의 한 분야로, 데이터를 통해 컴퓨터가 스스로 학습하고 예측하는 기술을 의미한다. 그 중에서도 '지도 학습'은 가장 널리 활용되고 직관적인 학습 방식으로, 머신 러닝의 근간을 이룬다고 할 수 있다.

1. ML의 지도학습의 개념: 정답지를 보고 배우는 똑똑한 학생

(1) 지도 학습의 개념을 가장 쉽게 비유하자면, '정납지가 있는 문제집으로 공부하는 학생'과 같다.

컴퓨터(학생)에게 단순히 문제(데이터)만 던져주는 것이 아니라, 각 문제에 대한 '정답(레이블, Label)'을 함께 제공한다. 예를 들어, 수많은 고양이 사진을 보여주면서 "이것은 고양이야"라고 알려주고, 강아지 사진을 보면서 "이것은 강아지야"라고 정답을 명시해주는 것이다.

(2) 지도 학습은 '명시적인 정답(레이블)이 부여된 데이터를 활용하여, 데이터와 정답 사이의 관계를 학습하는 머신 러닝 방법론'이다.

이 과정에서 컴퓨터 모델은 사진의 어떤 특징(귀 모양, 코, 수염 등)이 '고양이'라는 정답과 연결되는지, 또 어떤 특징이 '강아지'라는 정답과 연결되는지에 대한 패턴과 규칙을 스스로 터득하게 된다. 즉, 지도 학습은 '명시적인 정답(레이블)이 부여된 데이터를 활용하여, 데이터와 정답 사이의 관계를 학습하는 머신 러닝 방법론'이라고 정의할 수 있다.

1.1. ML의 지도학습이 추구하는 목표: 궁극의 일반화(Generalization) 능력

(1) 지도 학습이 추구하는 궁극적인 목표는 '일반화(Generalization)' 성능을 극대화하는 것이다

지도 학습이 추구하는 궁극적인 목표는 '일반화(Generalization)' 성능을 극대화하는 것이다.

이는 단순히 학습 과정에서 봤던 문제(훈련 데이터)를 잘 맞추는 것을 넘어, 한 번도 본 적 없는 새로운 문제(테스트 데이터)가 주어졌을 때에도 정답을 정확하게 예측해내는 능력을 의미한다.

(2) 새로운 문제가 나와도 배운 지식을 응용하여 정답을 맞힐 수 있는 학생이 진짜 실력자이다.

앞선 비유를 다시 사용하자면, 문제집에 있는 문제는 100% 맞추지만, 막상 시험에서 처음 보는 유형의 문제가 나오면 풀어내지 못하는 학생은 좋은 학생이 아니다. 문제집을 통해 원리와 공식을 깨우쳐, 어떤 새로운 문제가 나와도 배운 지식을 응용하여 정답을 맞힐 수 있는 학생이 진짜 실력자이다. 지도학습 모델 역시 훈련 데이터에만 과도하게 최적화(과적합, Overfitting)되는 것을 경계하며, 어떤 데이터가 들어와도 안정적으로 정답을 예측하는 '일반화된 모델'을 만드는 것을 목표로 한다.

1.2. ML의 지도학습의 적용 기술의 유형 및 특징

지도 학습은 예측하려는 '정답'의 형태에 따라 크게 두 가지 유형으로 나뉜다.

1.2.1. ML의 지도학습의 분류 (Classification)

'분류'는 데이터를 미리 정해진 몇 개의 범주(카테고리) 중 하나로 예측하는 기술이다. "A인가, B인가, C인가?" 와 같은 질문에 답하는 방식이다.

1) 특징

결과값이 이산적(Discrete)인 값을 가진다. (예: '예/아니오', '스팸/정상', '개/고양이/사람')

2) 대표 알고리즘

(1) **의사결정 트리(Decision Tree)**: '스무고개'처럼 특정 기준에 따라 질문을 던져가며 데이터를 분류하는 모델이다. 결과를 이해하기 쉬운 장점이 있다.

(2) **서포트 벡터 머신(SVM, Support Vector Machine)**: 데이터들을 가장 잘 나눌 수 있는 최적의 '경계선'을 찾아 분류하는 모델로, 분류 성능이 강력하다.

(3) **K-최근접 이웃(K-Nearest Neighbors, KNN)**: 새로운 데이터가 주어지면, 가장 가까운 K개의 데이터들이 속한 그룹으로 분류하는 직관적인 모델이다.

1.2.2. ML의 지도학습의 회귀 (Regression)

'회귀'는 데이터를 통해 연속적인 특정 숫자 값을 예측하는 기술이다. "얼마인가?", "몇 도인가?"와 같은 질문에 답한다.

1) 특징

결과값이 연속적(Continuous)인 값을 가진다. (예: 152.34, 35000, -27.5)

2) 대표 알고리즘

(1) **선형 회귀**(Linear Regression): 데이터들 사이에 존재하는 선형적인 관계를 가장 잘 나타내는 '직선'을 찾아 값을 예측하는, 가장 기본적이고 대표적인 회귀 모델이다.

(2) **릿지/라쏘 회귀**(Ridge/Lasso Regression): 선형 회귀 모델의 과적합을 방지하기 위해 제약 조건을 추가한 발전된 형태의 모델이다.

1.3. ML의 지도학습 기술의 역할과 기여도

지도 학습은 인간의 판단력과 직관을 데이터 기반의 자동화된 예측 시스템으로 전환하는 데 결정적인 역할을 한다.

(1) **자동화를 통한 효율성 증대**: 스팸 메일 필터링, 이미지 속 객체 인식 등 반복적이고 대규모의 판단이 필요한 업무를 자동화하여 인간의 수고를 덜고 처리 속도를 비약적으로 향상시킨다.

(2) **정밀한 예측을 통한 의사결정 지원**: 주택 가격 예측, 주가 예측, 질병 진단 보조 등 복잡한 변수들 속에서 미래의 결과를 예측함으로써, 사용자가 더 정확하고 데이터에 기반한 의사결정을 내릴 수 있도록 돕는다.

(3) **숨겨진 패턴 발견**: 인간이 직관적으로 파악하기 어려운 데이터 속의 미세한 패턴과 상호관계를 발견하여, 새로운 비즈니스 기회나 과학적 통찰력을 제공하는 데 기여한다.

1.4. ML의 지도학습 기술의 장점과 단점

■ **장점과 단점**

구분	내용
장점 (Advantages)	1. 명확한 목표와 높은 정확도: 예측해야 할 '정답'이 명확하므로 모델의 성능을 직관적으로 평가할 수 있고, 양질의 데이터가 충분하다면 매우 높은 정확도를 달성할 수 있다. 2. 폭넓은 적용 분야: 분류와 회귀라는 강력한 두 가지 유형을 통해 산업, 의료, 금융, IT 등 거의 모든 분야의 문제 해결에 적용할 수 있다. 3. 결과 해석의 용이성: 의사결정 트리와 같은 일부 모델은 예측 과정과 결과를 인간이 쉽게 이해하고 설명할 수 있다.
단점 (Disadvan-tages)	1. 레이블링 데이터의 필요성: 지도 학습의 가장 큰 제약 조건으로, 대량의 '정답' 데이터를 구축하는 데 많은 시간과 비용이 소요된다. (이를 '레이블링 병목 현상'이라 부른다.) 2. 과적합(Overfitting)의 위험: 훈련 데이터에만 지나치게 최적화되어 새로운 데이터에 대한 예측 성능이 오히려 떨어지는 과적합 문제가 발생할 수 있다. 3. 새로운 범주 발견의 한계: 학습 시 주어진 범주 외에 전혀 새로운 유형의 데이터를 발견하거나 생성하지는 못한다.

1.4. ML의 지도학습 기술의 활용 데이터: '특징'과 '레이블'의 쌍

지도 학습은 반드시 '입력 특징(Input Feature)'과 '정답 레이블(Output Label)'이 하나의 쌍으로 구성된 데이터를 활용한다.

1) 분류 문제의 데이터 예시:

- (이메일 본문 텍스트, '스팸')
- (종양의 MRI 이미지 데이터, '악성')
- (고객의 나이, 직업, 소득 데이터, '우량 고객')

2) 회귀 문제의 데이터 예시:

- (아파트의 면적, 층수, 위치 데이터, '매매가 15억 원')
- (지난 10년간의 기온, 습도 데이터, '내일의 예상 최고 기온 28.5도')
- (광고비, 프로모션 기간 데이터, '다음 분기 예상 매출액 50억 원')

1.6. ML의 지도학습 기술의 대표적인 활용 예시

우리의 일상은 이미 수많은 지도 학습 기술 위에 세워져 있다.

(1) **이미지 인식**(분류): 스마트폰 앨범이 사진 속 인물을 자동으로 분류하고, 페이스북이 사진 속 친구를 태그 하도록 추천하는 기술.

(2) **스팸 메일 필터**(분류): 수신된 이메일의 제목, 보낸 사람, 내용 등을 분석하여 '스팸'인지 '정상' 메일인지 자동으로 분류하여 스팸 함으로 보낸다.

(3) **의료 진단 보조**(분류): CT나 X-ray 이미지를 보고 암과 같은 질병의 유무를 '양성' 또는 '음성'으로 판별하여 의사의 진단을 돕는다.

(4) **주택 가격 예측**(회귀): 지역, 면적, 건축 연도, 주변 편의시설 등의 정보를 종합하여 특정 주택의 미래 매매가를 예측한다.

(5) **온라인 동영상 추천**(회귀/분류): 사용자의 시청 기록, 좋아요 패턴을 분석하여 특정 동영상에 대한 사용자의 예상 선호도(별점 등)를 '예측(회귀)'하거나 좋아할 만한 장르를 '분류'하여 추천 목록을 생성한다.

(6) **수요 예측**(회귀): 과거 판매량, 날씨, 요일, 이벤트 정보 등을 바탕으로 특정 상품의 미래 수요량을 예측하여 재고 관리를 최적화한다.

이처럼 지도 학습은 명확한 '정답'을 통해 컴퓨터를 가르치고, 이를 통해 미지의 세계를 예측하는 강력하고도 핵심적인 머신 러닝 기술이라 할 수 있다.

2. 머신 러닝의 지도학습(Supervised Learning)을 활용한 미래 도시 설계: 가상 시나리오

지도학습(Supervised Learning)은 머신 러닝의 한 분야로, '정답이 표시된' 데이터, 즉 레이블(Label)이 지정된 데이터를 학습하여 새로운 데이터의 결과를 예측하는 방식이다. 이는 마치 학생이 정답지가 있는 문제집을 풀면서 문제와 정답 사이의 관계를 학습하고, 시험에서 새로운 문제를 만났을 때 정답을 맞히는 원리와 같다.

본고에서는 가상의 도시 '미래시(Mirae-si)'를 배경으로, 지도학습의 대표적인 유형인 '회귀(Regression)'와 '분류(Classification)'가 도시계획, 환경계획, 교통 및 모빌리티 계획, 도시건축설계 분야에서 어떻게 활용될 수 있는지 구체적인 가상 시나리오를 통해 설명하고자 한다.

2.1. 도시계획: 토지 이용 변화의 패턴을 읽다

가상 시나리오

'토지 이용 변화 예측을 통한 스마트 도시 관리' (분류 문제)

도시의 무분별한 젠트리피케이션이나 난개발은 계획의 부재에서 비롯되는 경우가 많다. 지도학습은 과거의 데이터를 통해 미래의 토지 이용 변화 가능성을 예측하여 선제적 대응을 가능하게 한다.

(1) 학습 데이터 (문제집과 정답지):

- 입력 데이터(문제): 지난 20년간 '미래시'의 모든 필지에 대한 데이터. 여기에는 ① 공시지가 변화율, ② 가장 가까운 지하철역까지의 거리, ③ 주변 500m 내 상업시설 수, ④ 평균 건물 노후도,

⑤ 용도지역 정보 등이 포함된다.

▫ 레이블(정답): 각 필지가 10년 후 '주거지역'에서 '상업지역'으로 용도가 '변경됨(1)' 또는 '변경되지 않음(0)'이라는 실제 결과값이다.

(2) **지도학습 모델 적용:** 로지스틱 회귀(Logistic Regression)나 의사결정트리(Decision Tree)와 같은 분류 모델은 이 방대한 '문제와 정답' 세트를 학습하여, 특정 조건들의 조합이 토지 이용 변화에 어떤 영향을 미치는지 그 패턴을 학습한다.

(3) **결과 및 활용:** 학습된 모델에 '현재'의 도시 데이터를 입력하면, 향후 10년 내 상업화될 가능성이 80% 이상인 주거지역들을 지도 위에 붉은색으로 표시해준다. 도시계획가는 이 '젠트리피케이션 예측 지도'를 바탕으로, 해당 지역에 장기 거주민을 위한 공공임대주택을 공급하거나, 지역 상권을 보호하기 위한 정책을 미리 수립하는 등 정밀하고 예방적인 도시계획을 실행할 수 있다.

2.2. 환경계획: 도시의 침수 위험을 예측하다

가상 시나리오

'국지성 호우에 따른 도시 침수 위험 예측 시스템' (회귀 문제)

기후 변화로 인해 국지성 집중호우가 빈번해지면서, 도시의 침수 피해 예측 및 대응이 중요해졌다. 지도학습은 강수량에 따른 침수 높이를 정량적으로 예측하는 데 활용될 수 있다.

(1) 학습 데이터 (문제집과 정답지):

- 입력 데이터(문제): 과거 집중호우 사례 발생 시의 데이터. ① 시간당 강수량(mm/h), ② 지역별 지형 고도(m), ③ 하수관망의 직경 및 노후도, ④ 불투수층(아스팔트, 콘크리트) 면적 비율 등이다.
- 레이블 (정답): 당시 해당 지역에서 실제로 측정된 '최대 침수 높이(cm)'이다.

(2) **지도학습 모델 적용**: 선형 회귀(Linear Regression)나 랜덤 포레스트(Random Forest)와 같은 회귀 모델은 강수량과 지형적 특성이 실제 침수 높이에 어떤 수학적 관계로 영향을 미치는지를 학습한다. 예를 들어, 침수 높이 = (a * 강수량) + (b * 지형 고도) + ... 와 같은 예측 공식을 스스로 찾아내는 것이다.

(3) **결과 및 활용**: 기상청에서 '3시간 뒤 시간당 100mm의 폭우'를 예보하면, 시는 이 예측 모델을 즉시 가동한다. 모델은 'A동은 15cm, B동은 50cm의 침수가 예상된다' 와 같이 동별 예상 침수 높이를 cm 단위로 정확하게 예측하여 '실시간 침수 위험 지도'를 생성한다. 이 정보를 바탕으로 B동에 우선적으로 배수펌프를 가동하고, 차량 및 주민 대피령을 발령하는 등 선택과 집중을 통한 효율적인 재난 대응이 가능해진다.

2.3. 교통 및 모빌리티 계획: 버스 승객 수를 정확히 예측하다

가상 시나리오

'대중교통 수요 예측 기반의 효율적 노선 운영' (회귀 문제)

텅 빈 채로 운행되거나, 반대로 승객이 몰려 발 디딜 틈 없는 버스는 비효율적인 대중교통 운영의 상징이다. 지도학습은 특정 시간, 특정 정류장의 승객 수를 예측하여 배차 간격을 최적화한다.

(1) 학습 데이터 (문제집과 정답지):

- ㅁ 입력 데이터 (문제): 지난 3년간의 모든 버스 정류장 데이터. ① 요일, ② 시간대, ③ 날씨(맑음, 비, 눈), ④ 주변 지역의 행사 정보(야구 경기, 콘서트 등), ⑤ 전월 평균 승객 수 등이다.
- ㅁ 레이블 (정답): 해당 조건에서 실제로 발생한 '총 탑승객 수'이다.

(2) **지도학습 모델 적용:** 회귀 모델은 이 데이터를 학습하여 '금요일 오후 6시, 비 오는 날, 강남역 버스 정류장'과 같은 특정 조건이 주어졌을 때의 예상 탑승객 수를 예측하는 능력을 갖추게 된다.

(3) **결과 및 활용:** '미래시'의 교통관제센터는 이 예측 모델을 통해 1시간 뒤 도시 전역의 버스 정류장별 예상 수요를 파악한다. 특정 노선에 평소보다 150% 많은 승객이 몰릴 것으로 예측되면, 해당 노선에 예비 차량을 추가 투입하여 배차 간격을 자동으로 줄인다. 반면, 수요가 적을 것으로 예측되는 노선은 배차 간격을 늘려 유류비와 인건비를 절감한다. 이는 시민의 대기 시간을 줄이는 동시에 운영의 효율성을 극대화하는 결과를 낳는다.

2.4. 도시건축설계: 건물의 에너지 효율을 미리 알다

가상 시나리오

'설계 초기 단계의 건물 에너지 성능 예측' (회귀 문제)

친환경 건축의 핵심은 에너지 효율이지만, 설계가 거의 완료된 후에야 복잡한 시뮬레이션을 통해 에너지 성능을 알 수 있는 경우가 많았다. 지도학습은 초기 설계안만으로도 에너지 효율을 빠르게 예측할 수 있게 한다.

(1) 학습 데이터 (문제집과 정답지):

- 입력 데이터 (문제): 수천 개의 기존 건물 설계 도면에서 추출한 파라미터. ① 건물의 향(남향, 서향 등), ② 창문 면적 비율, ③ 단열재의 종류 및 두께, ④ 건물의 형태(가로세로 비율 등), ⑤ 냉난방 시스템의 종류 등이다.
- 레이블 (정답): 각 건물의 최종 '연간 단위면적당 에너지 사용량 (kWh/m2 • year)'이다.

(2) **지도학습 모델 적용:** 회귀 모델은 수많은 설계 변수와 실제 에너지 사용량 간의 복잡한 상관관계를 학습한다.

(3) **결과 및 활용:** 건축가가 새로운 건물의 초기 설계안(향, 창문 면적 등 기본 파라미터)을 모델에 입력하면, "이 설계안의 예상 에너지 사용량은 연간 120kWh/m2입니다" 와 같이 즉각적인 피드백을 받을 수 있다. 건축가는 이 결과를 보고 창문의 크기를 줄이거나 단열재를 변경한 뒤 다시 모델을 실행하여, 여러 대안을 신속하게 비교하고 최적의 에너지 효율을 갖는 설계안을 초기 단계에서부터 발전시켜 나갈 수 있다.

소주제 3

머신 러닝(ML)의 비지도학습: 정답지 없이 스스로 질서를 찾아내는 탐험가

1. 머신 러닝의 숨은 보석, 비지도 학습(Unsupervised Learning)에 대한 심층 분석

(1) 아무런 정답이나 사전 정보 없이, 데이터 그 자체의 본질적인 구조와 패턴을 스스로 파헤쳐 나가는 '비지도 학습'은 데이터 과학의 진정한 탐험가라 할 수 있다

머신 러닝의 세계는 정답지를 보고 배우는 '지도 학습'만으로 이루어져 있지 않다. 오히려 아무런 정답이나 사전 정보 없이, 데이터 그 자체의 본질적인 구조와 패턴을 스스로 파헤쳐 나가는 '비지도 학습'은 데이터 과학의 진정한 탐험가라 할 수 있다.

1.1. ML의 비지도 학습의 개념: 정답지 없이 스스로 질서를 찾아내는 탐험가

(1) 비지도 학습은 '이름 모를 과일이 뒤섞인 상자를 종류별로 정리하는 과일가게 점원'과 같다.

비지도 학습을 가장 쉽게 비유하자면, '이름 모를 과일이 뒤섞인 상자를 종류별로 정리하는 과일가게 점원'과 같다.

점원에게는 '이것은 사과다', '저것은 바나나다'라는 정답(레이블)이 주어지지 않는다. 오직 자신의 눈으로 과일들의 색깔, 모양, 크기, 질감 등의 특징을 관찰하고, 비슷한 것들끼리 모아 그룹을 만드는 임무를 수행할 뿐이다. "이 동그랗고 빨간 것들은 한 무더기로", "저 길고 노란 것들은 다른 무더기로" 와 같이 말이다.

(2) 비지도 학습은 '정답(레이블)이 없는 데이터 내에 숨겨진 구조, 패턴, 관계, 특성 등을 컴퓨터가 스스로 학습하고 발견해내는 머신 러닝 방법론'이다

이처럼 비지도 학습은 '정답(레이블)이 없는 데이터 내에 숨겨진 구조, 패턴, 관계, 특성 등을 컴퓨터가 스스로 학습하고 발견해내는 머신 러닝 방법론'이다. 데이터의 내재적 질서를 찾아내는 과정 그 자체가 학습의 목적이 된다.

1.2. ML의 비지도 학습이 추구하는 목표: 데이터 본연의 구조 발견 (Structure Discovery)

비지도 학습이 추구하는 궁극적인 목표는 '데이터의 내재적 구조를 발견하고 이해하는 것'이다.

이는 크게 두 가지 방향으로 나타난다. 첫째는 비슷한 데이터끼리 묶어 그룹을 형성(Clustering)하는 것이고, 둘째는 데이터의 복잡성을 줄여 핵심적인 특징을 추출(Dimensionality Reduction)하는 것이다.

정답을 맞히는 것(예측)이 목표가 아니므로, '정확도'라는 척도로 성능을 평가하기 어렵다. 대신, 얼마나 의미 있는 그룹을 형성했는지, 데이터의 본질을 얼마나 잘 요약했는지가 모델의 성능을 가늠하는 중요한 기준이 된다. 즉, 데이터의 숨겨진 '인사이트'를 발굴하여 데이터에 대한 이해

를 심화시키는 것을 지향한다.

1.3. 비지도 학습의 적용 기술 유형 및 특징

비지도 학습은 주로 데이터의 구조를 어떻게 파악하느냐에 따라 여러 유형으로 나뉜다.

1.3.1. 군집화 (Clustering)

'군집화'는 전체 데이터를 유사한 특성을 가진 몇 개의 그룹(군집, Cluster)으로 자동 분류하는 기술이다. 데이터셋 내의 자연스러운 그룹을 찾는 것이 목적이다.

1) 특징

각 데이터가 어떤 그룹에 속하는지를 결과로 내놓는다. 그룹의 개수를 미리 정해줄 수도 있고, 알고리즘이 스스로 찾게 할 수도 있다.

2) 대표 알고리즘

(1) K-평균 군집화(K-Means Clustering): 사용자가 지정한 K개의 중심점을 기준으로, 각 데이터가 가장 가까운 중심점에 속하도록 그룹을 형성하는 방식이다. 계산이 빠르고 직관적이다.

(2) 계층적 군집화(Hierarchical Clustering): 개별 데이터를 하나의 군집으로 시작하여 가장 비슷한 군집끼리 순차적으로 합쳐나가거나, 전체를 하나의 군집으로 시작하여 나눠나가는 방식이다. 군집의 계층 구조를 파악할 수 있다.

1.3.2. 차원 축소 (Dimensionality Reduction)

'차원 축소'는 데이터를 설명하는 여러 변수(특성, Feature)의 수를 줄이면서도, 원본 데이터의 중요한 정보는 최대한 유지하는 기술이다. 고차원의 복잡한 데이터를 저차원의 단순한 데이터로 변환한다.

1) 특징

많은 변수를 가진 데이터를 시각화 하거나, 모델 학습 속도를 높이고 과적합을 방지하는 데 효과적이다.

2) 대표 알고리즘

주성분 분석 (PCA, Principal Component Analysis): 데이터의 분산(정보량)을 가장 잘 설명하는 새로운 축(주성분)을 찾아, 그 축으로 데이터를 투영하여 차원을 축소하는 가장 대표적인 기법이다.

1.3.3. 연관 규칙 분석 (Association Rule Mining)

'연관 규칙 분석'은 대규모 데이터셋에서 항목들 간의 'A가 발생하면 B도 발생한다'는 형태의 흥미로운 관계나 규칙을 발견하는 기술이다.

1) 특징1

"장바구니 분석"으로도 불리며, 특정 항목들 사이에 존재하는 숨겨진 연관성을 찾아낸다. (예: 기저귀와 맥주)

2) 대표 알고리즘

Apriori, FP-Growth 등이 있다

1.4. ML의 비지도 학습의 기술의 역할과 기여도

비지도 학습은 '정답'이라는 제약에서 벗어나 데이터의 가능성을 탐험하는 데 핵심적인 역할을 한다.

(1) 데이터 탐색 및 이해 증진: 레이블이 없는 방대한 데이터의 구조를 시각화하고 그룹화함으로써, 인간이 미처 파악하지 못했던 데이터의 특성과 인사이트를 발견하게 한다.

(2) 지도 학습의 전처리 단계: 군집화를 통해 데이터에 레이블을 생성하거나, 차원 축소를 통해 모델의 학습 효율을 높이는 등 지도 학습의 성능을 향상시키는 중요한 전처리 도구로 활용된다.

(3) 이상 탐지(Anomaly Detection): 대부분의 데이터가 속한 '정상' 군집에서 멀리 떨어진 데이터 포인트를 '이상치'로 간주하여, 시스템 오류, 사기 거래, 불량품 등을 탐지하는 데 결정적으로 기여한다.

1.5. ML의 비지도 학습의 기술의 장점과 단점

■ **장점과 단점**

구분	내용
장점 (Advantages)	1. 레이블링 비용 불필요: 정답 데이터 구축 과정이 필요 없어, 비용과 시간을 획기적으로 절약할 수 있으며 레이블링이 불가능한 데이터에도 적용 가능하다. 2. 예상치 못한 패턴 발견: 인간의 편견이나 사전 지식 없이 데이터 자체의 구조를 탐색하므로, 전혀 예상하지 못했던 새로운 지식이나 인사이트를 발견할 가능성이 열려 있다. 3. 데이터 탐색에 강력함: 데이터의 전체적인 분포와 구조를 이해하는 탐색적 데이터 분석(EDA)에 매우 효과적이다.
단점 (Disadvan-tages)	1. 성능 평가의 모호성: 정답이 없기 때문에 모델의 성능을 객관적으로 측정하고 평가하기가 매우 어렵다. 2. 결과 해석의 주관성: 군집의 개수를 몇 개로 할지, 발견된 패턴을 어떻게 해석할지에 대한 전문가의 주관적인 판단이 개입될 여지가 크다. 3. 원하는 결과 도출의 어려움: 학습 과정에 직접적인 제어가 어려워, 비즈니스 목표에 정확히 부합하는 결과를 얻기 위해서는 많은 실험과 조정이 필요하다.

1.6. ML의 비지도 학습의 기술의 활용 데이터: '특징'만 존재하는 데이터

비지도 학습은 지도 학습과 달리 '정답 레이블' 없이 오직 '입력 특징(Input Feature)'만으로 구성된 데이터를 활용한다. 데이터의 각 행은 독립적인 관측치(예: 한 명의 고객, 하나의 상품)를 나타내고, 각 열은 그 관측치를 설명하는 다양한 특성들로 이루어져 있다.

- ({고객의 연령, 성별, 방문 횟수, 평균 구매액})
- ({뉴스 기사의 본문 텍스트를 구성하는 단어들의 출현 빈도})
- ({정상/비정상 공정 센서 데이터 값들의 시계열})

1.7. ML의 비지도 학습 기술의 대표적인 활용 예시

비지도 학습은 데이터의 숨은 질서를 찾아 다양한 분야에서 가치를 창출하고 있다.

(1) **고객 세분화**(군집화): 쇼핑몰이 구매 패턴, 접속 기록, 인구 통계 정보 등을 바탕으로 고객들을 '알뜰 쇼핑족', '신상 매니아', '충성 고객' 등 몇 개의 그룹으로 나누어, 각 그룹에 맞는 맞춤형 마케팅 전략을 수립한다.

(2) **이상 거래 탐지**(군집화/이상 탐지): 신용카드사에서 평소의 결제 패턴과 크게 다른 시간, 장소, 금액의 거래가 발생하면 이를 '이상 거래' 군집으로 분류하여 사용자에게 즉시 알림을 보낸다.

(3) **추천 시스템**(연관 규칙 분석): 온라인 쇼핑몰에서 "이 상품을 구매한 고객이 함께 구매한 상품" 목록을 보여주는 것은, 대규모 거래 데이터에서 'A 상품과 B 상품은 함께 구매될 확률이 높다'는 연관 규칙을 찾아낸 결과이다.

(4) **토픽 모델링(군집화)**: 수많은 뉴스 기사나 문서 데이터에서 자주 함께 등장하는 단어들을 묶어, '정치', '경제', '스포츠'와 같은 숨겨진 주제(Topic)들을 자동으로 찾아내어 문서를 분류한다.

결론적으로 비지도 학습은 데이터라는 미지의 대륙을 탐험하는 나침반과 지도의 역할을 수행하며, 숨겨진 보물(인사이트)을 찾아내는 머신러닝의 핵심적인 패러다임이라 할 수 있다.

2. 머신러닝의 비지도학습(Unsupervised Learning)을 활용한 미래 도시 설계: 가상 시나리오

비지도학습(Unsupervised Learning)은 지도학습과 달리 '정답'이나 '레이블'이 없는 데이터 속에서 숨겨진 구조, 패턴, 유사성을 스스로 찾아내는 머신러닝 기법이다. 이는 마치 사용 설명서 없이 수만 개의 레고 블록을 받아든 사람이 색깔, 모양, 크기별로 블록을 스스로 분류하고 그룹을 만들어내는 과정과 유사하다. 즉, 데이터가 가진 본연의 특성을 발견하고 이해하는 데 중점을 둔다.

본고에서는 가상의 도시 '미래시(Mirae-si)'를 배경으로, 비지도학습의 대표적인 기법인 '군집화(Clustering)'와 '연관 분석(Association Analysis)'이 도시의 다양한 분야에서 어떻게 활용될 수 있는지 가상 시나리오를 통해 설명하고자 한다.

2.1. 도시계획: 숨겨진 도시의 정체성을 발견하다

가상 시나리오

'유동인구 및 상권 데이터 기반의 실질적 지역 군집화' (군집화 문제)

행정구역이나 용도지역(주거, 상업 등)은 도시의 복합적인 특성을 제대로 반영하지 못한다. 같은 '상업지역'이라도 20대 유동인구가 많은 쇼핑 중심지와 40대 직장인이 많은 오피스 중심지는 성격이 완전히 다르다. 비지도학습은 이러한 숨겨진 도시의 진짜 얼굴을 찾아낸다.

(1) **학습 데이터(설명서 없는 레고 블록):** '미래시' 내 모든 지역 블록에 대한 레이블 없는 데이터. 여기에는 ① 시간대별 유동인구 수, ② 연령대별 인구 분포, ③ SNS에서 언급된 장소들의 종류(카페, 식당, 학원, 병원 등), ④ 대중교통 승하차 인원 데이터 등이 포함된다.

(2) **비지도학습 모델 적용:** K-평균 군집화(K-Means Clustering)와 같은 알고리즘은 이 데이터들을 분석하여 유사한 특성을 가진 지역들을 하나의 '군집(Cluster)'으로 묶는다.

(3) **결과 및 활용:** 분석 결과, '미래시'는 공식 행정구역과 무관하게 7개의 특징적인 군집으로 나뉨이 발견된다. 예를 들어, '주말 주간 가족 나들이 군집', '주중 야간 20대 유흥 군집', '평일 주간 직장인 오피스 군집', '노년층 주거 및 의료 서비스 군집' 등으로 자동 분류된다. 도시계획가는 이 '실질 생활권 지도'를 바탕으로, '야간 유흥 군집'에는 심야버스 노선을 증설하고, '노년층 군집'에는 보행 친화적인 환경과 커뮤니티 시설을 집중적으로 배치하는 등 각 군집의 실제 특성에 맞는 맞춤형 도시계획을 수립할 수 있다.

2.2. 환경계획: 소음 공해의 숨은 원인을 찾다

가상 시나리오

'복합 요인 분석을 통한 도시 소음 패턴 군집화' (군집화 문제)

도시의 소음은 단순히 '시끄러운 곳'과 '조용한 곳'으로 나뉘지 않는다. 교통 소음, 공사장 소음, 생활 소음 등 원인과 패턴이 매우 다양하다. 비지도학습은 이러한 소음의 복합적인 패턴을 식별하여 근본적인 해결책을 제시한다.

(1) **학습 데이터(설명서 없는 레고 블록)**: 도시 곳곳의 소음 측정 센서에서 수집된 레이블 없는 데이터. ① 시간대별 소음 크기(dB), ② 소리의 주파수 패턴, ③ 주변 교통량, ④ 공사장 유무, ⑤ 상업시설 밀도 등의 데이터가 포함된다.

(2) **비지도학습 모델 적용**: 군집화 알고리즘은 유사한 소음 프로필을 가진 지역들을 그룹화한다.

(3) **결과 및 활용**: 분석 결과, 소음 발생 지역이 몇 개의 특징적인 군집으로 분류된다. '군집 A'는 낮은 주파수의 소음이 출퇴근 시간에 집중되는 '간선도로 교통 소음' 유형으로, '군집 B'는 불규칙하고 높은 주파수의 소음이 주간에 발생하는 '대규모 공사장 소음' 유형으로, '군집 C'는 늦은 밤에 높은 주파수의 소음이 산발적으로 나타나는 '유흥가 생활 소음' 유형으로 식별된다. 시 환경 담당자는 이 결과를 바탕으로, '군집 A' 지역에는 방음벽 설치를, '군집 B' 지역에는 공사 시간 제한을, '군집 C' 지역에는 집중적인 소음 단속 캠페인을 벌이는 등 각 소음의 '원인'에 맞는 차별화된 저감 대책을 시행하여 정책의 실효성을 높인다.

2.3. 교통 및 모빌리티 계획: 시민들의 이동 목적을 유추하다

가상 시나리오

'대중교통 이용 패턴의 연관 분석' (연관 분석 문제)

시민들이 '어디에서 타서 어디에서 내리는지'는 알지만, '왜 이동하는지' 그 목적을 알기는 어렵다. 비지도학습의 연관 분석은 "A를 이용한 사람이 B도 이용한다"는 규칙을 찾아내어 숨겨진 이동 목적과 경로를 발견한다.

(1) **학습 데이터(설명서 없는 레고 블록)**: 익명화된 시민들의 대중교통 환승 기록. 한 명의 사용자가 하루 동안 이용한 '버스A→지하철B→버스C'와 같은 모든 이동 경로 데이터의 집합이다.

(2) **비지도학습 모델 적용**: 장바구니 분석(Market Basket Analysis)으로도 불리는 연관 분석 알고리즘이 적용된다. 이는 "기저귀를 산 사람이 맥주도 산다"는 규칙을 찾아내는 것과 같은 원리다.

(3) **결과 및 활용**: 분석 결과, 흥미로운 연관 규칙들이 발견된다. 예를 들어, Rule 1: {'A초등학교' 정류장 하차} → {'B아파트 단지' 정류장 하차} (신뢰도 85%) 라는 규칙이 발견된다. 이는 A초등학교에서 하교한 아이들이 B아파트 단지로 귀가하는 핵심적인 '통학 경로'임을 의미한다. 또한 Rule 2: {'C미술관' 정류장} → {'D맛집거리' 정류장} 규칙은 '문화생활 후 식사'라는 전형적인 여가 활동 패턴을 보여준다. 교통계획가는 이러한 숨겨진 이동 목적과 경로를 바탕으로, '통학 경로'에는 안전한 보행 환경을 조성하고 '여가 경로'에는 주말 배차를 늘리는 등 시민들의 실제 생활 패턴에 부합하는 교통 서비스를 제공할 수 있다.

2.4. 도시건축설계: 잠재된 건축 디자인 선호도를 발견하다

가상 시나리오

'건축 이미지 분석을 통한 디자인 스타일 군집화' (군집화 문제)

사람들이 선호하는 건축 디자인은 명확히 정의하기 어려운 주관의 영역이다. 비지도학습은 방대한 건축물 이미지 속에서 사람들이 잠재적으로 선호하는 디자인 스타일의 유형들을 객관적으로 분류해낼 수 있다.

(1) **학습 데이터(설명서 없는 레고 블록)**: 인스타그램, 핀터레스트 등 소셜 미디어에 공유된 수만 장의 건축물 사진. 이 사진들에는 '좋아요' 수나 '공유' 수 외에 '모던 스타일', '클래식 스타일'과 같은 정답 레이블이 없다.

(2) **비지도학습 모델 적용**: 먼저, CNN(Convolutional Neural Network)과 같은 딥러닝 모델이 각 이미지에서 선의 형태, 색감, 질감, 개구부 비율 등 시각적 특징을 추출한다. 이후, 군집화 알고리즘이 이 특징들을 기반으로 유사한 이미지들을 그룹으로 묶는다.

(3) **결과 및 활용**: 분석 결과, 건축물 이미지들은 '미니멀한 유리와 금속 중심의 군집', '따뜻한 벽돌과 녹지가 어우러진 군집', '노출 콘크리트 기반의 인더스트리얼 군집' 등 몇 개의 주요 스타일 군집으로 자연스럽게 분류된다. 건축가는 특정 지역이나 용도(예: 카페거리)에서 어떤 스타일 군집이 사람들에게 더 많은 호응(좋아요, 공유)을 얻는지 분석하여, 대중의 잠재된 미적 선호도를 파악하고 이를 초기 디자인 과정에 참고 자료로 활용할 수 있다.

소주제 4

머신 러닝의 강화 학습 (Reinforcement Learning)

1. 머신 러닝의 궁극, 강화 학습(Reinforcement Learning)에 대한 고찰

머신 러닝의 세 갈래 길, 즉 지도 학습과 비지도 학습을 지나면 마침내 행동하고 결정하는 인공지능의 정점, '강화 학습'을 마주하게 된다.

(1) 강화 학습은 단순히 데이터를 분류하거나 군집화하는 것을 넘어, 주어진 환경 속에서 최적의 행동 방식을 스스로 터득해 나가는 가장 동적인 학습 방법론이다.

강화 학습은 단순히 데이터를 분류하거나 군집화하는 것을 넘어, 주어진 환경 속에서 최적의 행동 방식을 스스로 터득해 나가는 가장 동적인 학습 방법론이다.

1.1. ML의 강화 학습의 개념: 시행착오를 통해 성장하는 능동적 학습자

(1) 강화 학습은 '에이전트가 환경과 상호작용하며 자신이 한 행동에 대한 보상을 통해, 앞으로의 보상을 최대화하는 방향으로 행동 전략(Policy)을 스스로 학습하는 머신 러닝 방법론'이다.

강화 학습의 개념을 가장 쉽게 비유하자면, '간식을 얻기 위해 재주를 배우는 강아지'의 훈련 과정과 같다. 여기에는 네 가지 핵심 요소가 등장한다. 바로 에이전트(Agent, 강아지), 환경(Environment, 거실), 행동(Action, '앉아', '굴러' 등), 그리고 보상(Reward, 간식 또는 칭찬)이다.

강아지(에이전트)는 거실(환경)이라는 공간에서 특정 상태(State)에 놓여 있다. 이때 '앉아'라는 행동(Action)을 취했을 때, 주인으로부터 간식이라는 긍정적 보상(Positive Reward)을 받는다.

반면, 가구를 물어뜯는 행동을 하면 '안돼!'라는 부정적 보상(Negative Reward)을 받는다. 이 과정이 반복되면서 강아지는 어떤 행동이 더 많은 간식으로 이어지는지를 스스로 학습하고, 점차 간식을 받을 확률이 높은 행동을 더 자주 하게 된다.

이처럼 강화 학습은 '에이전트가 환경과 상호작용하며 자신이 한 행동에 대한 보상을 통해, 앞으로의 보상을 최대화하는 방향으로 행동 전략(Policy)을 스스로 학습하는 머신 러닝 방법론'이다.

(2) 강화학습은 정답을 알려주는 교사(지도 학습)도, 데이터의 구조를 파헤치는 탐험가(비지도 학습)도 아닌, 시행착오를 통해 지혜를 터득하는 실천가에 가깝다.

강화학습은 정답을 알려주는 교사(지도 학습)도, 데이터의 구조를 파헤치는 탐험가(비지도 학습)도 아닌, 시행착오를 통해 지혜를 터득하는 실천가에 가깝다.

1.2. ML의 강화 학습이 추구하는 목표: 누적 보상의 최대화(Maximizing Cumulative Reward)

(1) 강화 학습이 추구하는 궁극적인 목표는 '시간이 지남에 따라 에이전트가 받게 될 누적 보상의 총합을 최대화하는 것'이다.

강화 학습이 추구하는 궁극적인 목표는 '시간이 지남에 따라 에이전트가 받게 될 누적 보상의 총합을 최대화하는 것'이다.

(2) 체스 게임에서 당장 상대방의 작은 졸(pawn) 하나를 잡는 것(작은 즉시 보상)보다, 몇 수 뒤에 체크메이트(Checkmate)를 통해 게임에서 승리(매우 큰 지연 보상)하는 전략을 세우는 것이 강화학습의 목표이다.

이는 당장 눈앞의 보상에만 집착하지 않는다는 점에서 매우 중요하다. 예를 들어, 체스 게임에서 당장 상대방의 작은 졸(pawn) 하나를 잡는 것(작은 즉시 보상)보다, 몇 수 뒤에 체크메이트(Checkmate)를 통해 게임에서 승리(매우 큰 지연 보상)하는 전략을 세우는 것이 최종 목표이다.

(3) '활용'은 이미 보상이 크다고 알려진 행동을 계속하는 것이고, '탐험'은 당장의 손해를 감수하더라도 더 큰 보상을 가져와줄지 모르는 새로운 행동을 시도하는 것이다.

따라서 에이전트는 '탐험(Exploration)'과 '활용(Exploitation)' 사이에서 끊임없이 균형을 맞춰야 한다. '활용'은 이미 보상이 크다고 알려진 행동을 계속하는 것이고, '탐험'은 당장의 손해를 감수하더라도 더 큰 보상을 가져와줄지 모르는 새로운 행동을 시도하는 것이다.

(4) 보상의 총합을 극대화하는 최적의 행동 전략, 즉 '정책(Policy)'을 수립하는 것이 강화 학습의 핵심 목표가 된다.

이 딜레마를 효과적으로 해결하며 장기적인 관점에서 보상의 총합을 극대화하는 최적의 행동 전략, 즉 '정책(Policy)'을 수립하는 것이 강화 학습의 핵심 목표가 된다.

1.3. ML의 강화 학습의 적용 기술 유형 및 특징

강화 학습 기술은 '무엇을 학습하는가'에 따라 크게 두 가지 갈래로 나뉜다.

1.3.1. ML의 강화 학습의 '가치 기반 학습 (Value-Based Learning)'

(1) 특정 상황에서 어떤 행동을 하는 것이 미래의 누적 보상을 얼마나 가져와줄지를 숫자로 평가(가치 함수)하고, 항상 가장 높은 가치를 가지는 행동을 선택한다.

이는 각 '상태' 또는 '상태-행동 쌍'이 장기적으로 얼마나 가치 있는지를 학습하는 방식이다. 즉, 특정 상황에서 어떤 행동을 하는 것이 미래의 누적 보상을 얼마나 가져와줄지를 숫자로 평가(가치 함수)하고, 항상 가장 높은 가치를 가지는 행동을 선택한다.

1) 강화 학습의 '가치 기반 학습 특징

행동의 가치를 직접적으로 학습하여 정책이 결정된다. 체스에서 특정 기물의 위치가 승리에 얼마나 유리한지를 점수 화하는 것과 유사하다.

2) 강화 학습의 '가치 기반 학습 대표 알고리즘

(1) Q-러닝(Q-Learning): 특정 상태에서 특정 행동을 했을 때의 가치(Q-value)를 학습하는 가장 대표적인 알고리즘이다.

(2) DQN(Deep Q-Network): Q-러닝에 딥 러닝을 결합한 형태로, 매우 복잡하고 다양한 상태(예: 게임 화면 픽셀)를 입력 받아 처리할 수 있다. 아타리 게임 정복으로 유명해졌다.

1.3.2. ML의 강화 학습의 '정책 기반 학습 (Policy-Based Learning)'

(1) 특정 상태에서 어떤 행동을 할지에 대한 '확률' 자체를 직접적으로 학습하는 방식이다. 즉, 최적의 '정책'을 바로 찾아 나선다.

이는 행동의 가치를 일일이 계산하는 대신, 특정 상태에서 어떤 행동을 할지에 대한 '확률' 자체를 직접적으로 학습하는 방식이다. 즉, 최적의 '정책'을 바로 찾아 나선다.

1) 정책 기반 학습의 특징

행동의 확률 분포를 학습하므로, 연속적인 행동(예: 자동차 핸들 각도 조절)이나 확률적인 최적 정책이 필요한 문제에 강점을 가진다.

2) 정책 기반 학습의 대표 알고리즘

(1) REINFORCE: 정책 경사(Policy Gradient)를 이용해 보상을 높이는 방향으로 정책을 직접 업데이트하는 기본적인 알고리즘이다.

(2) Actor-Critic: 가치 기반 학습(Critic)과 정책 기반 학습(Actor)을 결합한 하이브리드 형태로, Actor가 행동을 하면 Critic이 그 행동이 얼마나 좋았는지를 평가하여 Actor의 다음 행동 결정에 피드백을 준다. 안정성과 성능 면에서 뛰어나다.

1.3.3. ML의 강화 학습 기술의 역할과 기여도

(1) 강화 학습은 정적인 분석을 넘어, 동적인 환경에서 최적의 순차적 의사결정 문제를 해결하는 데 독보적인 역할을 한다.

강화 학습은 정적인 분석을 넘어, 동적인 환경에서 최적의 순차적 의사결정 문제를 해결하는 데 독보적인 역할을 한다.

(1) 자율 시스템의 두뇌: 로봇공학, 자율 주행, 게임 AI 등 스스로 판단하고 행동해야 하는 자율 시스템의 핵심 제어 로직을 구현하는 데 결정적인 기여를 한다.

(2) **초인적 전략 발견:** 인간의 직관이나 기존의 정형화된 알고리즘으로는 찾기 어려운 복잡한 문제(예: 바둑, 자원 최적화)에서 인간을 뛰어넘는 창의적이고 효율적인 해법을 발견한다.

(3) **실시간 적응 및 최적화:** 시시각각 변하는 환경(예: 주식 시장, 데이터 센터 부하)에 실시간으로 적응하며, 장기적인 목표를 달성하기 위한 최적의 운영 방식을 찾아낸다.

1.4. ML의 강화 학습의 장점과 단점

■ **장점과 단점**

구분	내용
장점 (Advantages)	1. 복잡한 문제 해결 능력: 명시적인 정답이 없고 순차적 의사결정이 필요한 매우 복잡한 문제에 대한 해법을 스스로 찾아낼 수 있다. 2. 장기적 최적화: 단기적인 이익이 아닌, 장기적인 관점에서 누적 보상을 최대화하는 전략을 학습할 수 있다. 3. 높은 수준의 자율성: 일단 학습이 완료되면, 변화하는 환경에 적응하며 스스로 최적의 판단을 내리는 높은 수준의 자율성을 보여준다.
단점 (Disadvan-tages)	1. 학습의 비효율성 (Sample Inefficiency): 유의미한 전략을 배우기까지 수많은 시행착오, 즉 엄청난 양의 데이터(상호작용 경험)가 필요하여 학습 시간이 매우 길고 컴퓨팅 자원 소모가 크다. 2. 보상 설계의 어려움 (Reward Shaping): 에이전트가 의도된 행동을 학습하도록 정교한 보상 함수를 설계하는 것이 매우 어렵고, 잘못된 보상은 예상치 못한 부작용을 낳을 수 있다. 3. 학습의 불안정성: 학습 과정이 불안정하여 결과 재현이 어렵고, 성능이 수렴하지 않거나 최적이 아닌 지역 해(Local Optima)에 빠지기 쉽다.

1.5. ML의 강화 학습의 활용 데이터: 환경과의 상호작용으로 생성되는 경험

(1) 강화 학습은 미리 준비된 정적인 데이터셋을 사용하지 않는다. 대신, 에이전트가 환경과 상호작용하는 과정에서 실시간으로 생성되는 경험 데이터를 활용한다.

강화 학습은 미리 준비된 정적인 데이터셋을 사용하지 않는다. 대신, 에이전트가 환경과 상호작용하는 과정에서 실시간으로 생성되는 경험 데이터를 활용한다.

이 데이터는 보통 (현재 상태, 행동, 보상, 다음 상태)의 튜플(Tuple) 형태로 기록되며, 에이전트는 이 연속적인 경험의 흐름을 통해 자신의 정책을 점차 개선해 나간다. 즉, 스스로 데이터를 만들어내고, 그 데이터로 학습하는 자기 주도적 학습 방식이다.

1.6. ML의 강화 학습의 대표적인 활용 예시

강화 학습은 이제 이론을 넘어 현실 세계의 복잡한 문제들을 해결하는 핵심 기술로 자리 잡고 있다.

(1) 게임 AI(Game AI): 딥마인드의 **알파고(AlphaGo)**가 세계 최고 바둑 기사를 이긴 것은 강화 학습의 능력을 전 세계에 각인시킨 대표적인 사례이다. 이 외에도 스타크래프트, 도타 2 등 복잡한 전략 게임에서 인간을 능가하는 AI 플레이어를 만드는 데 활용된다.

(2) 로보틱스(Robotics): 로봇 팔이 다양한 물체를 집도록 훈련시키거나, 이족 보행 로봇이 넘어지지 않고 걷는 법, 드론이 장애물을 피해 비행하는 법을 스스로 터득하게 하는 데 사용된다.

(3) **자율 주행(Autonomous Driving):** 자율주행차가 도로의 교통 상황(상태)을 인식하고, 가속, 감속, 차선 변경 등(행동)의 복잡한 의사결정을 내려 안전하고 효율적인 주행(보상)을 달성하도록 학습시킨다.

(4) **자원 관리 최적화:** 구글은 데이터센터의 냉각 장치를 제어하는 데 강화 학습을 적용하여, 전력 소비량을 획기적으로 줄이는 성과를 거두었다. 이 외에 금융 포트폴리오 관리, 통신망 최적화 등에도 활용된다.

이처럼 강화 학습은 보상이라는 명확한 목표를 향해 끊임없이 도전하고 배우며, 기계가 스스로 지능적인 전략을 터득하게 하는 가장 진보된 형태의 머신 러닝 방법론이라 할 수 있다.

2. 머신 러닝의 강화학습(Reinforcement Learning)을 활용한 미래 도시 설계: 가상 시나리오

강화학습(Reinforcement Learning)은 정해진 정답을 학습하는 지도학습이나 데이터의 구조를 발견하는 비지도학습과 달리, '에이전트(Agent)'가 주어진 '환경(Environment)' 내에서 특정 목표를 달성하기 위해 스스로 최적의 '행동(Action)'을 학습해 나가는 방식이다.

에이전트는 자신의 행동에 대해 '보상(Reward)' 또는 '벌점(Penalty)'을 받으며, 누적 보상을 최대화하는 방향으로 자신의 행동 전략, 즉 '정책(Policy)'을 스스로 개선해 나간다. 이는 마치 조련사가 정해진 답을 알려주지 않고, 강아지가 바람직한 행동을 할 때마다 간식(보상)을 주어 점차 원하는 행동을 하도록 훈련시키는 과정과 같다.

이 글에서는 가상의 도시 '미래시(Mirae-si)'를 배경으로, 이처럼 시행착오를 통해 스스로 최적의 전략을 학습하는 강화학습이 도시의 각 분야를 어떻게 능동적으로 운영하고 최적화할 수 있는지 구체적인 시나리오를 통해 설명하고자 한다.

2.1. 도시계획: 변화에 적응하는 동적 용도지역 관리 시스템

가상 시나리오

'도시 활력 점수'를 보상으로 학습하는 도시계획 에이전트

전통적인 도시계획은 한번 수립되면 수십 년간 고정되어, 급변하는 사회경제적 상황에 유연하게 대처하기 어렵다. 강화학습은 도시를 하나의 거대한 게임판으로 보고, 도시의 장기적인 번영이라는 목표를 달성하기 위한 최적의 수를 학습한다.

(1) **에이전트(Agent)**: '미래시 도시계획 AI'

(2) **환경(Environment)**: 도시의 모든 데이터를 통합한 디지털 트윈(Digital Twin) 시뮬레이터

(3) **상태(State)**: 현재의 주택 가격, 실업률, 교통 혼잡도, 공공시설 만족도 등 도시의 종합적인 현황

(4) **행동(Action)**: 'A 지역의 용도지역 상향 조정 제안', 'B 지역에 산업단지 유치 인센티브 제공', 'C 지역에 공원 부지 매입' 등 도시계획적 결정

(5) **보상(Reward)**: 행동의 결과로 '도시 총 활력 점수(주거 안정성, 경제 성장률, 환경 점수 등을 종합한 가상의 점수)'가 상승하면 양(+)의 보상을, 하락하면 음(-)의 보상(벌점)을 받는다.

(6) **결과 및 활용**: 도시계획 AI는 디지털 트윈 환경 속에서 수만 번의 시뮬레이션을 통해 가상의 수백 년에 해당하는 도시 운영을 경험한다. 이 과정에서 단기적으로는 손해처럼 보이는 결정(예: 당장의 개발이익을 포기하고 공원을 조성)이 장기적으로는 도시 전체의 활력 점수를 크게 높인다는 최적의 정책을 스스로 학습하게 된다. 인간 도시계획가는 AI가 학습한 이 장기적 전략을 참고하여, 근시안적인 판단을 넘어 도시의 지속가능성을 극대화하는 의사결정을 내릴 수 있다.

2.2. 환경계획: 스스로 학습하는 도시 에너지 수요관리 시스템

가상 시나리오

'에너지 비용 및 탄소 배출 최소화'를 목표로 하는 스마트 그리드 에이전트

신재생에너지의 비중이 높아질수록 전력 공급은 간헐적이고 불안정해진다. 강화학습은 도시의 전력망을 안정적으로 유지하면서 비용과 탄소 배출을 최소화하는 최적의 운영 방법을 실시간으로 학습한다.

(1) **에이전트(Agent)**: '미래시 스마트 그리드 관제 AI'

(2) **환경(Environment)**: 도시의 전력망(발전소, 태양광/풍력 발전기, 에너지 저장 장치(ESS), 각 가정의 전력 사용량 등)

(3) **상태(State)**: 현재 시간의 전력 수요량, 태양광 발전량, 풍속, ESS 배터리 잔량, 전력 거래 가격 등

(4) **행동(Action)**: 'ESS에 잉여 전력 저장', '풍력 발전기에서 전력 공급', '전력 거래소에서 전기 구매', '시민들에게 피크타임 요금제 적용을 통한 수요 감축 유도' 등

(5) **보상(Reward)**: 전력 공급이 안정적으로 유지되면서, 총 에너지 비용과 탄소 배출량이 감소하면 높은 보상을 받는다. 만약 정전(블랙아웃)이 발생하면 매우 큰 벌점을 받는다.

(6) **결과 및 활용**: 관제 AI는 수많은 시행착오 끝에, 맑은 날 낮에는 전기를 비축했다가 구름이 끼는 순간 즉시 ESS의 전력을 방출하고, 심야의 저렴한 전기를 구매해 두는 등 복잡한 상황에 대한 최적의 대응 전략을 체득한다. 이는 인간 운영자가 모든 변수를 고려하여 판단하기 어려운 수 초 단위의 정밀한 제어를 가능하게 하여, 도시의 에너지 시스템을 가장 경제적이고 친환경적으로 운영하게 만든다.

2.3. 교통 및 모빌리티 계획: 도시 전체의 흐름을 지휘하는 교통 오케스트라

가상 시나리오

'도시 전체의 평균 이동 시간 최소화'를 목표로 하는 통합 교통신호 에이전트

개별 교차로의 신호 최적화를 넘어, 도시 전체의 교통 흐름을 하나의 거대한 유기체로 보고 지휘하는 것은 강화학습이 가장 빛을 발하는 분야다.

(1) **에이전트(Agent)**: 도시의 모든 교통신호등을 제어하는 '중앙 교통 AI'

(2) **환경(Environment)**: 도시의 도로망과 실시간 차량 흐름 데이터

(3) **상태(State)**: 각 도로의 차량 밀도, 평균 이동 속도, 교차로의 대기 차량 수, 돌발상황(사고, 공사) 정보

(4) **행동(Action)**: 수백 개 교차로 신호등의 녹색 신호 길이를 동시에 조절하는 것

(5) **보상(Reward)**: 도시 전체 차량의 평균 이동 시간이 1초 감소할 때마다 양(+)의 보상을, 1초 증가할 때마다 음(-)의 보상을 받는다.

교통량 계산을 위한 딥 러닝 테스트웍스

(6) **결과 및 활용:** AI 에이전트는 수백만 번의 시뮬레이션을 통해 인간이 직관적으로 생각하기 힘든 복합적인 제어 패턴을 학습한다. 예를 들어, 강남대로의 흐름을 원활하게 하기 위해 의도적으로 주변 이면도로의 신호를 짧게 주어 진입을 억제하거나, 대규모 콘서트 종료 10분 전부터 행사장 주변 도로의 신호들을 미리 비워두는 등의 '예측 기반 제어'를 수행한다. 그 결과, 도시의 교통은 개별적으로 작동하는 신호등의 집합이 아닌, 하나의 지휘자에 의해 연주되는 거대한 오케스트라처럼 유기적이고 효율적인 흐름을 갖게 된다.

2.4. 도시건축설계: 최적의 사용자 경험을 찾아내는 공간 설계 에이전트

가상 시나리오

'이용자 동선 효율화'를 목표로 학습하는 건축 평면 자동 생성 에이전트

건축설계에서 이용자의 동선 효율과 공간 만족도를 극대화하는 평면을 찾는 것은 매우 복잡한 과제이다. 강화학습은 가상공간 속에서 수많은 평면을 테스트하며 최적의 해를 탐색할 수 있다.

(1) **에이전트(Agent)**: '병원 건축 평면 최적화 AI'

(2) **환경(Environment)**: 가상의 병원 건물 3D 모델과, 그 속에서 목표(진료, 검사, 입원 등)를 가지고 움직이는 가상 환자 및 의료진 시뮬레이터

(3) **상태(State)**: 현재의 벽, 문, 복도, 진료실, 검사실 등의 배치 구조

(4) **행동(Action)**: '벽을 이동', '복도 폭을 확장', '간호사 스테이션 위치 변경', '주요 검사실을 응급실 근처로 재배치' 등 평면 요소를 수정하는 것

(5) **보상(Reward)**: 행동 결과, 환자들의 평균 이동 거리가 줄어들거나, 응급환자가 수술실까지 도착하는 시간이 단축되면 양(+)의 보상을 받는다. 동선이 꼬이거나 건축 법규를 위반하면 큰 벌점을 받는다.

(6) **결과 및 활용**: AI 에이전트는 수만 번의 평면 수정과 시뮬레이션을 반복하며, 인간 건축가가 미처 생각하지 못했던 비직관적이지만 매우 효율적인 공간 배치(예: 특정 진료과들을 묶어 배치했을 때 전체 동선이 20% 개선되는 구조)를 발견한다. 건축가는 AI가 제안한 데이터 기반의 최적 평면안을 바탕으로, 자신의 창의성과 미학적 감각을 더해 사용자 만족도가 극대화된 최종 설계안을 완성할 수 있다.

소주제 5

머신 러닝, 딥러닝, LLM, 생성형 AI로 진화과정

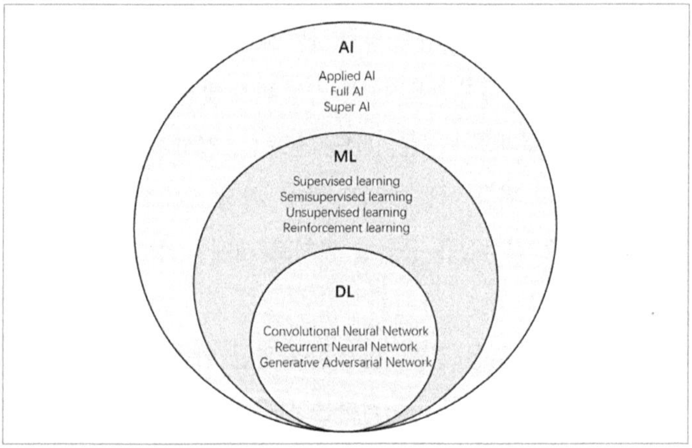

https://www.bureauworks.com

1. AI 기술의 진화: 인식에서 창조로의 여정

인공지능(AI) 기술은 정해진 규칙에 따라 작동하던 초기 단계를 넘어, 스스로 학습하고 창조하는 단계로 비약적인 진화를 거듭하고 있다.

(1) 마치 인간의 지능이 경험을 통해 배우고(머신 러닝), 깊이 있는 사고를 하며(딥러닝), 언어를 통해 지식을 체계화하고(LLM), 마침내 새로운 것을 창조하는(생성형 AI) 과정과 유사하다

이는 마치 인간의 지능이 경험을 통해 배우고(머신 러닝), 깊이 있는 사고를 하며(딥러닝), 언어를 통해 지식을 체계화하고(LLM), 마침내 새로운 것을 창조하는(생성형 AI) 과정과 유사하다.

1.1. 1단계: 머신 러닝 (Machine Learning) - '경험 많은 통계학자'

(1) 머신 러닝은 프로그래밍 없이, 데이터 속에서 패턴이나 규칙을 발견하여 특정 작업을 수행하도록 기계를 훈련시키는 방식이다.

머신 러닝은 AI가 데이터를 통해 학습할 수 있다는 개념을 구체화한 첫 단계이다. 이는 명시적인 프로그래밍 없이, 데이터 속에서 패턴이나 규칙을 발견하여 특정 작업을 수행하도록 기계를 훈련시키는 방식이다.

(1) 머신 러닝의 목표: 주어진 데이터를 기반으로 패턴을 학습하여 미래를 예측(Prediction)하거나 데이터를 분류(Classification)하는 것이다. 스팸 메일인지 아닌지, 내일 주가가 오를지 내릴지 등 명확한 답이 있는 문제를 해결하는 데 중점을 둔다.

(2) 머신 러닝의 적용 기술: 결정 트리(Decision Tree), 서포트 벡터 머신(SVM), 선형 회귀(Linear Regression) 등 통계학에 기반한 알고리즘이 주로 사용된다. 데이터의 어떤 '특징(feature)'이 중요한지를 사람이 직접 지정해주어야 하는 경우가 많다.

(3) 머신 러닝의 역할: 주어진 데이터셋을 분석하고 예측 모델을 만드는 '데이터 분석가' 또는 '예측 전문가'의 역할을 수행한다. 금융 사기 탐지, 고객 이탈 예측, 상품 추천 시스템 등 산업 전반의 문제 해결

에 기여한다.

(4) 머신 러닝의 장점과 단점

- 장점: 비교적 적은 데이터로도 준수한 성능을 낼 수 있으며, 모델의 작동 방식을 해석하기 용이한 경우가 많아 결과에 대한 신뢰성이 높다.
- 단점: 이미지, 음성, 자연어와 같은 비정형 데이터의 복잡한 패턴을 학습하는 데 한계가 있다. 또한, 모델 성능이 사람이 직접 설계하는 '특징'에 크게 좌우되는 의존성을 가진다.

1.2. 2단계: 딥러닝 (Deep Learning) - '스스로 배우는 뇌과학자'

(1) 인간의 뇌가 수많은 뉴런의 연결로 정보를 처리하는 방식에서 영감을 얻어, 인공신경망을 깊게(deep) 쌓아 올린 구조를 사용한다.

딥 러닝은 머신 러닝의 한계, 특히 특징 공학의 한계를 극복하기 위해 등장했다. 인간의 뇌가 수많은 뉴런의 연결로 정보를 처리하는 방식에서 영감을 얻어, 인공신경망을 깊게(deep) 쌓아 올린 구조를 사용한다.

(1) **딥 러닝의 목표:** 데이터에 내재된 핵심 특징을 인간의 개입 없이 스스로 추출하고, 이를 통해 고차원적인 패턴을 인식하는 것이다. 사진 속 객체가 고양이인지, 음성 명령이 무엇을 의미하는지를 기계가 직접 판단하게 하는 것이 목표이다.

(2) **딥 러닝의 적용 기술:** 다층 구조의 인공신경망(Artificial Neural Networks, ANN)이 핵심이다. 특히 이미지 인식에는 합성곱 신경망(CNN), 순차적 데이터(언어, 시계열) 처리에는 순환 신경망(RNN) 같은 특화된 아키텍처가 활용된다.

(3) **딥 러닝의 역할:** 데이터의 본질을 꿰뚫어 보는 '자율적인 특징 분석가' 또는 '이미지/음성 인식 전문가'**의 역할을 한다. 자율주행 자동차의 사물 인식, 의료 영상(CT, MRI) 분석을 통한 질병 진단, 실시간 음성 비서 등에 적용된다.

(4) **딥 러닝의 장점과 단점**

- 장점: 비정형 데이터 처리에서 압도적인 성능을 보이며, 특징을 자동으로 학습하므로 인간의 수고를 덜고 복잡한 문제에서 정확도가 매우 높다.
- 단점: 모델을 훈련시키기 위해 방대한 양의 데이터와 그래픽 처리 장치(GPU) 등 고성능 컴퓨팅 자원이 필수적이다. 또한, 신경망 내부의 작동 원리가 복잡하여 왜 그런 결정을 내렸는지 설명하기 어려운 '블랙박스(Black Box)' 문제가 존재한다.

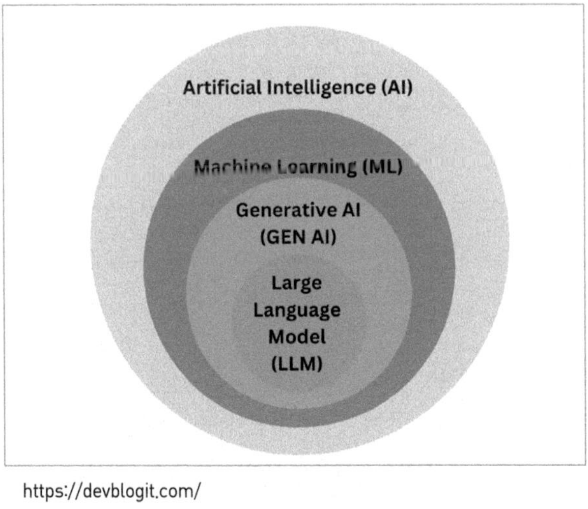

https://devblogit.com/

1.3. 3단계: LLM (Large Language Model) - '세상의 모든 책을 읽은 언어의 대가'

(1) LLM은 딥러닝 기술이 언어 분야에 극적으로 특화되어 발전한 형태이다. 인터넷상의 거의 모든 텍스트를 학습하여, 인간 언어의 미묘한 맥락과 구조를 이해하고 생성하는 데 초점을 맞춘다.

LLM은 딥러닝 기술이 언어 분야에 극적으로 특화되어 발전한 형태이다. 인터넷상의 거의 모든 텍스트를 학습하여, 인간 언어의 미묘한 맥락과 구조를 이해하고 생성하는 데 초점을 맞춘다.

(1) **LLM 목표**: 인간의 언어를 이해하고, 문맥에 맞는 일관되고 자연스러운 텍스트를 생성하며, 요약, 번역, 작문 등 인간의 언어와 관련된 광범위한 과업을 수행하는 것이다.

(2) **LLM 적용 기술**: 문장 내 단어들의 관계와 중요도를 파악하는 '트랜스포머(Transformer)' 아키텍처가 결정적인 역할을 한다. 이 구조를 기반으로 수천억 개 이상의 매개변수(parameter)를 가진 거대한 모델을 방대한 텍스트로 '사전학습(Pre-training)' 시킨다.

(3) **LLM 역할**: 인간과 자연스럽게 대화하는 '대화 파트너'이자, 글을 쓰고 코드를 짜며 아이디어를 정리해주는 '지능형 조수'의 역할을 수행한다. ChatGPT와 같은 대화형 AI, 문서 자동 생성, 코드 개발 지원 등이 대표적이다.

(4) LLM 장점과 단점

- 장점: 거의 모든 언어 관련 과업에서 놀라운 범용성과 인간에 가까운 유창한 성능을 보인다. 별도의 미세조정 없이도 다양한 질문에 즉각적으로 대응할 수 있다.

- 단점: 학습하지 않은 사실을 그럴듯하게 지어내는 '환각(Hallucination)' 현상이 발생할 수 있다. 또한, 학습 데이터에 존재하는 편향을 그대로 재현하거나 악용될 소지가 있으며, 최신 정보를 실시간으로 반영하기 어렵다.

1.4 생성형 AI (Generative AI) - '상상을 현실로 만드는 창조주'

(1) 생성형 AI는 LLM을 포함하는 더 넓은 개념으로, 텍스트를 비롯하여 이미지, 오디오, 비디오 등 모든 형태의 데이터를 새롭게 창조하는 기술이다.

생성형 AI는 LLM을 포함하는 더 넓은 개념으로, 텍스트 뿐만 아니라 이미지, 오디오, 비디오 등 모든 형태의 데이터를 새롭게 창조하는 기술을 총칭한다. 단순히 기존 데이터를 분석하고 예측하는 것을 넘어, 세상에 없던 독창적인 콘텐츠를 만들어낸다.

1) 생성형 AI 목표

학습 데이터의 기본 패턴과 구조를 이해한 뒤, 이를 응용하여 새롭고 독창적인(novel and original) 콘텐츠를 생성하는 것이다. '우주를 나는 고양이'라는 텍스트 설명만으로 해당 이미지를 그려내는 것이 대표적인 목표이다.

2) 생성형 AI 적용 기술

LLM(텍스트 생성) 외에, 이미지 생성에는 GAN(생성적 적대 신경망)이나 확산 모델(Diffusion Model)과 같은 정교한 생성 모델들이 사용된다. 이 기술들은 모두 '창조'라는 공통의 목표를 지향한다.

3) 생성형 AI 역할

인간의 창의적인 활동을 보조하고 영감을 주는 '창작 파트너'이자, 아이디어를 즉각적으로 시각화하고 구현하는 '디지털 아티스트' 역할을 한다.

텍스트 기반 이미지 생성(Midjourney, DALL-E), 작곡, 디자인 시안 제작, 가상 데이터 생성 등에 활용된다.

4) 생성형 AI장점과 단점

- 장점: 인간의 상상력을 자극하고 창의적인 작업의 효율을 극대화한다. 전문 기술이 없는 일반인도 손쉽게 고품질의 콘텐츠를 만들 수 있도록 하여 '창작의 민주화'를 이끈다.
- 단점: 가짜뉴스, 딥페이크 등 악의적인 콘텐츠 생산에 악용될 위험이 크다. 생성된 콘텐츠의 저작권과 소유권 문제가 복잡하며, 모델 훈련과 운영에 막대한 에너지를 소비하는 등 윤리적, 환경적 과제를 안고 있다.

2. AI 기술의 진화에 따른 도시계획 활용사례: 예측 분석가에서 도시 창조자까지

인공지능(AI) 기술의 발전 단계는 도시계획 분야의 문제 해결 방식과 패러다임을 근본적으로 변화시킨다. 단순한 데이터 예측에서 출발한 AI는 이제 도시 공간을 직접 설계하고 창조하는 단계에 이르렀다. 머신 러닝, 딥러닝, 대규모 언어 모델(LLM), 그리고 생성형 AI가 각각 도시계획 분야에서 어떤 역할을 수행하며 어떻게 활용될 수 있는지, 구체적인 가상 시나리오를 통해 그 진화 과정을 분석한다.

2.1. 머신 러닝: '미래 예측의 나침반' - 개발 잠재력 분석 시스템

머신 러닝은 도시의 정형 데이터를 학습하여 미래를 예측하고 최적의 의사결정을 지원하는 '데이터 기반 예측가'의 역할을 수행한다. 이는 계획가의 직관과 경험에 객관적인 데이터 근거를 더해준다.

가상 활용사례

'도시 개발 잠재력 예측 시스템(Urban Development Potential Index, UDPI)'

1) 상황

서울시 도시계획 부서는 미개발 필지나 저 이용 부지 중 어느 곳을 먼저 공공주도 개발 사업지로 선정해야 할지 과학적 근거에 기반하여 결정하고자 한다.

2) 활용 방식

(1) **데이터 학습:** 과거 10년간 개발된 지역의 토지 특성 데이터를 머신 러닝 모델에 학습시킨다. 학습 데이터에는 지가 변동률, 교통 접근성(지하철역까지의 거리), 주변 인구 밀도, 상업시설 수, 공시지가, 용도지역 등 수십 가지 정형 데이터가 포함된다.

(2) **패턴 발견:** 머신 러닝 모델은 이 데이터들 사이의 복잡한 상관관계를 학습하여, '성공적으로 개발된 지역은 어떠한 특성을 공통으로 가지는가'에 대한 패턴을 발견한다. 예를 들어, '지하철역에서 500m 이내이고, 주변 1km 반경 내 인구 밀도가 특정 수치 이상이며, 최근 3년간 지가 상승률이 연 5% 이상인 곳'이 개발 성공 확률이 높다는 식의 규칙을 스스로 도출한다.

(3) **잠재력 예측 및 시각화:** 이 모델을 서울시 내 모든 미개발 필지에 적용하여 각 필지 별 '개발 잠재력 지수'를 1점에서 100점까지 점수로 산출한다. 이 결과를 GIS(지리정보시스템)와 연동하여 지도 위에 붉은색(잠재력 높음)부터 푸른색(잠재력 낮음)까지 색상으로 시각화하여 보여준다.

3) 결과

도시계획가는 이 '개발 잠재력 지도'를 통해 한눈에 우선순위 지역을 파악하고, 한정된 예산과 행정력을 가장 효율적으로 투입할 곳을 선정하는 객관적 근거를 확보하게 된다.

2.2. 딥 러닝: '도시의 숨은 얼굴을 읽는 관찰자' - 도시 환경 자동 분석 시스템

딥 러닝은 정형 데이터를 넘어 이미지, 소리 등 비정형 데이터를 인간의 시신경처럼 분석하여, 눈에 보이지 않는 도시의 물리적, 사회적 상태를 진단하는 '정밀 관찰자'의 역할을 맡는다.

가상 활용사례

'스트리트 뷰 기반 도시 활력 및 쇠퇴 지수 (Urban Vitality Index via Street View, UVI-SV)' 분석

1) 상황

한 도시의 특정 골목상권이 실제로 활력이 넘치는지, 아니면 데이터상으로만 활발해 보이고 실제로는 쇠퇴하고 있는지를 정밀하게 파악하고자 한다.

2) 활용 방식

(1) **이미지 학습:** 딥 러닝의 CNN(합성곱 신경망) 모델에 수십만 장의 도시 거리 이미지를 학습시킨다. 이때, '활력 있는 거리'(깨끗한 보도, 잘 관리된 건물 외벽, 다양한 간판, 보행자 수 등)와 '쇠퇴한 거리'(파손된 보도, 낡고 지저분한 건물, 공실 상가, 쓰레기 등)의 이미지를 각각 레이블링하여 학습시킨다.

(2) **특징 자동 추출**: 모델은 스스로 '활력'과 '쇠퇴'를 나타내는 시각적 특징들을 학습한다. 예를 들어, '그래피티의 종류', '창문의 깨짐 정도', '간판의 조명 상태', '녹지의 풍부함' 등 사람이 일일이 정의하기 어려운 미세한 시각적 단서들을 포착하는 능력을 갖추게 된다.

(3) **자동 분석 및 진단**: 도시 전역의 스트리트뷰 이미지를 이 딥러닝 모델에 입력하면, 모델이 각 거리와 블록별로 '도시 활력 지수'를 자동으로 계산해낸다. 결과는 GIS 지도 위에 시각화 되어, 행정 데이터로는 파악할 수 없었던 '실질적인 쇠퇴 초기 단계 지역'을 정확히 식별해낸다.

3) 결과

계획가는 겉으로 드러나지 않는 도시의 미세한 변화를 조기에 감지하여, 젠트리피케이션 문제나 슬럼화 현상에 선제적으로 대응하는 '핀셋형 도시재생 정책'을 수립할 수 있게 된다.

2.3. LLM: '시민의 목소리를 듣는 소통가' - 지능형 민원 분석 및 정책 초안 시스템

대규모 언어 모델(LLM)은 도시계획 과정에서 발생하는 방대한 텍스트 데이터(민원, 공청회 기록, 보고서 등)를 이해하고, 인간과 소통하며 정책 문서를 작성하는 '지능형 소통 전문가'로 기능한다.

가상 활용사례

'AI 기반 도시계획 민원 분석 및 조례안 작성 시스템 (Urban Planning-GPT)'

1) 상황

신규 공원 조성 계획을 발표한 후, 시청 홈페이지에 수천 건의 시민 의견이 접수되었다. 담당자는 이 의견들을 신속히 분석하고, 이를 반영한 조례안 초안을 작성해야 한다.

2) 활용 방식

(1) **의견 분석 및 요약**: 접수된 모든 민원 텍스트를 LLM에 입력하고 "모든 민원을 핵심 쟁점별로 분류하고, 각 쟁점에 대한 긍정/부정 의견의 핵심 논거를 요약해줘. 가장 많이 언급된 키워드 10개도 추출해줘"라고 명령한다. LLM은 '소음 문제', '반려견 놀이터 설치 요구', '주차 공간 부족 우려', '야간 조명 설치 건의' 등과 같이 의견을 자동으로 분류하고 보고서를 생성한다.

(2) **정책 보고서 초안 작성**: 담당자는 분석된 결과를 바탕으로 "위 쟁점들을 반영하여 '스마트 안심 공원 조성에 관한 조례안'의 기본 방향과 주요 내용을 담은 보고서 초안을 작성해줘"라고 지시한다. LLM은 법률 문서의 형식과 톤을 유지하며 논리적인 보고서 초안을 즉시 만들어낸다.

(3) **공고문 및 보도자료 생성**: 확정된 계획안에 대해 "초등학생도 이해할 수 있는 쉬운 용어로 공원 조성 계획을 설명하는 가정통신문과, 언론 배포용 보도자료를 각각 작성해줘"라고 요청하여 맞춤형 소통 자료를 확보한다.

3) 결과

담당자는 수 주일이 걸릴 민원 분석과 서류 작업을 단 몇 시간 만에 완료하고, 시민의 목소리가 충실히 반영된 정책을 수립하며, 계획 과정의 투명성과 효율성을 극대화한다.

2.4. 생성형 AI: '상상을 현실로 그리는 건축가' - 대화형 도시 설계 시스템

생성형 AI는 텍스트나 스케치 같은 간단한 아이디어를 구체적인 도시 설계안, 3D 모델, 조감도 등 시각적 결과물로 창조해내는 '창의적 설계 파트너'의 역할을 수행한다.

가상 활용사례

'대화형 도시 공간 생성 플랫폼 (Generative Urban Designer, GUD)'

1) 상황

한 도시의 노후화된 역사(驛舍) 주변 광장을 리모델링하는 프로젝트를 진행한다. 계획가는 다양한 설계안을 빠르게 탐색하고 시민들에게 시각적으로 제시하며 의견을 수렴하고자 한다.

2) 활용 방식

(1) 아이디어 생성(Text-to-Image/3D): 도시계획가가 생성형 AI 플랫폼에 다음과 같이 텍스트로 아이디어를 입력한다: "대상지는 A역 광장. '자연과 기술이 어우러진 만남의 공간'이라는 콘셉트. 중앙에는 물이 흐르는 수변 공간을 배치하고, 주변에는 스마트 벤치와 키오스크를 설치. 바닥은 한국 전통 문양 패턴으로 디자인하고, 야간에는 미디어 파사드 효과를 낼 수 있는 조명을 포함한 조감도를 5가지 스타일(미래형, 자연 친화형, 한국 전통형 등)로 생성해줘."

(2) 실시간 수정 및 변형: 생성된 조감도 중 하나를 선택한 뒤, "여기서 수변 공간의 크기를 20% 줄이고, 그 자리에 아이들을 위한 작은 놀이 공간을 추가해줘. 그리고 전체적인 색감을 더 따뜻한 톤으로 변경해줘"라고 대화하듯 수정 사항을 지시하면, AI가 즉시 수정된

3D 모델과 이미지를 생성한다.

(3) **규제 자동 준수**: 이 플랫폼에는 해당 지역의 건폐율, 용적률, 건축선, 일조권 등 모든 도시계획 규제가 사전 입력되어 있다. AI는 사용자의 창의적인 요구를 반영하면서도, 모든 법적 규제를 위반하지 않는 범위 내에서만 설계 대안을 생성하여 현실성을 확보한다.

3) 결과

계획가는 더 이상 하나의 설계안을 완성하는 데 며칠씩 소요하지 않는다. 대신, 단 몇 시간 만에 수십 개의 창의적이고 법규를 준수하는 설계 대안을 탐색하고, 이를 시민들과 실시간으로 공유하며 의견을 반영하는 '참여형 공동 설계(Co-Design)' 과정을 실현하게 된다.

주제 7

딥 러닝(Deep Learning): 미래도시를 위한 새로운 도시 계획과 도시설계 패러다임

소주제 1

딥 러닝의 현주소: AI 발전 경로 속 역할과 위상 분석

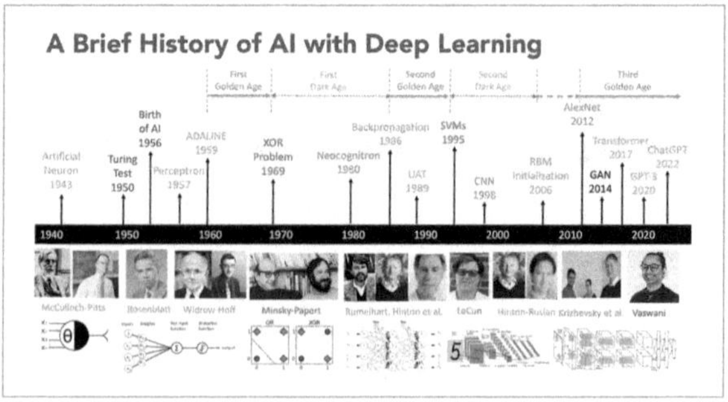

Brief History of AI with Deep Learning | by LM Po | Medium

(1) AI 발전의 단계를 '목적지'에 비유한다면, 딥 러닝은 그 목적지까지 나아가는 차량의 고성능 엔진과 같다.

딥러닝(Deep Learning)의 위치를 이해하기 위해서는, 딥러닝이 특정 '단계(Stage)'가 아닌 AI를 구현하는 핵심적인 '방법론(Methodology)'이자 '엔진(Engine)'이라는 점을 먼저 명확히 해야 한다. AI 발전의 단계를 '목적지'에 비유한다면, 딥 러닝은 그 목적지까지 나아가는 차량의 고성능 엔진과 같다. 이 관점에서 두 발전 추세 속 딥 러닝의 역할과 위상을 구체적으로 설명하고자 한다.

1.1. '지능의 범위' 관점 (ANI → AGI → ASI): 모든 단계를 관통하는 '핵심 구동 엔진'

'지능의 수준과 범위'라는 거시적 관점에서 볼 때, 딥러닝은 특정 단계에 속하는 개념이 아니라, 현재의 ANI를 구현하고 미래의 AGI와 ASI로 나아가는 데 필요한 가장 중요한 '핵심 구동 엔진'이다.

(1) 현재(ANI 단계)에서의 역할: 현재 우리가 경험하는 거의 모든 약인공지능(ANI) 서비스는 딥러닝 기술로 만들어졌다.

현재(ANI 단계)에서의 역할: 현재 우리가 경험하는 거의 모든 약인공지능(ANI) 서비스는 딥러닝 기술로 만들어졌다. 알파고의 신의 한 수, 스마트폰의 얼굴 인식, 음성 비서의 목소리 판독 능력은 모두 심층 신경망(Deep Neural Network), 즉 딥 러닝을 통해 구현된다.

(2) 딥 러닝은 방대한 데이터 속에서 인간이 인지하기 어려운 미세한 패턴을 찾아내는 데 탁월한 능력을 보인다.

딥 러닝은 방대한 데이터 속에서 인간이 인지하기 어려운 미세한 패턴을 찾아내는 데 탁월한 능력을 보이며, 이를 통해 특정 작업에서 인간을 능가하는 ANI를 만드는 핵심 동력으로 작용한다. 즉, 딥 러닝은 현재 ANI 시대를 연 일등 공신이라 할 수 있다.

(3) 미래(AGI/ASI 단계)에서의 역할: 미래에 인류가 강인공지능(AGI)을 구현하게 된다면, 그 기반 기술 역시 현재의 딥러닝을 훨씬 더 발전시킨 형태일 가능성이 매우 높다.

미래(AGI/ASI 단계)에서의 역할: 미래에 인류가 강인공지능(AGI)을 구현하게 된다면, 그 기반 기술 역시 현재의 딥 러닝을 훨씬 더 발전시킨 형태일 가능성이 매우 높다. 인간과 같이 복잡하고 범용적인 사고를 하기 위해서는, 지금보다 훨씬 더 깊고, 정교하며, 효율적인 신경망 구조가 필요할 것이다. 따라서 딥 러닝은 AGI라는 목적지에 도달하기 위한 차량의 엔진을 더욱 강력하게 개량하고 발전시키는 연구의 중심에 있다. 딥러닝 없이는 AGI로의 여정을 상상하기 어렵다.

(4) 결론적으로, 'ANI → AGI → ASI' 경로에서 딥 러닝은 특정 '정류장'이 아니라, 전 구간을 운행하는 '차량의 엔진' 그 자체이다

결론적으로, 'ANI → AGI → ASI' 경로에서 딥 러닝은 특정 '정류장'이 아니라, 전 구간을 운행하는 '차량의 엔진' 그 자체이다. 현재는 ANI라는 차량을 움직이고 있으며, 미래에는 AGI라는 더 좋은 차량을 움직일 핵심 동력원으로 여겨진다.

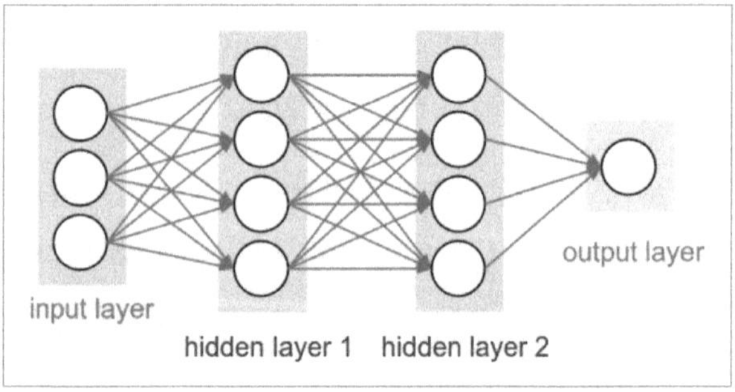

What is Deep Learning? Its history and place in our future, Thematic

1.2. '기술의 구현' 관점 (LLM → LMM → LAM): 전체 로드맵을 떠받치는 '기술적 토대'

(1) 딥 러닝은 LLM, LMM, LAM이라는 개별 단계에 위치하는 것이 아니라, 이 로드맵 전체를 떠받치는 '기술적 토대(Foundation)'이자 '건축 공법'이다.

'기술의 구체적인 구현 방식'이라는 미시적 관점에서 볼 때, 딥 러닝의 역할은 더욱 명확 해진다. 딥 러닝은 LLM, LMM, LAM이라는 개별 단계에 위치하는 것이 아니라, 이 로드맵 전체를 떠받치는 '기술적 토대(Foundation)'이자 '건축 공법'이다.

1.2.1 LLM, LMM, LAM과의 관계:

만약 LLM, LMM, LAM을 각각 다른 기능을 가진 최첨단 '건물(도서관, 멀티미디어 상영관, 스마트 팩토리)'에 비유한다면, 딥 러닝은 그 모든 건물을 짓는 데 사용된 핵심 건축 자재인 '철근 콘크리트'이자, 설계의 기반이 된 '건축 공학'에 해당한다.

1) LLM(초거대 언어 모델)

딥 러닝의 한 종류인 '트랜스포머'라는 심층 신경망을 기반으로 만들어진다.

2) LMM(초거대 멀티모달 모델)

LLM의 딥러닝 구조에, 이미지를 이해하는 비전 트랜스포머(ViT)와 같은 또 다른 딥러닝 모델을 결합한 형태이다.

1.2.2 LAM(초거대 행동 모델)

역시 LMM이라는 딥러닝 기반 모델이 컴퓨터의 화면(이미지)과 사용자의 지시(언어)를 이해하고, 다음 행동을 예측하도록 딥러닝 아키텍처를 확장한 것이다.

1) 이 세 가지 모델 모두 '심층 신경망'이라는 딥 러닝의 기본 구조 위에서 작동하며, 수많은 '층(Layer)'과 '매개변수(Parameter)'를 통해 학습하고 추론한다.

이 세 가지 모델 모두 '심층 신경망'이라는 딥 러닝의 기본 구조 위에서 작동하며, 수많은 '층(Layer)'과 '매개변수(Parameter)'를 통해 학습하고 추론한다. 이는 모두 딥 러닝의 핵심 개념이다. 따라서 LLM, LMM, LAM은 딥 러닝이라는 거대한 기술 패러다임 안에서 탄생한 구체적인 '응용 사례'이자 '산출물'이다.

2) 딥 러닝이라는 땅 위에 LLM, LMM, LAM이라는 건물이 차례로 세워지고 있다

결론적으로, 'LLM → LMM → LAM' 경로에서 딥 러닝은 특정 '단계'가 아니라, 이 모든 단계를 가능하게 하는 '운영체제(OS)' 또는 '기반 인프라'이다. 딥 러닝이라는 땅 위에 LLM, LMM, LAM이라는 건물이 차례로 세워지고 있는 것이다.

3) 딥 러닝은LLM-LMM-LAM이라는 기술적 로드맵 전체를 가능하게 하는 '근원적인 기반 기술'이다.

두 가지 관점을 종합하면 딥 러닝의 역할과 위상을 다음과 같이 명확하게 정의할 수 있다.

"딥 러닝은 인공지능 발전의 특정 '단계'에 위치하는 개념이 아니라, 현재의 ANI를 구현하고 미래의 AGI로 나아가는 데 필요한 가장 핵심적인 '방법론'이자 '구동 엔진'이며, 동시에 LLM-LMM-LAM이라는 기술적 로드맵 전체를 가능하게 하는 '근원적인 기반 기술'이다."

4) 딥 러닝은 인공지능이라는 배우가 서는 '무대(Stage)'가 아니라, 그 배우가 연기를 할 수 있도록 힘을 불어넣는 '근육'이자, 생각을 표현하는 '신경망'이다.

즉, 딥 러닝은 인공지능이라는 배우가 서는 '무대(Stage)'가 아니라, 그 배우가 연기를 할 수 있도록 힘을 불어넣는 '근육'이자, 생각을 표현하는 '신경망'과 같은 보다 근원적인 존재라고 할 수 있다.

소주제

2

딥러닝(Deep Learning)에 대한 심층 분석

Teaching Kids Deep Learning, Medium

딥 러닝은 현대 인공지능(AI)의 눈부신 발전을 이끈 가장 핵심적인 기술이자 방법론이다. 이는 기계가 인간의 뇌처럼 스스로 학습하고 판단할 수 있는 가능성을 현실로 만들었으며, 우리가 사용하는 수많은 첨단 서비스의 기반을 이루고 있다.

2.1. 딥 러닝의 개념: 계층적 학습을 하는 '레고 조립의 달인'

(1) 딥러닝(Deep Learning)의 개념을 가장 쉽게 비유하자면, '레고 블록으로 복잡한 자동차를 조립하는 과정을 스스로 터득하는 달인'과 같다.

딥러닝(Deep Learning)의 개념을 가장 쉽게 비유하자면, '레고 블록으로 복잡한 자동차를 조립하는 과정을 스스로 터득하는 달인'과 같다.

이 달인은 자동차를 한 번에 통째로 인식하지 않는다. 대신 여러 단계에 걸쳐 점차 복잡한 구조를 학습한다.

- □ **1단계(얕은 층)**: 가장 기본적인 낱개 블록(1x1, 2x2 블록 등)의 모양과 색깔을 익힌다.
- □ **2단계(중간 층)**: 기본 블록들이 결합된 작은 부품(바퀴, 핸들, 창문 등)을 인식한다.
- □ **3단계(깊은 층)**: 작은 부품들이 모여 만들어진 더 큰 구조물(차축, 차체, 운전석 등)을 파악한다.
- □ **최종 단계(최상위 층)**: 모든 구조물을 종합하여 마침내 '자동차'라는 전체 개념을 완벽하게 이해하고 판단한다.

이처럼 딥 러닝은 인간의 뇌 신경망을 모방한 '인공신경망(Artificial Neural Network)'을 여러 겹(Layer)으로 깊게(Deep) 쌓아 올려, 데이터 속의 단순한 특징부터 시작해 점차 복잡하고 추상적인 특징까지 계층적으로 학습해 나가는 머신 러닝의 한 분야이다.

2.2. 딥 러닝의 추구하는 목표: '자동 특징 추출'을 통한 완전한 학습

(1) 딥 러닝이 추구하는 궁극적인 목표는 '데이터로부터 의미 있는 특징(Feature)을 인간의 개입 없이 자동으로 추출하고 학습하는 것'이다.

딥 러닝이 추구하는 궁극적인 목표는 '데이터로부터 의미 있는 특징(Feature)을 인간의 개입 없이 자동으로 추출하고 학습하는 것'이다.

(2) 머신 러닝에서는 고양이 사진을 분류하기 위해 '귀 모양', '수염의 유무', '눈동자 형태' 등을 인간이 미리 정의해 주어야 했다.

과거의 전통적인 머신 러닝에서는 '특징 공학(Feature Engineering)'이라는 과정이 필수적이었다. 이는 AI가 학습하기 쉽도록 데이터의 어떤 특징이 중요한지를 인간 전문가가 직접 판단하고 가공하여 알려주는 작업이었다. 예를 들어, 고양이 사진을 분류하기 위해 '귀 모양', '수염의 유무', '눈동자 형태' 등을 인간이 미리 정의해 주어야 했다.

(3) 수백만 장의 고양이 사진(원시 데이터)을 그대로 보여주면, 딥러닝 모델은 스스로 저 수준의 특징(선, 곡선, 질감)부터 고수준의 특징(귀, 눈, 코, 꼬리)까지 무엇이 '고양이'를 정의하는 핵심 특징인지를 학습한다

하지만 딥 러닝은 이러한 과정을 자동화한다. 수백만 장의 고양이 사

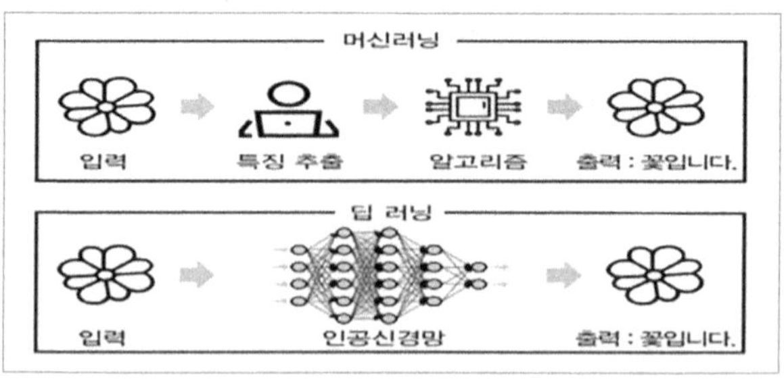

머신러닝과 딥러닝 알고리즘의 차이점 - Genspark

진(원시 데이터)을 그대로 보여주면, 딥러닝 모델은 스스로 저 수준의 특징(선, 곡선, 질감)부터 고수준의 특징(귀, 눈, 코, 꼬리)까지 무엇이 '고양이'를 정의하는 핵심 특징인지를 학습한다.

(4) '무엇을 배워야 할지'까지 스스로 배우는 것이 딥 러닝의 핵심 목표이다.

즉, '무엇을 배워야 할지'까지 스스로 배우는 것이 딥 러닝의 핵심 목표이다.

2.3. 딥 러닝의 적용 기술 유형 및 특징

딥 러닝은 해결하려는 문제의 종류에 따라 각기 다른 구조의 특화된 모델(아키텍처)을 사용한다.

2.3.1. 합성곱 신경망 (CNN, Convolutional Neural Network): '이미지 인식 전문가'.

인간의 시신경 구조를 모방한 기술로, 이미지 위를 필터(돋보기)가 이동하며 특징을 추출하는 방식이다. 이미지의 위치나 크기가 변해도 동일한 특징을 잘 잡아내어, 이미지 분류, 객체 탐지, 얼굴 인식 등 시각 데이터 처리에 압도적인 성능을 보인다.

2.3.2. 순환 신경망 (RNN, Recurrent Neural Network):

'기억력을 가진 언어 전문가'. 신경망 내부에 순환하는 '고리'가 있어, 이전 단계의 정보를 기억하고 다음 단계의 결과에 영향을 미친다. 이러한 특성 덕분에 단어의 순서가 중요한 문장(자연어 처리)이나 시간의 흐름에 따른 데이터(주가, 날씨 예측) 등 순차적인(Sequential) 데이터를 다루는 데 특화되어 있다.

2.3.3. LSTM (Long Short-Term Memory): '장기 기억 전문가'.

RNN의 장기 기억력 부족 문제를 해결한 발전된 모델이다. '게이트(Gate)'라는 장치를 통해 어떤 정보를 오래 기억하고 어떤 정보를 잊어버릴지를 스스로 결정하여, 더 길고 복잡한 문장의 맥락을 효과적으로 학습할 수 있다.

2.3.4. 트랜스포머 (Transformer): '문맥의 왕'.

ChatGPT와 같은 현대 생성형 AI의 기반이 되는 가장 혁신적인 모델이다. RNN처럼 순차적으로 정보를 처리하는 대신, '어텐션(Attention)' 메커니즘을 통해 문장 내 모든 단어의 관계와 중요도를 한 번에 파악한다. 병렬 처리가 가능해 학습 속도가 빠르고, 문맥 전체를 종합적으로 이해하는 능력이 뛰어나 자연어 처리 분야의 판도를 바꾸었다.

2.4. 딥 러닝 기술의 역할과 기여도

딥 러닝은 AI 연구의 긴 '겨울'을 끝내고, 인공지능의 황금기를 연 결정적인 기술이다.

(1) **AI의 재탄생**: 2012년 이미지 인식 대회(ILSVRC)에서 딥러닝 기반의 'AlexNet'이 압도적인 성능으로 우승하면서, AI의 가능성을 전 세계에 증명하고 AI 연구 및 투자의 폭발적인 성장을 이끌었다.

(2) **인간 감각 영역의 정복**: 이미지 인식(시각), 음성 인식(청각), 자연어 처리(언어) 등 과거 기계가 넘볼 수 없었던 인간의 고유한 감각 및 인지 영역에서 인간과 동등하거나 뛰어넘는 성능을 달성했다.

(3) **현대 AI 서비스의 기반**: 자율주행차, 추천 시스템, 실시간 번역, 의료 영상 진단, 생성형 AI 등 우리가 현재 사용하는 거의 모든 첨단 AI 서비스의 근간에는 딥러닝 기술이 자리하고 있다.

2.5. 딥 러닝 기술의 장점과 단점

■ **장점과 단점**

구분	내용
장점 (Advantages)	1. 압도적인 성능: 이미지, 음성, 텍스트 등 복잡한 비정형 데이터에 대한 패턴 인식에서 기존의 어떤 머신 러닝 방법보다 월등히 높은 정확도와 성능을 보인다. 2. 자동 특징 추출: 인간의 주관적 개입과 수고가 필요한 '특징 공학' 과정을 생략할 수 있어 개발 효율성이 높다. 3. 뛰어난 확장성: 더 많은 데이터와 더 강력한 컴퓨팅 파워가 주어질수록 모델의 성능이 지속적으로 향상되는 경향이 있다.
단점 (Disadvan- tages)	1. 대규모 데이터 의존성: '데이터를 먹고 자란다'고 할 만큼, 높은 성능을 내기 위해서는 방대한 양의 학습 데이터가 필수적이다. 데이터가 부족할 경우 성능이 급격히 저하될 수 있다. 2. 막대한 컴퓨팅 자원 필요: 수억 개 이상의 매개변수를 가진 모델을 학습시키기 위해서는 고가의 GPU와 막대한 전력이 필요하여, 비용 부담이 매우 크다. 3. 블랙박스(Black Box) 문제: 모델이 특정 결정을 내린 이유나 과정을 인간이 이해하기 어려운 경우가 많다. 결과에 대한 '설명 가능성'이 낮아, 의료나 금융과 같이 신뢰성이 중요한 분야에서는 한계로 작용한다.

소주제 3

딥 러닝의 활용 데이터 및 활용 예시

3.1. 딥 러닝의 활용 데이터

1) 딥 러닝은 인간이 다루기 어려운 비정형 데이터 처리에서 그 진가를 발휘

딥 러닝은 대규모의 정형 및 비정형 데이터를 재료로 삼는다. 특히 인간이 다루기 어려운 비정형 데이터 처리에서 그 진가를 발휘한다.

2) 딥 러닝이 주로 다루는 비정형 데이터의 유형

(1) 이미지/비디오 데이터: 수백만 장의 사물, 동물, 사람 사진(예: ImageNet), CCTV 영상, 의료 영상(MRI, CT) 등

(2) 텍스트 데이터: 인터넷의 웹페이지, 뉴스 기사, 소셜 미디어 게시물, 도서, 논문 등 인류가 생성한 거의 모든 텍스트

(3) 음성 데이터: 수만 시간 분량의 사람 목소리, 콜센터 통화 녹음 파일, 팟캐스트 등

(4) 센서 데이터: 자율주행차의 라이다(Lidar)/레이더 센서 값, 스마트 팩토리의 장비 센서 값, 시계열 주가 데이터 등

3.2. 딥 러닝의 대표적인 활용 예시

딥러닝 기술은 이미 우리 삶의 모든 영역에 깊숙이 스며들어 있다.

(1) **얼굴 인식 잠금 해제:** 스마트폰이 사용자의 얼굴을 딥 러닝으로 학습하여 잠금을 해제하는 기능.

(2) **사진첩 자동 분류:** 스마트폰 사진첩이 사진 속 인물이나 사물(바다, 음식, 동물 등)을 자동으로 인식하고 분류하여 앨범을 만들어주는 기능.

(3) **음성 비서:** '시리'나 '구글 어시스턴트'가 사용자의 음성 명령을 텍스트로 변환하고 그 의미를 파악하는 과정.

(4) **콘텐츠 추천 시스템:** 넷플릭스나 유튜브가 사용자의 시청 기록을 딥 러닝으로 분석하여 취향에 맞는 다음 콘텐츠를 추천하는 알고리즘.

(5) **자율주행차의 사물 인식:** 자동차가 카메라 영상을 실시간으로 분석하여 차선, 보행자, 다른 차량 등을 인식하고 판단하는 기술.

(6) **생성형 AI 서비스:** ChatGPT가 사용자의 질문 의도를 파악하고, DALL-E가 텍스트를 이미지로 변환하는 모든 과정의 근간에는 딥 러닝 기술이 있다.

요약하면, 딥 러닝은 데이터 속에서 스스로 지혜를 찾아내는 강력한 학습 엔진으로서, 인공지능의 잠재력을 현실로 바꾸고 미래 기술의 지형을 그려 나가는 가장 핵심적인 동력이라 할 수 있다.

3.3. 딥러닝, 미래 도시를 설계하다: 도시계획, 환경, 교통, 건축의 혁신적 적용 사례

인공지능(AI) 기술의 핵심인 딥러닝(Deep Learning)은 방대한 데이터를 학습하고 스스로 패턴을 찾아내어 인간의 판단과 예측을 뛰어넘는 능력을 보여준다. 이러한 딥러닝 기술이 도시를 계획하고, 환경을 보전하며, 교통 시스템을 최적화하고, 건축물을 설계하는 방식에 혁명적인 변화를 가져오고 있다.

3.3.1. 도시계획: 예측 기반의 자생적 스마트 도시 '네오-세종'

기존의 도시계획은 인구 추정치와 과거 데이터에 기반하여 물리적인 공간 계획을 수립하는 하향식(Top-down) 방식으로 이루어졌다. 이로 인해 예측이 빗나가거나 사회 변화에 유연하게 대응하지 못하는 경우가 많았다. 딥 러닝은 이러한 한계를 극복하고 도시가 스스로 성장하고 변화에 적응하는 '자생적 도시'를 가능하게 한다.

가상 사례

딥러닝 도시계획 플랫폼 '어반 브레인(Urban Brain)'

가상의 신도시 '네오-세종'은 도시계획 초기 단계부터 딥러닝 플랫폼 '어반 브레인'을 도입한다.

(1) **데이터 학습**: '어반 브레인'은 지난 50년간 전 세계 주요 도시들의 인구 이동, 상권 변화, 토지 이용 패턴, 기반 시설 데이터, 심지어 소셜 미디어의 시민 관심사 데이터까지 학습한다. 위성 이미지, 항공사진, 거리 뷰 이미지 등을 CNN(Convolutional Neural Network) 기술로 분석하여 도시의 물리적 변화를 정량적으로 학습한다.

(2) **시뮬레이션 및 최적화**: 계획 초기, '어반 브레인'은 '네오-세종'의 다양한 개발 시나리오를 시뮬레이션한다. 예를 들어, 특정 지역에 대규모 공원을 조성했을 때와 상업 시설을 집중시켰을 때, 향후 10년간 주변 지역의 인구 밀도, 교통량, 부동산 가격, 시민 만족도가

어떻게 변화할지를 GAN(Generative Adversarial Network) 기술을 통해 시각적으로 생생하게 예측하고 비교 분석해준다. 이를 통해 도시계획가는 수백 가지의 가능성을 미리 시험해보고 최적의 대안을 선택할 수 있게 된다.

(3) **자생적 용도지역 관리:** '네오-세종'의 용도지역(Zoning)은 고정불변이 아니다. '어반 브레인'은 도시의 실시간 데이터를 분석하여 특정 지역의 상업 활동이 위축되면 해당 지역의 용도 규제를 완화하여 주거 기능이나 문화 시설이 자연스럽게 들어설 수 있도록 제안한다. 이는 마치 살아있는 유기체처럼 도시가 외부 환경 변화에 맞춰 스스로 모습을 바꾸어가는 '자생적 조닝(Generative Zoning)' 시스템이라 할 수 있다. 이를 통해 도시는 항상 활력을 유지하고 쇠퇴하는 지역 없이 균형 있는 발전을 이룰 수 있다.

3.3.2. 환경계획: 초미세먼지 제로 도시 '에코-서울'

도시 환경 문제 중 가장 시급한 과제는 단연 대기오염, 특히 초미세먼지 문제이다. 딥러닝은 오염원의 발생과 확산 경로를 정밀하게 예측하고, 이를 바탕으로 한 선제적인 환경 관리를 가능하게 한다.

가상 사례

딥러닝 기반 대기질 관리 시스템 '에어 가디언(Air Guardian)'

미래의 '에코-서울'은 '에어 가디언' 시스템을 통해 초미세먼지로부터 완벽한 해방을 선언한다.

(1) **정밀 예측 모델:** '에어 가디언'은 서울 전역에 설치된 IoT 센서, 기상 관측 데이터, 교통량 데이터, 인근 공장 지대의 조업 데이터, 심지

어 중국 등 주변국으로부터 유입되는 대기 이동 데이터까지 실시간으로 수집한다. LSTM(Long Short-Term Memory) 신경망을 이용하여 이 방대한 시계열 데이터를 학습하고, 3일 후 특정 지역의 시간대별 초미세먼지 농도를 95% 이상의 정확도로 예측한다.

(2) **오염원 실시간 추적 및 제어:** 예측된 초미세먼지 고농도 지역이 발생할 경우, '에어 가디언'은 역추적 알고리즘을 통해 주요 오염원을 실시간으로 식별한다. 예를 들어, 특정 도로의 경유 차량 통행량이 주범으로 지목되면, 해당 시간대에 해당 도로의 경유차 진입을 자동을 제한하거나 우회 시키는 조치를 즉각적으로 시행한다. 또한, 건설 현장의 비산 먼지가 문제일 경우, 해당 현장에 설치된 AI 드론이 자동으로 출동하여 실시간 영상을 분석하고 살수 장치를 원격으로 가동시킨다.

(3) **최적의 녹지 배치:** 딥 러닝은 도시의 바람길과 대기 순환을 시뮬레이션 하여 초미세먼지 저감에 가장 효과적인 위치에 도시 숲과 바람길 숲을 조성하도록 제안한다. 위성 이미지를 분석하여 식생 분포와 건물 밀도를 고려하고, 최적의 나무 종류와 식재 밀도까지 추천하여 최소의 비용으로 최대의 대기질 개선 효과를 얻도록 한다.

3.3.3. 교통 및 모빌리티 계획: 대기 시간 없는 도시 '모빌리티-부산'

딥 러닝은 교통 수요를 정확히 예측하고, 자율주행, 공유 모빌리티 등 다양한 교통수단을 유기적으로 연결하여 개인 맞춤형 이동 서비스를 제공함으로써 교통 혼잡과 대기 시간을 없애는 데 결정적인 역할을 한다.

가상 사례

통합 모빌리티 플랫폼 '부산 링크(Busan Link)'

미래의 '모빌리티-부산' 시민들은 '부산 링크' 앱 하나로 모든 이동을 해결한다.

(1) **수요 예측 기반 자율주행 셔틀:** '부산 링크'는 시민들의 실시간 이동 수요 데이터를 학습하여 교통 수요가 급증할 것으로 예측되는 지역에 자율주행 셔틀을 미리 배치한다. 예를 들어, 야구 경기가 끝나는 시점에 맞춰 사직야구장 주변에 수십 대의 자율주행 셔틀이 대기하고 있다가, 승객들을 태우고 각자의 목적지와 가장 가까운 대중교통 허브까지 신속하게 이동시킨다. 이는 강화학습(Reinforcement Learning)을 통해 가장 효율적인 노선과 배차 간격을 실시간으로 찾아내기에 가능하다.

(2) **끊김 없는 환승 시스템(Seamless Transit):** 시민이 '부산 링크' 앱에 목적지를 입력하면, 앱은 자율주행 셔틀, 공유 자전거, 지하철, 도심항공교통(UAM) 등 이용 가능한 모든 교통수단을 조합하여 가장 빠르고 경제적인 최적의 경로를 제시한다. 모든 교통수단의 예약과 결제가 한 번에 이루어지며, 환승 지점에서는 기다릴 필요 없이 바로 다음 교통수단에 탑승할 수 있다.

(3) **지능형 신호 제어:** 교차로의 신호등은 더 이상 정해진 시간에 따라 기계적으로 바뀌지 않는다. 딥러닝 기반의 지능형 신호 제어 시스템이 각 방향의 교통량, 보행자 수, 긴급차량 출동 상황 등을 실시간으로 감지하고 분석하여 신호 주기를 초 단위로 최적화한다. 이

를 통해 불필요한 신호 대기 시간을 획기적으로 줄이고 도심 전체의 교통 흐름을 원활하게 만든다.

3.3.4. 도시건축설계: 사용자와 교감하는 건축 '스마트-판교'

딥러닝은 건축가의 창의성을 보조하고, 건물이 스스로 환경과 사용자에게 반응하도록 만드는 '반응형 건축' 시대를 열고 있다.

가상 사례

딥러닝 건축설계 툴 '아키텍트 AI(Architect AI)'

'스마트-판교'에 들어서는 새로운 IT 기업의 사옥은 '아키텍트 AI'를 통해 설계된다.

(1) **생성적 디자인(Generative Design)**: 건축가는 '아키텍트 AI'에 "자연 채광을 극대화하고, 부서 간의 협업을 유도하며, 에너지 효율이 높은 디자인"과 같은 설계 목표와 제약 조건(예: 대지 면적, 예산)을 입력한다. 그러면 AI는 수만 개의 과거 우수 건축 사례와 구조 역학, 에너지 효율 데이터를 학습한 지식을 바탕으로 수천 가지의 독창적이고 효율적인 디자인 대안을 생성하여 3D 모델로 제시한다. 건축가는 이 중 가장 마음에 드는 안을 선택하고 발전시켜 나간다. 이는 인간 건축가의 창의성과 AI의 방대한 연산 능력이 결합된 새로운 형태의 설계 방식이다.

(2) **지능형 외피(Intelligent Facade)**: 완공된 건물은 살아있는 생명체처럼 환경에 반응한다. 건물의 외피(Facade)는 딥러닝 알고리즘에 의해 제어되는 수천 개의 작은 패널로 이루어져 있다. 이 패널들은 계절, 시간, 태양의 고도에 따라 각도를 자동으로 조절하여 여름에

는 직사광선을 차단하고 겨울에는 최대한의 햇빛을 실내로 끌어들인다. 이를 통해 조명과 냉난방에 사용되는 에너지를 50% 이상 절감한다.

(3) **개인 맞춤형 공간 제어:** 건물 내부는 사용자의 행동 패턴을 학습한다. 예를 들어, 특정 회의실에 자주 모이는 팀원들의 데이터를 학습하여, 이들이 회의실로 향하면 자동으로 해당 회의실의 조명과 온도를 평소 선호하는 상태로 미리 조절해준다. 또한, 사무실 내 개인 공간의 조도와 온도 역시 사용자의 스마트폰 앱이나 과거 데이터를 기반으로 개인에게 최적화된 환경을 제공한다.

주제 8

챗GPT는 어떻게 도시의 라이프스타일을 새로 쓰는가?

소주제

1

챗GPT(ChatGPT)의 현주소: 두 개의 AI 발전 경로 속 위치 분석

챗GPT는 생성형 AI의 시대를 연 상징적인 존재이자, 인공지능 기술의 대중화를 이끈 아이콘이다. 챗GPT의 현재 위치를 정확히 이해하기 위해서는, 거시적인 '지능의 수준'과 미시적인 '기술의 구현'이라는 두 가지 발전 경로를 통해 그 위상을 입체적으로 분석해야 한다.

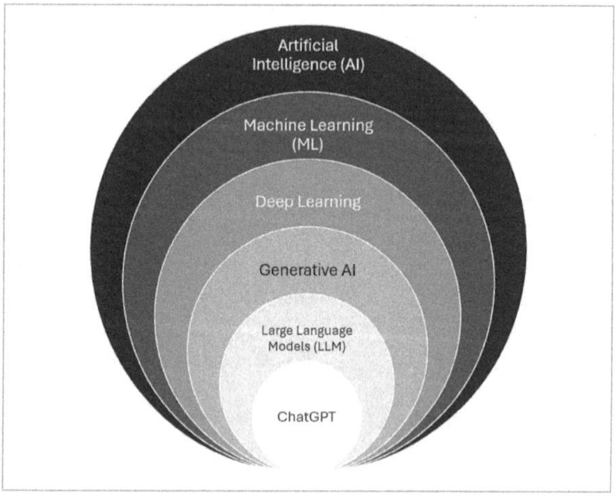

https://www.reddit.com/r/ChatGPT

1. '지능의 범위' 관점 (ANI→AGI→ASI): '챗GPT 가장 뛰어난 약인공지능(ANI)'

'지능의 범위와 수준'이라는 거시적 관점에서 볼 때, 챗GPT는 현존하는 가장 뛰어나고 다재 다능한 '약인공지능(ANI, Artificial Narrow Intelligence)'의 대표 주자이다.

1.1. 챗GPT의 개념과 이유:

ANI는 특정 영역에 고도로 특화된 '전문가형 인공지능'을 의미한다. 챗GPT를 '세상의 모든 책이 있는 도서관에서 평생을 보낸 척척박사'에 비유할 수 있다. 이 박사는 역사, 철학, 과학, 예술 등 모든 분야의 텍스트 지식에 대해 막힘 없이 대화하고, 유려한 문장으로 시를 쓰거나 복잡한 코드까지 작성할 수 있다. 이는 '언어'라는 특성 영역에서 인간의 능력을 아득히 뛰어넘는 것이다.

1.1.1. 한계와 위치: 'ANI→AGI→ASI' 경로에서 챗GPT는 인간과 가장 유사한 대화 능력을 보여주는, 가장 진보한 형태의 '약인공지능(ANI)'이라 할 수 있다.

하지만 이 '도서관 박사'는 도서관 밖으로 나가본 적이 없다. 비가 온다는 것을 글자로 배웠을 뿐, 비를 맞아본 적이 없고, 자전거 타는 법을 설명할 수는 있지만 직접 페달을 밟아본 적은 없다.

(1) 챗GPT는 실제 물리적 세계에 대한 경험이나 진정한 의미의 '상식'이 없으며, 자의식을 가지고 스스로 새로운 목표를 설정하는 '강인공지능(AGI)'과는 명백한 격차를 보인다.

즉, 챗GPT는 실제 물리적 세계에 대한 경험이나 진정한 의미의 "상식'

이 없으며, 자의식을 가지고 스스로 새로운 목표를 설정하는 '강인공지능(AGI)'과는 명백한 격차를 보인다. 매우 넓은 분야의 지식을 다루기에 AGI처럼 보이는 착시를 일으키지만, 그 본질은 방대한 텍스트 데이터의 패턴을 학습한 '언어 전문가'라는 ANI의 범주를 벗어나지 않는다.

결론적으로, 'ANI→AGI→ASI' 경로에서 챗GPT는 인간과 가장 유사한 대화 능력을 보여주는, 가장 진보한 형태의 '약인공지능(ANI)'이라 할 수 있다.

1.2. '기술의 구현' 관점 (LLM → LMM → LAM): 챗GPT의 위치는 LMM으로 만개하여 LAM으로 나아가는 과도기

(1) 챗GPT는 'LLM에서 출발하여 LMM으로 만개했으며, LAM으로의 진화를 시작한 과도기적 모델'이다.

'기술의 구체적인 구현 방식'이라는 미시적 관점에서 볼 때, 챗GPT의 위치는 시간에 따라 진화해왔다. 요약하자면, 챗GPT는 'LLM에서 출발하여 LMM으로 만개했으며, LAM으로의 진화를 시작한 과도기적 모델'이다.

1단계: 한 챗GPT의 초기 버전(GPT-3.5 기반)은 LLM(초거대 언어 모델)으로서의 시작:

(1) 2022년 말 세상을 놀라게 한 챗GPT의 초기 버전(GPT-3.5 기반)은 순수한 LLM이었다. 오직 텍스트만을 이해하고 텍스트로만 답변할 수 있었다

2022년 말 세상을 놀라게 한 챗GPT의 초기 버전(GPT-3.5 기반)은 순수한 LLM이었다. 오직 텍스트만을 이해하고 텍스트로만 답변할 수 있었다. 이는 '말을 배운 단계'로, 챗GPT의 정체성은 '대화형 텍스트 생성기'에 한정되었다.

2단계: LMM(초거대 멀티모달 모델)으로서의 현재: GPT-4를 거쳐 GPT-4o와 같은 최신 모델이 탑재되면서, 챗GPT는 완벽한 LMM으로 진화했다.

(1) GPT-4를 거쳐 GPT-4o와 같은 최신 모델이 탑재되면서, 챗GPT는 완벽한 LMM으로 진화했다.

GPT-4를 거쳐 GPT-4o와 같은 최신 모델이 탑재되면서, 챗GPT는 완벽한 LMM으로 진화했다. 이제 챗GPT는 텍스트를 넘어 이미지, 음성, 영상까지 이해하고 상호작용할 수 있다.

(2) AI에게 '눈과 귀'가 생긴 것에 비유할 수 있으며, 현재 챗GPT의 핵심적인 정체성은 바로 이 LMM에 있다.

사용자가 올린 사진 속 풍경을 묘사하고, 실시간 음성으로 대화하며 농담을 주고받는 것이 가능하나. 이는 AI에게 '눈과 귀'가 생긴 것에 비유할 수 있으며, 현재 챗GPT의 핵심적인 정체성은 바로 이 LMM에 있다.

3단계: LAM(초거대 행동 모델)으로의 진화: 'GPTs'나 '코드 인터프리터'와 같은 기능을 통해, 사용자의 파일을 분석하기 위해 스스로 코드를 실행하거나, 최신 정보를 찾기 위해 웹 브라우징을 하는 등 제한된 디지털 환경 내에서 특정 작업을 수행할 수 있다.

챗GPT는 최근 '행동'의 영역으로 조심스럽게 발을 내딛고 있다. 'GPTs'나 '코드 인터프리터(Code Interpreter)'와 같은 기능을 통해, 사용자의 파일을 분석하기 위해 스스로 코드를 실행하거나, 최신 정보를 찾기 위해 웹 브라우징을 하는 등 제한된 디지털 환경 내에서 특정 작업을 수행할 수 있다.

(1) 아직은 자율적으로 컴퓨터 전체를 제어하는 완전한 LAM은 아니지만, 지시를 받아 정해진 행동을 수행한다는 점에서 LAM으로 나아가는 명백한 초기 단계에 진입했음을 보여준다.

이는 AI에게 '초기적인 손과 발'이 생긴 것으로 볼 수 있다. 아직은 자율적으로 컴퓨터 전체를 제어하는 완전한 LAM은 아니지만, 지시를 받아 정해진 행동을 수행한다는 점에서 LAM으로 나아가는 명백한 초기 단계에 진입했음을 보여준다.

(2) 'LLM→LMM→LAM' 경로에서 챗GPT는 LMM의 능력을 중심으로, LAM의 초기 기능을 탑재하여 계속해서 발전하고 있는 '현재진행형 모델'이다.

요약하면, 'LLM→LMM→LAM' 경로에서 챗GPT는 LMM의 능력을 중심으로, LAM의 초기 기능을 탑재하여 계속해서 발전하고 있는 '현재진행형 모델'이다.

1.3. 챗GPT의 현재 위치

두 가지 관점을 종합하여 챗GPT의 현재 위치를 하나의 문장으로 정의하면 다음과 같다.

"챗GPT는 '약인공지능(ANI)'이라는 거대한 도서관에 사는 '척척박사'와 같다. 이 박사는 처음에는 책(LLM)만 읽을 수 있었지만, 이제는 도서관의 그림과 소리(LMM)까지 모두 이해하게 되었고, 최근에는 도서관 사서에게 부탁하여 간단한 자료 검색이나 계산(초기 LAM)까지 할 수 있게 된, 가장 진보적인 지식 탐구자이다."

(1) GPT는 '약인공지능(ANI)'의 범주 안에서, 기술적으로는 'LMM(초거대 멀티모달 모델)'의 능력을 완벽히 갖추고 'LAM(초거대 행동 모델)'의 초기 단계를 밟고 있는, 현존하는 가장 진보된 대화형 AI라고 최종적으로 정의할 수 있다.

따라서 챗GPT는 '약인공지능(ANI)'의 범주 안에서, 기술적으로는 'LMM(초거대 멀티모달 모델)'의 능력을 완벽히 갖추고 'LAM(초거대 행동 모델)'의 초기 단계를 밟고 있는, 현존하는 가장 진보된 대화형 AI라고 최종적으로 정의할 수 있다.

https://www.google.com/search

소주제
2

챗GPT의 본질:
개념, 배경, 그리고 기술적 의미 분석

챗GPT(ChatGPT)는 인공지능 연구소 오픈AI(OpenAI)가 공개한 대화형 인공지능 서비스로, 현대 사회와 기술 전반에 지대한 영향을 미치고 있다. 이는 단순히 정보를 검색하는 도구를 넘어, 인간과 유사한 방식으로 소통하고 창의적인 결과물을 생성하는 능력을 통해 새로운 패러다임을 제시한다.

(1) 챗GPT는 단순히 방대한 지식을 학습한 것을 넘어, 강화학습RLHF를 통해 인간의 의도와 가치에 부합하도록 '정렬(Aligned)'된, 즉 잘 조율된 대화형 AI라는 점에서 개발의 핵심적인 의의를 찾을 수 있다.

챗GPT는 단순히 방대한 지식을 학습한 것을 넘어, RLHF를 통해 인간의 의도와 가치에 부합하도록 '정렬(Aligned)'된, 즉 잘 조율된 대화형 AI라는 점에서 개발의 핵심적인 의의를 찾을 수 있다.

https://turbologo.com

2.1. 오픈AI의 개발 배경: '정렬된' 인공지능을 향한 여정

2.1.1. 오픈AI는 인공지능(AGI)의 안전한 개발을 추구, 환각현상 같은 문제도 직면

(1) 오픈AI는 인류에게 이익을 주는 것을 목표로 하는 인공지능, 특히 범용 인공지능(AGI)의 안전한 개발을 추구한다

오픈AI는 인류에게 이익을 주는 것을 목표로 하는 인공지능, 특히 범용 인공지능(AGI)의 안전한 개발을 추구한다. 초기의 거대 언어 모델(LLM)은 방대한 텍스트 데이터를 학습하여 놀라운 언어 구사 능력을 보여주었다.

(2) 두 가지 문제: 사실과 다른 내용을 그럴듯하게 지어내는 '환각(Hallucination)' 현상이 잦았다. 인간의 가치나 의도와 무관하게 유해하거나 편향된 콘텐츠를 생성할 위험이 있었다.

두 가지 중대한 문제를 안고 있었다. 첫째, 사실과 다른 내용을 그럴듯하게 지어내는 '환각(Hallucination)' 현상이 잦았다. 둘째, 인간의 가치나 의도와 무관하게 유해하거나 편향된 콘텐츠를 생성할 위험이 있었다.

(3) 오픈AI는 인간의 피드백을 통한 강화학습(RLHF, Reinforcement Learning from Human Feedback)이라는 독자적인 훈련 기법을 도입했다

이러한 문제를 해결하고 인간에게 실질적으로 '유용하고 안전한' AI를 만들기 위한 연구의 산물이 바로 챗GPT이다. 오픈AI는 인간의 피드백을 통한 강화학습(RLHF, Reinforcement Learning from Human Feedback)이라는 독자적인 훈련 기법을 도입했다.

2.1.2. 챗GPT기술에서는 강화학습(RLHF, Reinforcement Learning from Human Feedback)이라는 독자적인 훈련 기법을 도입

강화학습 과정은 다음과 같이 비유할 수 있다.

(1) **지도 및 감독:** 먼저 AI에게 양질의 질문과 답변 예시를 주고 모범 답안을 학습시킨다(지도학습).

(2) **선호도 학습:** AI가 하나의 질문에 대해 여러 답변을 생성하면, 인간 전문가가 가장 좋은 답변부터 가장 나쁜 답변까지 순위를 매긴다. AI는 이 순위 데이터를 학습하여 '인간이 선호하는 답변의 특징'이 무엇인지 파악하는 보상 모델(Reward Model)을 구축한다.

(3) **강화 및 교정:** AI는 대화를 생성하며 스스로 보상 모델로부터 점수를 받는다. 더 높은 점수, 즉 인간이 더 선호할 만한 답변을 생성하는 방향으로 스스로를 끊임없이 교정하고 강화한다.

2.2. 챗GPT의 특징과 성능: 다재 다능한 지식 파트너

챗GPT의 특징과 성능은 이전의 챗봇이나 검색 엔진과는 차별화되는 몇 가지 핵심 요소로 요약된다.

1) 맥락 이해 기반의 대화 능력

챗GPT는 대화의 전체 맥락을 기억하고 이를 기반으로 소통한다. 사용자가 이전에 했던 말을 참조하여 답변을 생성하므로, 단발적인 질의응답을 넘어 자연스러운 대화의 흐름을 이어갈 수 있다.

2) 광범위한 지식과 다재 다능함

특정 분야에 국한되지 않고, 프로그래밍 코드 작성 및 디버깅, 장문의 보고서 요약, 논문 초안 작성, 시나 소설과 같은 문학 작품 창작, 복잡한 주제에 대한 설명 등 인간의 지적 활동 대부분을 지원하는 범용성을 보인다.

3) 자기인식 및 수정 능력

"저는 AI 모델이기 때문에 개인적인 의견은 없습니다"와 같이 자신의 한계를 인지하고 발언하며, 잘못된 전제를 지적하거나 부적절한 요청을 거부하는 능력을 갖추고 있다. 이는 RLHF 훈련을 통해 탑재된 중요한 안전장치이다.

4) 높은 수준의 언어 구사력

문법적 오류가 거의 없고, 논리적으로 일관되며, 매우 유창한 문장을 구사한다. 그 결과물은 많은 경우 인간이 작성한 것과 구별하기 어려울 정도의 완성도를 보인다.

2.3. 'ChatGPT' 이름에 담긴 4가지 핵심 의미

챗GPT라는 이름은 그 자체로 기술의 정체성을 설명하는 네 가지 핵심 요소의 조합으로 이루어져 있다.

2.3.1. Chatting (채팅)

서비스의 형태와 인터페이스를 의미한다. 사용자는 복잡한 명령어 대신, 사람과 대화하듯 자연스러운 문장을 입력하여 AI와 상호작용한다. 이는 기술의 접근성을 극적으로 높여 누구나 쉽게 사용할 수 있도록 만드는 결정적인 요소가 된다.

2.3.2. Generative (생성형): 생성형모델은 학습한 데이터를 바탕으로 세상에 없던 새로운 데이터(텍스트, 이미지, 코드 등)를 창조

이 모델이 '생성 모델(Generative Model)'임을 나타낸다. 기존 AI가 주어진 데이터를 바탕으로 'A인가 B인가'를 판별하는 '분별 모델(Discriminative Model)'에 가까웠다면, 생성 모델은 학습한 데이터를 바탕으로 세상에 없던 새로운 데이터(텍스트, 이미지, 코드 등)를 창조해낸다. 즉, 질문에 대한 답을 찾는 것을 넘어, 답 자체를 '만들어내는' 모델이다.

2.3.3. Pre-trained (사전학습): 막대한 규모의 사전학습이 챗GPT의 광범위한 지식 기반을 형성

모델이 특정 과업에 투입되기 전에, 인터넷의 방대한 텍스트 데이터(책, 웹사이트, 논문 등)를 통해 세상의 지식과 언어의 패턴을 미리 학습했음을 의미한다. 이는 비유하자면, 특정 분야의 전문가가 되기 전에 세상의 모든 책을 읽고 보편적인 지성을 갖춘 상태와 같다. 이 막대한 규모의 사전학습이 챗GPT의 광범위한 지식 기반을 형성한다.

2.3.4. Transformer (트랜스포머): 트랜스포머 모델의 핵심은 '어텐션 메커니즘(Attention Mechanism)'이다.

챗GPT를 구동하는 신경망 아키텍처의 이름이다. 2017년 구글이 발표한 트랜스포머 모델의 핵심은 '어텐션 메커니즘(Attention Mechanism)'이다.

(1) 어텐션 메커니즘은 "아버지가방에들어가신다"라는 문장에서 '아버지'와 '가방'이 아닌, '아버지'와 '들어가신다'의 관계에 더 집중하여 의미를 파악하는 능력이다.

이는 문장 속 단어들의 관계를 분석할 때, 어떤 단어가 다른 단어와 더 중요한 연관성을 갖는지를 파악하여 문맥을 정확하게 이해하는 기술이다. 예를 들어, "아버지가방에들어가신다"라는 문장에서 '아버지'와 '가방'이 아닌, '아버지'와 '들어가신다'의 관계에 더 집중하여 의미를 파악하는 능력이다.

(2) 트랜스포머 구조 덕분에 긴 문장의 복잡한 의미와 뉘앙스를 효과적으로 처리할 수 있게 된다

이 트랜스포머 구조 덕분에 긴 문장의 복잡한 의미와 뉘앙스를 효과적으로 처리할 수 있게 된다.

2.4. 4.0 버전의 의미: GPT-4, 다중 감각의 도약

사용자들이 흔히 말하는 '챗GPT 4.0'은 챗GPT 서비스의 기반이 되는 언어 모델인 GPT-4를 탑재한 버전을 의미한다. GPT-4는 이전 버전인 GPT-3.5에 비해 몇 가지 중대한 도약을 이루었다.

(1) '챗GPT 4.0'은 멀티모달리티(Multimodality, 다중 감각 능력)이다. 냉장고 속 재료 사진을 보여주고 "이 재료들로 만들 수 있는 요리 레시피를 알려줘"라고 요청하면, 이미지를 분석하여 적절한 답변을 텍스트로 생성해준다.

가장 큰 특징은 멀티모달리티(Multimodality, 다중 감각 능력)이다. 기존 모델이 오직 텍스트만 이해하고 생성할 수 있었다면, GPT-4는 이미지를 입력 받아 이해하고 분석할 수 있는 능력을 갖추었다. 예를 들어, 냉장고 속 재료 사진을 보여주고 "이 재료들로 만들 수 있는 요리 레시피를 알려줘"라고 요청하면, 이미지를 분석하여 적절한 답변을 텍스트로 생성해준다. 이는 AI가 인간처럼 시각 정보와 언어 정보를 함께 처리하는 방향으로 진화했음을 의미하는 결정적인 변화이다.

(2) GPT-4는 변호사 시험과 같은 전문직 시험에서 상위권의 성적을 기록할 정도로 추론 능력이 비약적으로 향상되었다.

이외에도 GPT-4는 변호사 시험과 같은 전문직 시험에서 상위권의 성

적을 기록할 정도로 추론 능력이 비약적으로 향상되었으며, 사용자의 복잡하고 미묘한 지시를 더 정확하게 따르는 등 전반적인 성능이 크게 고도화되었다.

소주제
3

도시분야에서 챗GPT의 역할과 활용사례: 만능 보좌관에서 창의적 조력자까지

(1) 챗GPT와 같은 대규모 언어 모델(LLM)은 데이터 분석과 시뮬레이션에 국한되었던 기존 AI의 역할을 넘어, 계획의 전 과정에 관여하는 '지능형 보좌관'이자 '창의적 조력자'이다.

도시계획 분야에서 챗GPT와 같은 대규모 언어 모델(LLM)은 데이터 분석과 시뮬레이션에 국한되었던 기존 AI의 역할을 넘어, 계획의 전 과정에 관여하는 '지능형 보좌관'이자 '창의적 조력자'로서의 가능성을 제시한다.

(2) 법규와 데이터를 다루고, 다양한 이해관계자와 소통하며, 창의적 대안을 모색해야 하는 도시계획가의 업무 부담을 경감시키고 의사결정의 질을 높여준다.

이는 복잡한 법규와 데이터를 다루고, 다양한 이해관계자와 소통하며, 창의적 대안을 모색해야 하는 도시계획가의 업무 부담을 경감시키고 의사결정의 질을 높이는 데 기여한다.

챗GPT의 역할은 크게 '지식 정보 처리자', '소통 및 협업 촉진자', 그리고 '초기 아이디어 생성자'로 구분되며, 구체적인 가상 활용사례를 통해 그 잠재력을 탐색할 수 있다.

3.1. 챗GPT는 지식 정보 처리자 (Knowledge Processor): 법규와 데이터의 지능형 네비게이터

도시계획은 국토계획법, 건축법, 주차장법 등 수많은 법률과 조례, 그리고 방대한 양의 도시 데이터에 기반한다. 챗GPT는 이 복잡하고 분산된 정보를 신속하게 처리하고 계획가의 의도에 맞게 재구성하는 역할을 수행한다.

3.1.1. 챗GPT역할

(1) **법규 및 지침의 신속한 검토**: 특정 개발 행위에 적용되는 모든 법적 규제(건폐율, 용적률, 높이 제한, 환경영향평가 대상 여부 등)를 순식간에 요약하고 정리한다.

(2) **방대한 보고서 및 문헌 요약**: 수백 페이지에 달하는 도시기본계획 보고서, 관련 연구 논문, 해외 사례 분석 자료의 핵심 내용을 추출하여 보고서를 작성한다.

(3) **데이터 분석 코드 생성**: 도시 인구, 교통, 토지이용 등 로우 데이터(raw data)를 분석하기 위한 파이썬(Python)이나 R 코드를 자동으로 생성하여, 계획가가 데이터 과학자의 도움 없이도 기초적인 데이터 분석을 수행할 수 있도록 지원한다.

3.1.2. 챗GPT가상 활용사례: '15분 도시' 정책 수립 지원

1) 상황

A시의 도시계획 담당자가 '15분 보행권 내 필수 공공시설 접근성 강화'라는 정책 목표를 수립하고자 한다.

2) 챗GPT 활용

(1) **법규 검색**: 담당자가 "15분 도시 개념을 적용하기 위해 검토해야 할 국내 법규와 조례 목록과 핵심 내용을 요약해줘"라고 입력한다. 챗

GPT는 국토계획법상 생활권 계획, 도시재생법, 주차장법 등을 종합하여 관련 조항을 정리해준다.

(2) **해외사례 분석:** "프랑스 파리와 호주 멜버른의 15분 도시 정책 보고서를 요약하고, 성공 요인과 국내 적용 시 고려사항을 분석해줘"라고 요청한다. 챗GPT는 즉시 핵심 내용을 담은 비교 분석 보고서를 생성한다.

(3) **데이터 분석 지원:** "A시 인구 데이터와 공공시설 위치 데이터를 기반으로, 보육시설 접근성이 가장 취약한 3개 동을 찾는 파이썬 코드를 작성해줘"라고 지시하면, 챗GPT가 즉각 데이터 분석 코드를 제공한다.

이처럼 챗GPT는 계획가가 정보 수집과 분석에 들이는 시간을 획기적으로 단축시켜, 더 본질적인 정책 고민에 집중할 수 있도록 돕는 '지능형 비서'의 역할을 수행한다.

3.2. 챗GPT는 소통 및 협업 촉진자(Communication Facilitator): 시민과 도시행정의 간극을 좁히는 다리

도시계획은 수많은 이해관계자의 참여와 합의를 통해 이루어진다. 챗GPT는 전문적이고 어려운 계획 언어를 시민의 눈높이에 맞춰 설명하고, 다양한 의견을 효율적으로 수렴하여 소통 비용을 절감하는 역할을 한다.

3.2.1. 챗GPT역할

(1) **계획 용어 및 내용의 쉬운 해설:** 용적률, 지구단위계획, 기반시설부담금 등 일반 시민이 이해하기 어려운 전문 용어를 초등학생도 이해할 수 있도록 쉽게 풀어 설명하는 안내문을 작성한다.

(2) **공청회 및 설문조사 의견 요약:** 공청회에서 쏟아진 수백 개의 시민 의견이나 온라인 설문조사의 주관식 답변들을 실시간으로 분석하여 핵심 쟁점, 주요 키워드, 찬반 의견의 핵심 논거별로 분류하고 요약한다.

(3) **다국어 민원 및 안내 자료 생성:** 도시에 거주하는 외국인 주민을 위해 도시계획 관련 공고문이나 민원 안내 자료를 다양한 언어로 번역하고, 문화적 배경을 고려한 맞춤형 표현으로 다듬는다.

3.2.2. 챗GPT가상 활용사례: 재개발 사업 주민설명회 준비

1) 상황

B구역 재개발 사업의 주민설명회를 앞두고, 갈등을 최소화하고 주민 참여를 높여야 하는 과제가 주어졌다.

2) 챗GPT 활용

(1) **맞춤형 안내문 생성:** 담당자가 "B구역 재개발 계획의 핵심 내용(용적률 상향, 공원 조성, 임대주택 비율)을 초등학생, 20대 청년, 60대 노인 등 대상별 눈높이에 맞춰 설명하는 카드뉴스 문안을 각각 작성해줘"라고 요청한다.

(2) **예상 질의응답집 작성:** "재개발 사업 설명회에서 주민들이 가장 많이 할 것 같은 질문 20개와 그에 대한 답변을 예상해서 작성해줘. 특히 보상 문제와 이주 대책에 대한 답변은 감성적으로 공감하는 표현을 넣어줘"라고 지시한다.

(3) **의견 분석:** 설명회 이후, "주민 의견 수렴 결과에서 '상가 보상', '자녀 학교', '공사 소음' 키워드가 포함된 의견들을 따로 추출하고, 긍정과 부정 뉘앙스로 분류한 후 핵심만 요약해줘"라고 명령하여 갈

등의 핵심을 신속하게 파악한다.

이를 통해 챗GPT는 계획 과정의 투명성을 높이고, 행정과 시민 사이의 정보 비대칭을 해소하며 사회적 합의를 형성하는 데 기여하는 '소통 전문가'가 될 수 있다.

3.3. 챗GPT는 초기 아이디어 생성자 (Idea Generator): 창의적 도시 상상의 파트너

도시계획은 때로 관성적인 사고에서 벗어난 창의적인 발상을 요구한다. 챗GPT는 다양한 지식과 사례를 조합하여, 계획가가 미처 생각하지 못한 새로운 도시계획 아이디어나 디자인 콘셉트의 초안을 제시하는 '브레인스토밍 파트너' 역할을 한다.

3.3.1. 챗GPT역할

(1) **정책 아이디어 브레인스토밍**: '청년 인구 유출을 막기 위한 도시 정책 아이디어 30가지', '도시의 유휴 공간을 활용한 탄소중립 실천 방안 10가지' 등 특정 주제에 대한 창의적이고 다양한 정책 아이디어 목록을 생성한다.

(2) **디자인 콘셉트 및 스토리텔링**: 특정 지역의 역사와 문화를 바탕으로 한 도시 브랜딩 전략이나 가로경관 디자인 콘셉트에 대한 스토리텔링 초안을 작성한다.

(3) **미래 시나리오 작성**: "2050년, 인구 감소와 기후 변화에 성공적으로 대응한 스마트도시 'C'의 하루를 신문기사 형식으로 작성해줘"와 같이, 미래 도시의 비전을 구체적이고 생생한 시나리오로 제시하여 계획의 목표 설정을 돕는다.

3.3.2. 챗GPT가상 활용사례: 쇠퇴한 구도심 활성화 계획 수립

1) 상황

쇠퇴한 C 지역의 역사적 정체성을 살리면서 활력을 불어넣을 새로운 도시재생 아이디어가 필요하다.

2) 챗GPT 활용

(1) **콘셉트 도출:** 담당자가 "C 지역의 옛 방직공장 역사와 주변 생태하천을 결합하여, '실과 물이 어우러지는 커뮤니티'라는 콘셉트의 도시재생 사업 아이디어를 5가지 제안해줘. 각 아이디어에는 구체적인 프로그램과 기대효과를 포함해줘"라고 요청한다.

(2) **슬로건 제작:** "위 아이디어들을 아우를 수 있는 도시재생 프로젝트의 슬로건을 10개 만들어줘. 젊은 세대에게 매력적인 문구였으면 좋겠어"라고 지시한다.

(3) **비전 제시:** "이 프로젝트가 성공했을 때의 모습을 '2년차 스타트업 대표의 브이로그' 형식으로 생생하게 묘사해줘"라고 하여, 계획의 미래상을 구성원들과 공유하고 공감대를 형성하는 데 활용한다.

결론적으로 챗GPT는 도시계획 분야에서 단순한 자동화 도구를 넘어, 인간 계획가의 지적 능력을 확장하고 창의적 잠재력을 극대화하는 핵심적인 파트너로 기능하게 될 것이다.

주제 9

AI 에이전트 도시:
ML→DL→AI Agent

소주제
1

AI의 진화, 예측가를 넘어 자율적 행동가로: AI 에이전트의 등장 배경

https://www.solutelabs.com/blog/ai-agents-guide

인공지능(AI)의 발전사는 주어진 데이터를 분석하는 수동적 '분석가'에서 출발하여, 스스로 생각하고 목표를 달성하기 위해 행동하는 능동적 '실행가'로 진화해 온 과정이다.

(1) 머신 러닝에서 시작하여, 복잡한 정보를 인식하는 딥 러닝으로, 새로운 아이디어와 계획을 창조하는 생성형 AI를 거쳐, 마침내 이 모든 능력을 통합하여 자율적으로 과업을 수행하는 AI 에이전트의 등장으로 이어지고 있다

이 여정은 데이터 속에서 패턴을 읽는 머신 러닝에서 시작하여, 세상

의 복잡한 정보를 인식하는 딥 러닝으로, 그리고 새로운 아이디어와 계획을 창조하는 생성형 AI를 거쳐, 마침내 이 모든 능력을 통합하여 자율적으로 과업을 수행하는 AI 에이전트의 등장으로 이어지고 있다. 각 단계는 이전 기술의 토대 위에서 새로운 능력을 획득하며 AI의 역할을 근본적으로 바꾸어 놓았다.

1. 머신 러닝→딥 러닝→생성형 AI→AI 에이전트로 진화 중

1.1. 머신 러닝(Machine Learning) 시대: '데이터를 읽는 예측가'의 탄생

기술의 흐름 및 배경: AI 발전의 첫 번째 장은 기계가 데이터로부터 학습하여 미래를 예측하는 능력, 즉 머신러닝에서 시작되었다. 이 단계의 핵심 철학은 명시적인 규칙을 프로그래밍하는 대신, 방대한 데이터를 통해 기계가 스스로 규칙을 발견하게 하는 것이다.

(1) 머신 러닝은 경험 많은 통계학자가 과거의 판매 데이터, 날씨 정보, 고객 데이터를 분석하여 미래의 수요를 예측하는 것과 같다.

이는 마치 경험 많은 통계학자가 과거의 판매 데이터, 날씨 정보, 고객 데이터를 분석하여 미래의 수요를 예측하는 것과 같다. 하지만 이 '예측가'는 수동적이었다. 인간이 데이터를 정제하여 제공하고, 분석할 질문을 던져야만 비로소 답을 내놓을 수 있었다. 즉, AI는 인간의 지시를 기다리는 유능하지만 수동적인 분석 도구에 머물러 있었다.

- **핵심 역할**: 데이터 기반 예측 및 분류
- **한계**: 비정형 데이터(이미지, 텍스트) 처리의 어려움, 인간의 지속적인 개입 및 지시 필요, 자율성 부재

'AI 에이전트'와 출장 준비해보니, 동아일보

1.2. 딥러닝(Deep Learning) 시대: '세상을 인식하는 감각기관'의 획득

(1) 딥 러닝은 신경망을 깊게 쌓아 올려, 기계가 이미지나 음성 같은 비정형 데이터의 특징을 스스로 학습하게 만들었다.

머신 러닝의 한계를 돌파한 것은 인간의 뇌 신경망 구조를 모방한 딥러닝의 등장이었다. 딥 러닝은 신경망을 깊게 쌓아 올려, 기계가 이미지나 음성 같은 비정형 데이터의 특징을 스스로 학습하게 만들었다.

이는 AI가 마침내 세상을 직접 보고 들을 수 있는 '눈'과 '귀'라는 감각기관을 획득했음을 의미한다. 과거에는 인간이 사진 속 고양이를 인식시키기 위해 '뾰족한 귀', '긴 수염'과 같은 특징을 일일이 알려줘야 했지만, 딥러닝 AI는 수많은 고양이 사진을 보고 스스로 그 특징을 학습하여 고양이를 인식하게 되었다.

(2) 딥 러닝 덕택에 AI는 수동적인 데이터 분석가를 넘어, 세상을 직접 인식하고 이해하는 '인지(Perception)' 능력을 갖추게 되었다.

이로써 AI는 수동적인 데이터 분석가를 넘어, 세상을 직접 인식하고 이해하는 '인지(Perception)' 능력을 갖추게 되었다.

□ 핵심 역할: 이미지/음성 인식, 자연어 이해 등 감각 데이터 처리

□ 획득 능력: 자율적인 특징 추출 및 고차원적 패턴 인식

1.3. 생성형 AI(Generative AI) 시대: '지식을 조합하여 계획하는 뇌'의 탄생

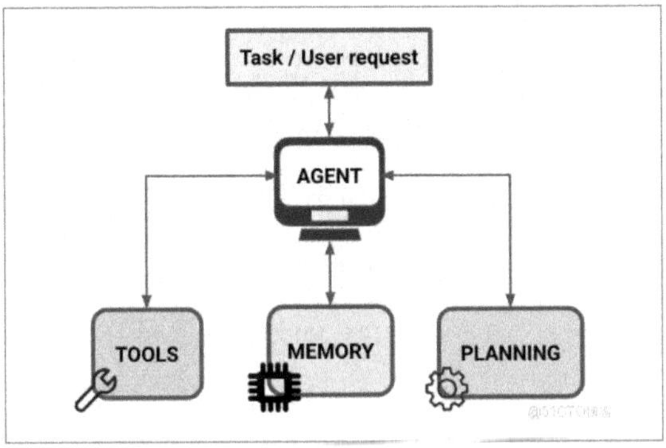

https://www.promptingguide.ai

(1) 딥러닝이 AI에게 감각기관을 주었다면, ChatGPT와 같은 거대 언어 모델(LLM)을 필두로 한 생성형 AI는 AI에게 사고하고 계획하며 창조하는 '뇌'를 부여했다

기술의 흐름 및 배경: 딥러닝이 AI에게 감각기관을 주었다면, ChatGPT와 같은 거대 언어 모델(LLM)을 필두로 한 생성형 AI는 AI에게 사고하고 계획하며 창조하는 '뇌'를 부여했다. 생성형 AI는 단순히 데이터를 인식하는 것을 넘어, 학습한 방대한 지식을 조합하여 새로운 텍스트, 이미지, 심지어는 계획까지 만들어낸다.

(2) AI가 주어진 질문에 답하는 것을 넘어, 목표를 달성하기 위한 구체적인 단계와 전략을 스스로 수립할 수 있는 '추론(Reasoning)' 및 '계획(Planning)' 능력을 갖추었음을 의미한다.

'여름휴가로 제주도 3박 4일 여행 계획을 세워줘'라는 복잡하고 추상적인 요구에 대해, 항공편, 숙소, 관광지, 예산 등을 고려한 논리적인 계획안을 제시할 수 있게 된 것이다. 이는 AI가 주어진 질문에 답하는 것을 넘어, 목표를 달성하기 위한 구체적인 단계와 전략을 스스로 수립할 수 있는 '추론(Reasoning)' 및 '계획(Planning)' 능력을 갖추었음을 의미한다.

- **핵심 역할:** 새로운 콘텐츠 생성, 복잡한 과업 계획 및 전략 수립
- **획득 능력:** 추론, 계획, 창의성, 인간과의 복합적 상호작용

1.4. AI 에이전트(AI Agent) 시대: '목표를 향해 행동하는 실행가'의 완성

1.4.1. AI 에이전트는 딥 러닝의 '인식 능력'과 생성형 AI의 '계획 능력'을 통합하고, 여기에 '행동(Action)'까지

(1) AI 에이전트는 딥 러닝의 '인식 능력'과 생성형 AI의 '계획 능력'을 통합하고, 여기에 '행동(Action)'이라는 마지막 퍼즐 조각을 맞춘 개념이다

기술의 흐름 및 배경: AI 에이전트는 앞선 모든 기술 발전의 정점에 서 있다. 이는 딥 러닝의 '인식 능력'과 생성형 AI의 '계획 능력'을 통합하고, 여기에 '행동(Action)'이라는 마지막 퍼즐 조각을 맞춘 개념이다.

How Agentic AI will transform financial services with autonomy, efficiency and inclusion, World Economic Forum

(2) AI 에이전트의 핵심은 주어진 목표를 달성하기 위해 자율적으로 계획을 세우고, 필요한 도구를 사용하며, 실제 환경과 상호작용하여 과업을 완수하는 것이다.

AI 에이전트의 핵심은 주어진 목표를 달성하기 위해 자율적으로 계획을 세우고, 필요한 도구를 사용하며, 실제 환경과 상호작용하여 과업을 완수하는 것이다.

(3) 생성형 AI가 비서처럼 '여행 계획서'라는 문서를 만들어주는 데 그쳤다면, AI 에이전트는 그 계획서를 바탕으로 직접 항공권 예매 사이트에 접속하여 표를 예약하고, 호텔 예약 API를 호출하여 숙소를 잡고, 렌터카 앱을 실행하여 차량을 빌리는 모든 과정을 인간의 개입 없이 스스로 수행한다.

비유하자면, 생성형 AI가 유능한 비서처럼 '여행 계획서'라는 문서를 만들어주는 데 그쳤다면, AI 에이전트는 그 계획서를 바탕으로 직접 항공권 예매 사이트에 접속하여 표를 예약하고, 호텔 예약 API를 호출하여 숙소를 잡고, 렌터카 앱을 실행하여 차량을 빌리는 모든 과정을 인간의 개입 없이 스스로 수행한다.

1.4.2. AI 에이전트의 행동을 가능하게 하는 구성요소

이러한 행동은 다음과 같은 구성요소를 통해 가능해진다.

(1) **두뇌**(Core Engine): LLM이 목표를 이해하고, 계획을 수립하며, 상황을 판단하는 중심 역할을 한다.

(2) **기억**(Memory): 자신이 수행한 행동, 중간 결과, 사용자의 피드백을 기억하여 다음 행동에 반영한다.

(3) **도구 사용**(Tool Use): 웹 브라우저, 계산기, 코드 실행기, 특정 소프트웨어의 API 등 외부 도구를 능숙하게 사용하여 물리적, 디지털적 한계를 극복한다.

요약하면 AI 에이전트는 단순히 똑똑한 챗봇이 아니라, 디지털 세계의 '자율적 노동자' 또는 '가상 비서'라 할 수 있다. 예측(머신 러닝)에서 인식(딥러닝)으로, 다시 계획(생성형 AI)으로 발전해 온 AI 기술의 흐름은 마침내 스스로 판단하고 행동하여 현실 세계의 과업을 해결하는 'AI 에이전트'라는 구체적인 실행가를 탄생시킨 것이다.

The Rise of AI Agents: Shaping Our Future ? Jibin Ellickal

소주제
2

AI 에이전트가 추구하는 목표, 적용기술, 역할, 장단점

Will AI Agents really replace us? | Mayank Tyagi

2.1. AI 에이전트: 생각을 넘어 행동하는 지능, 그 본질과 미래

(1) AI 에이전트(AI Agent)가 '생각하는 기계'를 넘어 '행동하는 기계'의 시대로의 발전을 부추긴다.

인공지능(AI)의 발전이 '생각하는 기계'를 넘어 '행동하는 기계'의 시대로 진입하고 있다. 그 중심에 바로 AI 에이전트(AI Agent)가 존재한다.

(2) AI 에이전트는 사용자의 질문에 답하는 챗봇이나, 콘텐츠를 생성하는 생성형 AI를 넘어, 명확한 목표를 부여 받아 자율적으로 계획을 수립하고, 다양한 도구를 활용하여, 과업을 완수하는 주체를 의미한다.

AI 에이전트는 단순히 사용자의 질문에 답하는 챗봇이나, 요구에 따라 콘텐츠를 생성하는 생성형 AI를 넘어, 명확한 목표를 부여 받아 자율적으로 계획을 수립하고, 다양한 도구를 활용하여, 과업을 완수하는 주체를 의미한다.

이는 마치 유능한 사서가 요청한 책을 찾아주는 것을 넘어, 사용자의 목표를 듣고 직접 자료를 조사하고, 보고서를 작성하며, 필요한 예약을 대신 처리해주는 '만능 디지털 집사'에 비유할 수 있다.

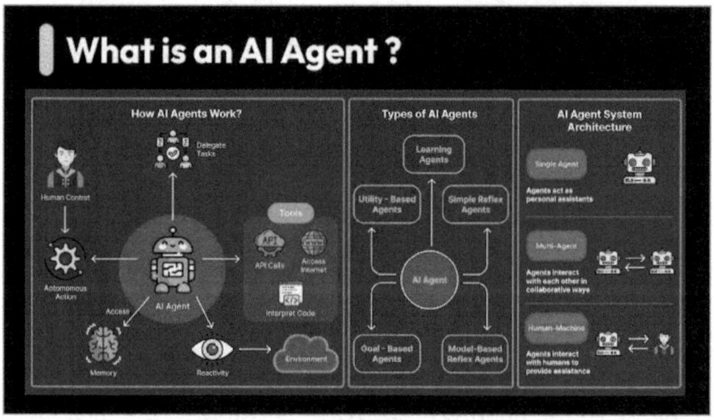

What Are AI Agents Really About? https://bit.ly/bbg

2.1.1. AI 에이전트가 추구하는 목표: 인간의 지적 노동으로부터의 해방

AI 에이전트가 추구하는 궁극적인 목표는 복잡하고 다 단계적인 지적 노동의 자동화를 통해 인간을 반복적이고 시간 소모적인 업무로부터 해방시키는 것이다.

(1) AI 에이전트가 추구하는 목표는 사용자가 더 이상 '무엇을(What)'과 '어떻게(How)'를 일일이 지시하지 않고, 최종적인 '목표(Goal)'만 제시하면 그 과정을 AI가 전적으로 책임지는 것이다.

사용자가 더 이상 '무엇을(What)'과 '어떻게(How)'를 일일이 지시하지 않고, 최종적인 '목표(Goal)'만 제시하면 그 과정을 AI가 전적으로 책임지도록 하는 것이 핵심이다.

(2) 기존 AI에게는 "서울에서 부산까지 가는 KTX 시간표를 알려줘"라고 물어야 했다. 그러나 AI 에이전트에게는 "다음 주 금요일 오전에 부산 출장을 가야 해. 가장 효율적인 KTX편을 예약하고, 숙소는 해운대 근처 4성급 호텔로, 렌터카까지 모두 예약해 줘" 라는 단 하나의 목표를 위임할 수 있다.

예를 들어, 기존 AI에게는 "서울에서 부산까지 가는 KTX 시간표를 알려줘"라고 물어야 했다. 그러나 AI 에이전트에게는 "다음 주 금요일 오전에 부산 출장을 가야 해. 가장 효율적인 KTX편을 예약하고, 숙소는 해운대 근처 4성급 호텔로, 렌터카까지 모두 예약해 줘" 라는 단 하나의 목표를 위임할 수 있다.

에이전트는 이 목표를 달성하기 위해 스스로 최적의 KTX를 검색하고, 호텔 예약 사이트를 비교하며, 렌터카 회사의 API를 호출하여 모든 예약을 완료하고 그 결과를 사용자에게 보고한다. 이처럼 인간의 개입을 최소화하고 목표 지향적인 자율성을 극대화하는 것이 AI 에이전트의 지향점이다.

2.1.2. AI 에이전트 적용 기술: 네 가지 핵심 요소의 결합

AI 에이전트의 자율적 행동은 특정 단일 기술이 아닌, 네 가지 핵심 기술 요소의 유기적인 결합을 통해 구현된다.

(1) 두뇌(Core Reasoning Engine): AI 에이전트의 핵심 두뇌인 LLM은 사용자의 자연어 목표를 이해하고, 목표달성을 위한 전략을 구상하며, 각 단계를 계획하고, 문제 발생 시 해결책을 추론한다.

AI 에이전트의 핵심 두뇌는 거대 언어 모델(LLM)이 담당한다. LLM은 사용자의 자연어 목표를 이해하고, 목표 달성을 위한 전체 전략을 구상하며, 각 단계를 논리적으로 계획하고, 예기치 못한 문제 발생 시 해결책을 추론하는 모든 인지적 활동의 중추가 된다.

(2) 기억(Memory): AI 에이전트는 일회성 대화에 그치지 않고, 자신의 행동과 그 결과, 사용자와의 이전 상호작용을 기억하는 능력을 가진다.

AI 에이전트는 일회성 대화에 그치지 않고, 자신의 행동과 그 결과, 사용자와의 이전 상호작용을 기억하는 능력을 가진다. 이는 단기 기억(Short-term Memory)과 장기 기억(Long-term Memory)으로 나뉜다. 단기 기억은 현재 진행 중인 과업의 맥락을 유지하는 역할을 하며, 장기 기억은 벡터 데이터베이스(Vector Database) 등을 통해 과거의 경험과 지식을 저장하여 향후 더 나은 의사결정을 내리는 데 활용된다.

(3) 계획 수립(Planning): 거대한 목표를 달성 가능한 작은 하위 과업(Sub-task)들로 분해하는 능력을 갖는다.

AI 에이전트는 거대한 목표를 달성 가능한 작은 하위 과업(Sub-task)들로 분해하는 능력을 갖는다. 예를 들어 '출장 준비'라는 목표를 ① KTX 시간 검색, ② 좌석 예약, ③ 호텔 검색, ④ 가격 비교, ⑤ 호텔 예약, ⑥ 렌터카 예약 등의 구체적인 단계로 스스로 나누고 순차적으로 실행한다.

(4) **에이전트는 도구를 호출하여 사용(Tool Use)한다: 에이전트를 단순한 챗봇과 구별 짓는 가장 결정적인 능력**

이것이 AI 에이전트를 단순한 챗봇과 구별 짓는 가장 결정적인 능력이다. 에이전트는 LLM 내부의 지식에만 의존하지 않고, 필요에 따라 외부 도구(API)를 능동적으로 호출하여 사용한다. 실시간 웹 검색을 통해 최신 정보를 얻고, 계산기 도구로 정확한 예산을 계산하며, 항공사나 호텔의 예약 API를 직접 실행하여 실제 예약을 진행하는 등, 디지털 세계의 팔과 다리처럼 도구를 활용하여 현실에 영향을 미친다.

2.1.3. AI 에이전트의 역할: 개인 비서에서 자율적 전문가까지

AI 에이전트는 그 활용 범위에 따라 다양한 역할을 수행하며 사회와 산업의 풍경을 바꾸게 된다.

(1) **개인화된 디지털 집사**: 개인의 일정 관리, 여행 계획, 온라인 쇼핑, 정보 검색 등 일상적인 삶의 모든 영역에서 맞춤형 비서 역할을 수행하여 사용자의 시간을 절약해준다.

(2) **자율적인 비즈니스 분석가**: 특정 시장의 최신 동향을 실시간으로 조사하고, 경쟁사의 활동을 모니터링하며, 방대한 데이터를 분석하여 주간 보고서를 자동으로 생성하는 등 전문적인 분석 업무를 자율적으로 처리한다.

(3) **지능형 소프트웨어 오퍼레이터**: 사용자가 복잡한 전문 소프트웨어(ERP, CRM 등)의 사용법을 몰라도, "지난 분기 매출 실적이 가장 높은 영업사원 5명의 목록을 뽑아줘"와 같이 자연어로 명령하면, 에이전트가 대신 소프트웨어를 조작하여 결과를 도출해준다.

2.1.4. AI 에이전트의 장점과 단점: 혁신과 위험의 양면성

AI 에이전트는 엄청난 잠재력을 지니고 있지만, 동시에 새로운 차원의 위험성도 내포한다.

1) AI 에이전트의 장점

(1) **생산성의 혁명**: 인간이 수 시간에서 수일에 걸쳐 수행하던 복잡한 지적 업무를 수 분 내로 단축시켜, 개인과 기업의 생산성을 비약적으로 향상시킨다.

(2) **전문성의 대중화**: 코딩, 데이터 분석, 시장 조사 등 특정 전문가만 가능했던 업무를 일반인도 자연어 명령을 통해 쉽게 수행할 수 있게 하여 지식과 기술의 장벽을 허문다.

(3) **초개인화 서비스의 실현**: 사용자의 선호도, 과거 이력, 습관 등을 깊이 학습하여, 진정으로 나만을 위한 맞춤형 서비스를 24시간 제공하는 것이 가능해진다.

2) AI 에이전트의 단점

(1) **보안 및 통제 불능의 위험**: 자율적으로 행동하는 에이전트가 해킹을 당하거나 오작동할 경우, 사용자의 계정으로 잘못된 금융 거래를 하거나 민감 정보를 유출하는 등 심각한 피해를 야기할 수 있다.

(2) **'환각' 현상의 치명적 결과**: 기반이 되는 LLM의 고질적인 문제인 환각(Hallucination) 현상으로 인해, 에이전트가 잘못된 정보를 사실로 믿고 행동할 경우(예: 존재하지 않는 항공편을 예약하려 시도), 돌이킬 수 없는 결과를 초래할 수 있다.

(3) **복잡성과 책임 소재의 문제**: 다단계의 복잡한 과업 수행 중 오류가 발생했을 때, 어느 단계에서 어떤 원인으로 문제가 생겼는지 파악

하고 수정하기가 매우 어렵다. 또한, AI 에이전트의 행동으로 발생한 손실에 대한 법적, 윤리적 책임 소재가 불분명하다.

(4) **고도화된 일자리 대체:** 단순 반복 업무를 넘어 복합적인 지적 노동까지 자동화하게 되므로, 광범위한 분야에서 일자리 대체 문제를 심화시킬 수 있다.

AI agents are on the march, but will they justify the endless big spending on AI?, siliconANGLE

소주제

3

챗GPT와 AI 에이전트의 차이는 무엇인가?

3.1. 챗GPT와 AI 에이전트: 천재 조언가와 만능 실행가의 결정적 차이

(1) 챗GPT가 '엔진' 그 자체라면, AI 에이전트는 그 엔진을 심장으로 삼고 기억 장치와 외부 도구를 다루는 팔다리까지 갖춘 완전한 '로봇' 시스템이다.

챗GPT와 AI 에이전트는 종종 혼용되기도 하지만, 두 개념은 마치 뛰어난 지식을 갖춘 '천재 조언가'와 그 조언을 바탕으로 실제 임무를 완수하는 '만능 실행가'처럼 근본적인 차이를 보인다.

(2) 챗GPT가 대화와 정보 생성을 통해 인간의 지적 활동을 돕는 데 집중한다면, AI 에이전트는 그 능력을 기반으로 자율적인 행동까지 수행하여 목표를 완수하는 것을 지향한다.

챗GPT가 대화와 정보 생성을 통해 인간의 지적 활동을 돕는 데 집중한다면, AI 에이전트는 그 능력을 기반으로 자율적인 행동까지 수행하여 목표를 완수하는 것을 지향한다. 두 기술의 본질적 차이를 목표, 적용 기술, 데이터 활용 방식, 역할, 그리고 산출물 유형의 5가지 측면에서 심층적으로 비교 분석한다.

3.1.1. 추구하는 목표: '완벽한 답변' vs. '완벽한 임무 완수'

1) 챗GPT(ChatGPT)

(1) 대화의 맥락 안에서 최고의 '응답(Response)'을 제공하는 것이 궁극적인 목표가 된다.

챗GPT의 핵심 목표는 사용자의 질문이나 요구에 대해 가장 정확하고, 논리적이며, 풍부한 정보를 담은 텍스트 답변을 생성하는 것이다. 이는 '어떻게 하면 여름휴가를 잘 보낼 수 있을까?'라는 질문에 대해 상세하고 창의적인 여행 계획서를 작성해주는 것과 같다. 즉, 대화의 맥락 안에서 최고의 '응답(Response)'을 제공하는 것이 궁극적인 목표가 된다.

ChatGPT Is Making Us Weird - Business Insider

2) AI 에이전트(AI Agent)

(1) AI 에이전트의 목표는 응답 생성을 넘어 주어진 과업을 실제로 완수(Task Completion)하는 것이다.

AI 에이전트의 목표는 응답 생성을 넘어 주어진 과업을 실제로 완수(Task Completion)하는 것이다. 이는 '다음 주 금요일 제주도 3박 4일 여름휴가 준비해줘'라는 목표를 부여 받고, 스스로 항공권을 예매하고, 호텔을 예약하며, 렌터카까지 빌리는 모든 과정을 끝마치는 것을 의미한다. 최종 산출물은 텍스트 답변이 아닌, '예약 완료'라는 실제 상태의 변화이다.

AI 에이전트가 바꾸는 세상?, 위디엑스

3.1.2. 적용된 AI 기술: '단일 엔진' vs. '통합 시스템'

1) 챗GPT

챗GPT의 핵심 기술은 거대 언어 모델(LLM) 그 자체이다. 이는 방대한 데이터로 사전 학습된 강력한 단일 AI 모델을 기반으로 하며, 사용자와의 상호작용은 이 LLM이라는 엔진을 통해 직접적으로 이루어진다. 즉, 챗GPT는 LLM의 능력을 대화형 인터페이스로 극대화한 서비스이다.

2) AI 에이전트

AI 에이전트는 LLM을 핵심 '두뇌'로 사용하지만, 이는 전체 시스템의 한 부분일 뿐이다. 에이전트는 LLM에 더하여 다음과 같은 기술들이 유기적으로 결합된 통합 아키텍처(Integrated Architecture)를 가진다.

(1) **계획 수립(Planning) 모듈**: 목표를 달성 가능한 하위 단계들로 스스로 분해한다.

(2) **기억(Memory) 시스템**: 과거의 행동과 결과를 기억하여 다음 행동에 반영한다.

(3) **도구 사용(Tool Use) 능력**: 웹 검색, 계산기, 다른 소프트웨어의 API 등 외부 도구를 능동적으로 호출하고 사용하여 현실 세계와 상호작용한다.

비유하자면, 챗GPT가 '엔진' 그 자체라면, AI 에이전트는 그 엔진을 심장으로 삼고 기억 장치와 외부 도구를 다루는 팔다리까지 갖춘 완전한 '로봇' 시스템이다.

Embracing AI Agents as Digital Twins for Customers and Employees, Linkedin

3.1.3. 데이터 활용 방식: '내재된 지식' vs. '능동적 외부 데이터 수집'

1) 챗GPT

챗GPT는 기본적으로 사전 학습된 방대한 내부 데이터(knowledge base)에 의존하여 답변을 생성한다. 특정 시점까지의 지식을 바탕으로 하기 때문에, 실시간 정보나 최신 데이터에 접근하는 데 한계가 있다. 이는 마치 도서관의 모든 책을 외운 학자가 자신의 머릿속 지식으로만 답변하는 것과 같다.

2) AI 에이전트

AI 에이전트는 내부 지식을 기초로 하되, 과업 수행을 위해 필요한 외부 데이터를 능동적으로 수집하고 활용한다. 예를 들어, 항공권 예약을 위해 실시간으로 항공사 웹사이트에 접속하여 가격 정보를 가져오거나, 기업의 내부 데이터베이스(DB)에 API를 통해 접근하여 최신 판매 실적을 확인하는 식이다. 데이터는 정적인 지식이 아닌, 목표 달성을 위해 찾아내고 사용하는 '자원'이 된다.

3.1.4. 역할: '지능형 조력자' vs. '자율적 대리인'

1) 챗GPT

챗GPT의 역할은 사용자의 창의적, 지적 활동을 돕는 '조력자(Assistant)' 또는 '증강 도구(Booster)'에 가깝다. 보고서 초안을 작성해주거나, 코딩의 막히는 부분을 해결해주고, 아이디어 발상을 도와 줌으로써 사용자가 일을 더 잘, 더 빠르게 하도록 지원한다. 즉, 사용자가 운전하는 차의 성능을 높여주는 '터보 엔진'과 같다.

2) AI 에이전트

AI 에이전트의 역할은 사용자를 대신하여 업무를 처리하는 '대리인(Agent)' 또는 '자율적 실행자(Executor)'이다. 사용자는 운전대를 잡을 필요 없이 목적지만 알려주면 된다. 에이전트는 조력자를 넘어, 특정 권한을 위임 받아 사용자를 대신하여 행동하는 주체이다. 이는 사용자의 업무를 도와주는 것을 넘어, 업무 자체를 가져가서 처리하는 '자율주행 자동차'에 해당한다.

3.1.5 산출물 유형: '생성된 콘텐츠' vs. '완수된 과업의 결과'

1) 챗GPT

챗GPT의 최종 산출물은 언제나 '텍스트, 이미지, 코드'와 같은 디지털 콘텐츠이다. 아무리 복잡한 요청이라도 그 결과는 채팅 창 안에 표시되는

https://www.youtube.com/watch?v=5g2H5Y3pDs4

정보의 형태로 국한된다. 여행 계획, 소설 초안, 분석 보고서 등은 모두 사용자가 직접 활용해야 하는 '정보 덩어리'이다.

2) AI 에이전트

AI 에이전트의 최종 산출물은 '과업 완수로 인한 상태의 변화(State Change)'이다. 산출물은 채팅창이 아닌, 사용자의 이메일 함에 도착한 '항공권 예약 확인서', 사용자의 캘린더에 추가된 '회의 일정', 혹은 기업의 CRM 시스템에 업데이트된 '고객 정보'와 같이 실제 디지털 또는 물리적 세계에 발생한 결과 그 자체이다. 에이전트가 내놓는 텍스트는 최종 결과가 아닌, 임무 수행 과정에 대한 '중간 보고'일 뿐이다.

3.2. 챗GPT와 AI 에이전트의 차이점 비교

■ 챗GPT와 AI 에이전트의 차이점 비교

구분	챗GPT (ChatGPT)	AI 에이전트 (AI Agent)
목표	사용자의 질문에 대해 가장 정확하고 논리적인 완벽한 답변을 생성하는 것을 목표로 한다.	답변 생성을 넘어 주어진 과업을 실제로 완수하는 완벽한 임무 완수를 목표로 한다.
적용 기술	거대 언어 모델(LLM)이라는 단일 엔진을 핵심 기반으로 하며, 이 능력을 대화형 인터페이스로 극대화한다.	LLM을 핵심 두뇌로 삼고, 계획 수립, 기억, 도구 사용 기술이 결합된 통합 시스템 아키텍처를 가진다.
데이터 활용 방식	사전 학습된 방대한 내재된 지식에 의존하여 실시간 정보 접근에는 한계를 보인다.	내부 지식을 기초로 하되, 과업 수행을 위해 외부 데이터를 능동적으로 수집하고 활용한다.
역할	사용자의 지적, 창의적 활동을 돕는 지능형 조력자(Assistant) 또는 증강 도구의 역할을 수행한다.	사용자를 대신하여 특정 권한을 위임 받아 업무를 처리하는 자율적 대리인(Agent)의 역할을 수행한다.
산출물 유형	텍스트, 이미지, 코드 등 사용자가 직접 활용해야 하는 생성된 콘텐츠가 최종 산출물이 된다.	과업 완수로 인한 실제 상태의 변화(예: 예약 완료, 일정 등록)가 최종 산출물이 된다.

소주제

4

AI 에이전트의 도시분야 적용 사례

https://www.forbes.com/sites/bernardmarr

인공지능(AI)이 단순한 데이터 분석 도구를 넘어, 특정 목표를 가지고 환경을 인지하며 자율적으로 행동하는 'AI 에이전트(AI Agent)'로 진화하고 있다. 이러한 AI 에이전트들은 도시라는 복잡한 시스템 속에서 각자의 역할을 수행하는 지능형 행위자로서, 도시계획, 환경, 교통, 건축의 패러다임을 근본적으로 바꾸고 있다.

AI 에이전트는 도시의 복잡성을 이해하고, 다양한 주체들의 목표를 조율하며, 자율적인 판단과 행동을 통해 도시 문제에 실시간으로 대응하는 미래 도시의 필수적인 구성 요소가 된다. 위에 제시된 가상 사례들은 AI 에이전트가 인간 전문가와 협력하여 보다 지능적이고 지속가능 하며, 궁극적으로 모든 시민을 위해 더 나은 삶의 터전을 만드는 데 어떻게 기여할 수 있는지를 명확히 보여준다.

4.1. 도시계획: 상호작용하며 성장하는 도시를 위한 '도시계획 에이전트'

전통적 도시계획이 정적인 마스터플랜에 의존했다면, AI 에이전트는 도시를 지속적으로 진단하고 최적의 성장 방향을 제안하는 능동적인 조력자 역할을 수행한다.

가상 사례

다중 에이전트 시스템(Multi-Agent System) '시티즌-알파(Citizen-α)'

미래 도시 '시티즌-알파'는 하나의 거대한 중앙 통제 시스템이 아닌, 여러 전문 AI 에이전트들의 협력과 경쟁을 통해 유기적으로 관리된다.

(1) **토지이용 최적화 에이전트:** 이 에이전트의 목표는 '토지이용의 효율성 극대화'이다. 이를 위해 실시간 인구 이동 데이터, 상업지역 매출 데이터, 교통량 데이터를 인지(Perception)한다. 특정 지역의 상주 인구는 적지만 유동 인구가 많은 것을 파악하면, 해당 지역의 용도지역을 주거 중심에서 상업 및 문화 기능이 혼합된 복합용도지역으로 변경할 것을 도시계획위원회(인간)에 제안(Action)한다. 이 제안에는 변경 시 예상되는 경제적 파급 효과와 교통량 변화 시

뮬레이션 결과가 포함된다.

(2) **기반시설 관리 에이전트:** '기반시설의 안정성 및 효율성 확보'를 목표로 한다. 도시의 상하수도, 전력망, 통신망에 연결된 센서들을 통해 노후화 정도나 부하량을 실시간으로 감지한다. 특정 지역에 새로운 대규모 주택단지 개발 계획이 감지되면, 현재의 전력망 용량으로는 부족하다는 사실을 인지하고, 증설이 필요한 최적의 위치와 용량을 계산하여 관련 부서와 '토지이용 최적화 에이전트'에 해당 정보를 전달하는 행동을 취한다.

(3) **갈등 조정 에이전트:** 여러 에이전트나 인간의 계획이 충돌할 때 이를 조정하는 역할을 한다. 예를 들어, '토지이용 에이전트'가 상업지구 확대를 제안했지만, '환경 에이전트'(후술)가 해당 지역의 녹지 보존을 강력히 주장하는 상황을 인지한다. 이 에이전트는 두 목표(경제성, 환경성)를 모두 일정 수준 만족시키는 대안, 즉 '생태공원을 포함한 저밀도 상업지구 개발안'과 같은 새로운 시나리오를 생성하여 양측에 제시함으로써 합의를 유도한다.

4.2. 환경계획: 도시의 건강을 지키는 자율적 '환경 감시 에이전트'

AI 에이전트는 도시 환경을 24시간 감시하고 오염 발생 시 인간의 개입 없이도 즉각적인 초동 조치를 수행하는 도시의 면역 체계와 같다.

가상 사례

AI 드론 기반의 '에코 워처(Eco Watcher)' 편대

도심 상공과 하천에는 자율적으로 비행하고 순찰하는 AI 드론 '에코 워처' 편대가 운영된다. 각 드론은 독립적인 환경 감시 에이전트이다.

(1) **대기 감시 에이전트:** 이 드론은 초미세먼지, 오존, 유해가스 탐지 센서를 탑재하고 '도시의 대기 질을 기준치 이하로 유지'하는 것을 목표로 한다. 비행 중 특정 공장 지대 상공에서 기준치를 초과하는 황산화물 농도를 감지하면, 즉시 해당 공장의 정확한 위치와 오염 데이터를 관제 센터와 '규제 집행 에이전트'에게 전송한다. 동시에 주변의 다른 '에코 워처'를 호출하여 오염물질의 확산 경로를 입체적으로 추적하는 협력 행동에 돌입한다.

(2) **수질 감시 에이전트:** 하천을 따라 비행하며 고해상도 카메라와 수질 분석 센서를 통해 하천의 상태를 인지한다. 특정 지점에서 기름 유출이나 불법 폐수 방류로 보이는 장면을 시각적으로 포착하면, 즉시 수면으로 하강하여 샘플을 채취 및 분석한다. 오염이 확인되면 GPS 좌표와 함께 경보를 발령하고, 하류의 '수자원 관리 에이전트'에게 해당 오염수가 정수장에 도달하기 전 차단 밸브를 닫도록 요청하는 긴급 행동을 취한다.

4.3. 교통 및 모빌리티 계획: 개인과 도시 모두를 위한 '지능형 모빌리티 에이전트'

미래의 교통 시스템은 개별 차량과 사용자가 이기적으로 움직이는 것이 아니라, 도시 전체의 효율성을 목표로 상호 소통하고 협상하는 AI 에이전트들의 네트워크로 구성된다.

가상 사례

개인화된 이동 비서 '나비(NAVI - My Navigation Agent & Buddy)'

모든 시민은 스마트폰에 개인 모빌리티 에이전트 '나비'를 보유한다.

'나비'는 사용자의 스케줄, 비용 선호도, 환승 저항 등을 학습하여 '최적의 개인 이동 경험 제공'을 목표로 한다.

(1) **경로 협상 및 예약:** 사용자가 "내일 오전 9시까지 강남역으로 가고 싶어"라고 말하면, '나비'는 사용자의 선호도를 바탕으로 다른 AI 에이전트들과 실시간으로 협상한다. '자율주행 셔틀 에이전트'에게는 요금을, '공유 자전거 에이전트'에게는 가용성을, '교통 신호 에이전트'에게는 예상 통과 시간을 문의한다. 그 결과 "오전 8시 20분에 집 앞으로 오는 공유 셔틀을 타고, 삼성역에서 내려 도심항공교통(UAM)으로 환승하면 8시 50분에 도착 가능하며, 예상 비용은 8,000원입니다"와 같이 최적화된 경로를 찾아내고 사용자의 승인 하에 모든 교통수단을 예약하는 행동을 완료한다.

(2) **돌발상황 자율 대응:** 이동 중에 '나비'는 전방 도로에서 발생한 사고 정보를 '도로상황 인지 에이전트'로부터 수신한다. 이 에이전트는 즉시 현재 경로가 지연될 것임을 인지하고, 대안 경로를 재탐색한다. 그리고 현재 탑승 중인 '자율주행 셔틀 에이전트'에게 경로 변경을 요청하고, 환승해야 할 UAM의 '운항 에이전트'에게는 승객의 도착 지연 가능성을 알려 자동으로 다음 편으로 예약을 변경하는 등 사용자가 인지하기도 전에 모든 문제를 자율적으로 해결한다.

4.4. 도시건축설계: 건축가와 협력하여 창조하는 '건축 설계 에이전트'

AI 에이전트는 건축가의 창의적인 파트너로서, 복잡한 기술적 문제를 해결하고 사용자와 교감하는 건물을 설계하는 데 핵심적인 역할을 담당한다.

가상 사례

협력적 설계 파트너 '아키-메이트(Archi-Mate)'

건축가는 더 이상 혼자 설계하지 않는다. AI 에이전트 '아키-메이트'와 대화하고 협력하며 설계를 진행한다.

(1) **아이디어 구체화 및 검증:** 건축가가 "바다의 파도를 닮은 역동적인 형태의 미술관을 만들고 싶어"라는 추상적인 아이디어를 제시하면, '아키-메이트'는 이 말을 인지하고 수천 개의 파도 이미지와 유체역학 데이터를 분석하여 건축적으로 구현 가능한 수십 개의 초기 디자인 형태를 3D 모델로 생성해 제시한다. 건축가가 특정 형태를 선택하면, '아키-메이트'는 즉시 해당 디자인의 구조 안정성, 일조량, 에너지 효율 등을 실시간으로 시뮬레이션 하여 기술적인 피드백을 주는 행동을 취한다. "이 곡면은 바람의 저항이 크니, 내부 구조를 이렇게 보강해야 합니다" 와 같이 구체적인 대안을 제시한다.

(2) **지능형 건물 운영 에이전트:** 설계가 끝나고 건물이 완공되면, 설계 DNA를 물려받은 '건물 운영 에이전트'가 건물의 두뇌가 된다. 이 에이전트의 목표는 '최적의 쾌적함과 에너지 효율 달성'이다. 미술관에 관람객이 많이 입장하여 내부 온도가 상승하는 것을 인지하면, 창문의 투과도를 자동으로 조절하고 자연 환기창을 열어 냉방 부하를 줄인다. 특정 전시실에 관람객이 없으면 해당 구역의 조명을 최소화하는 등, 건물 스스로 살아있는 유기체처럼 환경과 사용자에 반응하여 최적의 상태를 유지한다.

【저자 약력】

원제무
저자는 한양대 공대, 서울대 환경대학원, 미국 UCLA도시건축대학원을 졸업하고, MIT도시대학원에서 도시계획 및 교통계획 박사학위를 받았다.
저자는 귀국 후 KAIST 도시교통연구본부장, 서울연구원 선임연구위원, 서울시립대 도시공학과 교수 등을 거쳐 국토도시계획학회장과 한양대 도시대학원장을 역임했다.
현재는 한양대 도시대학원 명예교수로 재직하면서 연구와 강의를 해오고 있다.

내가 살고 싶은 도시는 어떤 AI를 만날까

초판 인쇄 2025년 8월 5일
초판 발행 2025년 8월 10일

지은이 원제무
펴낸이 박노일

총괄기획 최준규
편 집 이상민

펴낸곳 pnc publishing and culture 피앤씨미디어
경기도 고양시 일산동구 강송로 153 310-1501
등록 제396-2012-000203호
전 화 070)7550-3758 팩 스 02)6280-3758
홈페이지 www.pncmedia.co.kr 이메일 pnc@pncmedia.co.kr
ISBN 979-11-7401-017-9 93500

※무단복사 및 전재를 금합니다. 파본 및 낙장본은 교환하여 드립니다.

정 가 17,000원